MÉMOIRE

D'UN VOYAGE

EN

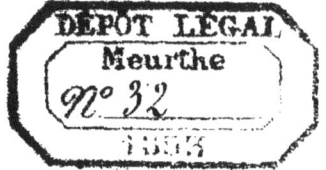

ALGÉRIE,

ET

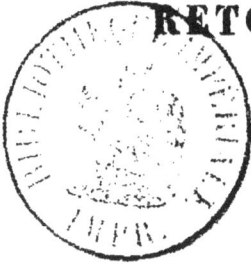

RETOUR PAR L'ESPAGNE,

Par Chanony.

PARIS,

CHARLES HINGRAY, LIBRAIRE-ÉDITEUR,

Rue des Marais Saint-Germain, 20.

1853.

VOYAGE EN ALGÉRIE.

10 FÉVRIER — 30 MAI, 1851.

Madame de M., mère du directeur de la colonie de Marengo, part avec moi. A un âge déjà avancé, elle quitte le confortable de sa délicieuse résidence de N., pour aller subir les fatigues, peut-être, les dangers d'un long voyage; un seul sentiment la domine et l'entraîne; elle va voir son fils!

Cependant, dès les premiers pas des chevaux, son cœur saigne, ses yeux se remplissent de larmes; elle n'a plus d'autre réponse à donner au cri vibrant de « A revoir, grand-mère! » que fait entendre une dernière fois, le bon et bel enfant Maurice.

La nuit est calme, froide, claire. Depuis mon départ pour l'Italie, c'est la première fois qu'un voyage m'appelle à franchir le Montet. Depuis ce temps, que de choses passées; que d'illusions détruites; que d'élans du cœur et de l'âme refoulés; que d'amis perdus! Et celle qui me donnait, qui recevait de moi toutes les affections, toutes les amours, ma Mère, elle si active, si brûlante dans la vie, elle est là, dans le cimetière voisin, froide, inerte comme la pierre qui la recouvre! Adieu, ma Mère!... Non, tu viens avec moi!

Au lever du jour, nous traversons Langres. Au-delà, le sol se sillonne, se hérisse de fortifications nouvelles, qui y tracent l'enceinte d'un camp retranché; fossés, escarpements, sont taillés dans le roc vif.

La contrée perd bientôt tout caractère saillant.

1

Une plaine unie comme celle de l'Alsace, se couvre de vignes ; c'est la Bourgogne. Rien à y distinguer que quelques points éloignés, où se dessinent des bosquets, châteaux, villas. On presse l'allure des chevaux, et bientôt le retentissement des pavés, et une série bariolée de boutiques et d'enseignes, nous disent que nous sommes à Dijon, le mignon, le propre, l'élégant. Mais tout cela passe et fuit. Déjà on a refermé sur nous, la porte de la gare du chemin de fer. Quelques instants après, nous roulons, nous volons à travers l'espace et la nuit ; le sifflet seul, le cri du monstre de fer et de feu qui nous emporte, interrompt la monotonie, la tristesse d'un tel trajet.

Des lanternes, un nouveau roulement de pavé, une remise, une auberge ; le lendemain, du brouillard, un bateau, une cohue de gens et de paquets, voilà notre Châlons.

L'aube pénètre et argente les vapeurs qui couvrent le fleuve et ses rives ; un vent frais du sud les dissipe, et la Saône étale aux regards, ses trésors, ses charmes, ses délices. Je ne retracerai pas ici, ce que j'en ai dit ailleurs ; amusons-nous de l'intérieur du bateau, il a aussi ses grandeurs et ses beautés. Celles-ci, cependant, ne sont pas nombreuses ; on ne peut prendre pour telles, la plupart des femmes du pays, à l'air aussi terne que le teint, à la voix goitreuse, à la taille non taillée, et, pour tout symbole de prétention à l'élégance, portant sur leur tête, en guise de chapeau, une petite volette noire, surmontée d'une espèce de gobelet de même couleur, qui en figure le fond. Cette coiffure, qui a le mérite de ne pas coiffer, serait coquette peut-être, sur de jolies têtes ; elle est ridicule sur des têtes Bressoises.

Quant aux grandeurs ou grandesses, « Regardez, entendez, admirez ! » semblent dire trois ou quatre personnages qui se groupent, se drapent, posent, parlent, fument, rient, crachent, se mouchent avec solennité. L'un est un grand et gros homme, enveloppé d'une pelisse arlequinée de fourrures et maroquins de toutes couleurs. Sa main chargée de grandes et grosses bagues, porte à sa bouche grande et grosse, une grande et grosse pipe, que de temps en temps il nettoie dramatiquement avec un poignard nacré, perlé ; à sa ceinture pend une blague à tabac, presque aussi boursouflée que celle d'où il tire des mots renflés comme ses joues et les bouffées qui s'en échappent. C'est un Russe qui s'est Tatarifié à Paris. Un autre est un jeune Français, beau, élégant ; ne quittant pas sa giberne-gibecière de voyage, qui a la forme d'un cœur, sans doute pour signifier la nature précieuse des papiers qu'elle contient. En effet, attitudes, tons, gestes, sont d'un conquérant. Ces deux hommes prononcent sans appel sur toutes les questions les plus graves, comme les plus futiles. En voici un exemple : parlant de Lyon, où il a été en garnison, le jeune fashionable dit de son ton le plus recueilli : « Personne ne connaît Lyon comme moi, je sais ce qu'il en est. Cette ville là ne serait rien aujourdui, sans les événements politiques. » Que répondre à un tel argument, quand il vient s'épanouir dans le mirage d'une magnifique fumée? Aussi il provoque à la fois, trois bouffées et autant d'extases du gros homme. Cette manière de dire est sans doute un tour modeste pour signifier : « Lyon ne serait rien sans sa garnison, — et peut-être, — sa garnison ne serait rien sans moi. » Un jeune Anglais, qui n'en est pas encore là dans ses traductions, lui demande des renseignements sur les évènements qui ont eu une si grande portée. L'Anglais parle français; donc le Français lui répond en anglais; excellent moyen pour se convaincre réciproquement, qu'on a chacun des capacités incompréhensibles.

Dans un coin, à part, ou plutôt, dans tous les coins, mais toujours à part, deux nouveaux mariés se font un monde, une lune à eux. Le mari, petit et gros, à l'air, au ton vulgaire, type de l'homme oisif, inutile, qui, pour prendre place et femme dans la société, n'a d'autre titre que les œuvres, les écus de son père, semble aussi infatué que satisfait de son bonheur. Sa femme, très-jolie, reçoit le tribu de ses soins, avec cet air approbatif qui dit du bout des lèvres : « c'est bien, » mais en même temps, donne à entendre, « je méritais, je mérite mieux. » Il faut que de telles femmes, qui ont de tels hommes, aient bien du mérite, pour croire que leurs maris en ont.

Voilà, avec quelques autres, les premiers plans à travers lesquels je vois les tableaux et perspectives, châteaux, villages, villes, montagnes, jardins, forêts, ruines qui s'enchaînent depuis Chàlons jusqu'à Lyon. L'ile Barbe, son joli pont, son bouquet de maisons, ses petits rochers coiffés de toitures, mutilés de perrons, d'escaliers, éclaboussés d'eaux ménagères; et, de chaque côté du fleuve, les rives surchargées d'habitations; tout cela permet peu de se figurer qu'il y avait là autrefois, un temple de Druides, entouré du silence et des ténèbres des forêts sacrées, « sanctus horror » auquel a succédé le bruit des métiers, des mécaniques, le retentissement des marteaux et des pics qui déchirent les flancs des rochers.

C'est de là qu'est sorti Lyon, avec ses montagnes de maisons, ses quais, ses ponts, ses casernes, ses forts; c'est de là qu'il tire les blocs que tous les jours il jette en pâture au fils de Saturne, le Temps, qui bien plus que son père, continuellement crée et dévore.

Un hourrah de voix discordantes, une nuée de gens qui s'élancent vers le bateau, comme des vautours sur une proie qu'ils vont dépecer, annoncent qu'on est à l'escale. En un instant, on est envahi, saisi, tiré, assourdi; c'est à perdre la tête; heureux si vous ne perdez pas en même temps vos effets. Les maris appellent leurs femmes; les mères appellent leurs filles; tout se mêle, se perd, se retrouve, ou s'échange même quelquefois, dit-on.

Lyon s'est transformé depuis que je l'ai vu: la ville soyeuse de Jacquard est devenue une forteresse; de tous côtés on voit des remparts, des bastions, surmonter ses faîtes les plus élevés; de tous côtés des embrasures de canons sont prêtes à lui rappeler, dirait notre fashionable, son importance, et à qui il la doit. Au-dessous, ce sont de nouvelles fabriques, de nouvelles rues; puis les quais s'aplanissent, s'élargissent, se bordent de belles constructions, s'ennoblissent de la colonnade imposante du nouveau Palais-de-Justice. Plusieurs ponts suspendus rivalisent de légèreté, de hardiesse et d'élégance. L'un d'eux, je crois celui qui est en face du Palais, porte des lions sur ses pilastres d'entrées. Sont-ils à la fois l'emblème de la ville et celui de la justice qu'on y rend? En tout cas, pour l'architecture du moins, ce palais a pris la meilleure part parmi les monuments de Lyon. Disons-le tout bas, de peur que l'antique Hôtel-de-Ville, fier de sa renommée, ne se grime furieux sous son masque noir. Disons aussi tout bas, que la population se recommande peu par sa beauté; hommes et femmes y sont grêles, à teint blême. Dans ces rues étroites, tortueuses, bordées de maisons à sept et huit étages, la vie privée d'air et de lumière, se flétrit et s'étiole. Il semble que l'industrieux Canut soit condamné à sacrifier tous les tons vifs de son existence et de celle de sa famille, pour les donner aux soieries brillantes qu'il compose.

Une chose nouvelle aussi à Lyon, c'est l'usage général de la houille, dont le rail-way de Saint-Etienne l'a doté. Elle répand à profusion sa poussière noire dans le ciel, sur les murs, sur les pavés, sur les visages. En revanche, pendant la nuit, elle répand avec plus de profusion encore, des flots de lumière sur les ponts, les quais, les places, dans les rues, dans les magasins.

Le confluent du Rhône et de la Saône, celui des fleuves d'air qui remontent ou descendent leurs trois vallées, occasionnent souvent des brumes qui gênent la navigation. Le beau soleil dont nous avons joui tout le jour, nous fait espérer que nous n'aurons pas ce contre-temps; à cinq heures, quand nous joignons le bateau, il fait un brouillard qu'on pourrait, comme on dit en Lorraine, couper au couteau. Attendons, espérons. Le jour vient, mais le brouillard, au lieu de se dissiper, se condense à la fraîcheur du matin. Dès-lors il assombrit les regards, il barbouille les cerveaux; on se plaint, on s'impatiente, on dit au brouillard qu'il est horrible, et il ne s'en émeut; on va, on vient, on a des spasmes, c'est un cauchemar éveillé de six longues heures. Enfin, vers midi, quelques rayons viennent nous dire gentillement,

« partez! » On part, on...... s'accroche après un autre bateau, et pendant une heure, on tire, on pousse des bordages; on tire, on pousse des soupirs. On aurait à faire mieux cependant, ce serait de contempler le grand spectacle dont on est entouré: le Rhône, son cours puissant, ses quais, leurs hôtels somptueux, et le premier de tous, si justement nommé l'Hôtel-Dieu, et les ponts qui empruntent de la nature même des lieux, plus de grandeur et d'élancement que ceux de la Saône.

Enfin, enfin nous descendons! Comme nous doublons la pointe de Perrache, un train de waggons passe sur le viaduc de la Saône. Ainsi nous voyons à la fois, le confluent de deux fleuves, et celui de deux torrents industriels, bateaux et voitures à vapeur.

Pendant quelque tems, les eaux du Rhône conservent la pureté, l'azur qu'elles ont puisés dans le lac de Genève; puis saisissant celles de la Saône, jusqu'alors si paisibles, elles semblent doubler de vitesse en même tems que de puissance, pour nous lancer à travers un panorama plus grand, plus varié, plus beau, moins connu, moins vanté, mais plus digne de l'être, que les bords si fameux de la Loire, du Danube et du Rhin. La Saône avait tout le charme des beautés féminines, mollesse des contours, souplesse et variété des formes, éclat des tons, fécondité, sourire de la grâce et du bienfait; elle porte tous ces précieux attributs au Rhône, qui y entremêle et relève majestueusement ses formes mâles, abruptes, quelquefois rudes et menaçantes, toujours grandes et nobles.

Vingt ans! oui, il y a vingt ans à peine, une petite barque me portait avec une douzaine de passagers. Poussée par la seule force des flots, repoussée par les fureurs du mistral, souvent elle restait indécise entre ces deux pouvoirs contraires. Nous étions trois jours pour descendre à Avignon. Maintenant c'est un vapeur long de 60 mètres, qui en court 16,000 à l'heure, avec une charge de 300,000 kilos! Son pont est une rue mouvante, on s'y promène; on s'y arrête en groupes; on cause. Car enfin, on s'est visé, flairé, tâté, sondé; chacun a choisi son cercle. Quelquefois, cependant, l'indiscrétion des uns, la curiosité des autres, leur fait dépasser les limites; mais bientôt ils redescendent ou remontent à leur étage. Mon extérieur hétéroclyte me vaut ainsi quelques déviations momentanées d'astres des hautes régions.

Un prêtre de belle taille, de belle figure, d'air à la fois grave et bienveillant, s'entretient depuis assez longtemps avec moi, de mes voyages, de ceux qu'il a faits lui-même; sa conversation révèle la grandeur de son esprit et de ses relations sociales; questions et réponses se croisent, quand un autre prêtre vient lui dire avec une humilité toute servitrice: « Monseigneur est servi. » J'apprends que mon dialogueur n'est rien moins que l'évêque de

N., prêtre complet en lui-même, et de plus, complété dans sa vie officielle et sociale, par ce second personnage, type des agents subalternes, qui sont aux hommes supérieurs, ce que les pieds et les mains sont à la tête.

Revenu à moi et au fleuve, j'en admire les rives, les bourgs, les villages couronnés de rochers, de ruines et de riches côteaux, qui leur donnent des vins dignes d'être fêtés dans tous les festins, dignes d'être chantés par leur fils, le naïf Berchoux, qui les distillait de sa plume, si vifs, si brillants, si purs!

Sur le Rhône, c'est une succession fréquente de ponts suspendus, seuls capables de franchir le cours impétueux, large et profond du plus rapide des fleuves; c'est aussi une succession fréquente de bateaux à vapeur, qui portent voyageurs et marchandises, ou qui remorquent des trains de barques du commerce. Vingt ans! et le seul pont de Tournon existait! Et, au lieu de la vapeur légère et puissante, des chevaux haletants halaient péniblement des masses inertes!

La nuit nous arrête devant un bourg nommé La Voute. Comme ce n'est pas un lieu habituel de station, il n'y a que deux petites auberges. Aussi, au débarqué, c'est un coure-qui-peut général, pour y prendre place. Notre hôte est un petit homme poli, mais vif, emporté, rétif. Son irritabilité naturelle est exaltée par l'ahurissement de tous ces gens qui lui arrivent, et par l'importance momentanée qu'un tel concours lui donne. Il fait ce qu'il peut pour accommoder son monde, de chambres et de lits; mais lui-même n'est d'abord rien moins que commode. Enfin tout et tous s'arrangent; et un bon souper nous dispose à passer une bonne nuit, dans des lits meilleurs que nous ne les avions espérés. Pour ma part, je suis seul dans ma chambre, et cependant j'y ai nombreuse société; ce n'est pas moins qu'une volée de poulets, six pigeons et trois lapins. Quand j'entre dans cette arche de Noé, tout est en grand émoi; après quelques ébats, tout se calme, et nous nous endormons comme pour la durée d'un déluge.

De bonne heure la cloche appelle au bateau, et de nouveau nous courons des sites toujours plus riches de formes, de teintes, de caractères variés. La température se ressent du voisinage de la Provence; le Rhône se ressent du voisinage du pont Saint-Esprit. Son cours toujours plus violent, nous amène bientôt en vue de ce passage célèbre et redouté; bientôt il nous jette à travers les piles, que le danger semble rapprocher comme des mâchoires prêtes à se fermer, pour saisir et broyer leur proie. Là encor, où est la petite barque qui y a passé si légère, si vive, si frêle, alors que, au début de mes voyages et de ma vie d'expérience, mes aspirations s'y lançaient plus vives, plus rapides qu'elle?

Courez, fleuve et vapeur!

Voilà Avignon, son tertre de rochers. Nous amarrons au quai. Une armée de débardeurs y est accourue. Leurs voix, leurs regards, leurs traits qui vibrent, qui brûlent; leurs vêtements, leurs attitudes, leurs gestes, tout justifie leur renommée. Discuter, disputer avec de tels hommes, ce serait piquer au sang des langues et des griffes d'hyènes. A ceux qui m'abordent, je parle avec confiance; ils me répondent avec franchise. « As pas peur, mon brave, — me dit le Trestaillon de la bande, — nous ne sommes pas si loups comme on le dit. » Et, pour un prix très modéré, je suis servi avec soin, avec complaisance.

Il est dix heures; le convoi de Marseille ne part qu'à trois; nous parcourons la ville, ses rues tortueuses, bordées d'étalages de marchands de bric-à-brac, chercheurs et fabricants d'antiquités. Nous voyons la Grande Place, nouvellement décorée de trois édifices, Théâtre, Hôtel-de-Ville, Cathédrale. Ils sont plutôt ornés que beaux; là comme en tant d'autres lieux, on a sacrifié à la manie de l'invention, l'harmonie et la noblesse. Quant au Palais des Papes, il semble avoir été bâti pour être ce qu'il est, c'est-à-dire, une morne caserne, bloc de maçonnerie percé de trous en guise de fenêtres. La grandeur, la majesté qu'on y cherche en vain, se trouve vis-à-vis, dans le portail de l'ancien Hôtel des Monnaies. Près de là aussi, commencent les rampes qui mènent au haut perron de Notre-Dame-des-Dons, bel édifice, en grande vénération dans le pays. Par des travaux bien agencés, d'autres rampes se déroulent au flanc du rocher de même nom, et mènent à travers des bosquets nouvellement plantés, jusqu'au sommet, d'où on découvre l'immense corbeille d'épis, de fleurs et de fruits, qui a pour bords, d'un côté, les Cévennes, de l'autre, les Alpes.

La chaudière a poussé son cri; elle a soulevé ses poumons; elle a lancé son souffle; elle nous lance avec lui, à travers une plaine unie, couverte de jardins, de vergers d'oliviers, d'amandiers et de pêchers en pleine fleur. Tarascon, son fort, ses rochers appellent vivement le regard, mais lui échappent aussitôt. Arles aux grands souvenirs, aux grandes ruines, Arles aux beautés romaines, ne nous montre que l'écriteau de sa station! Dès lors, nous abordons le plateau nù, rocheux, aride, de la Crau, où toute trace de vie cesse, où l'horizon se perd au Sud, sur les étangs et les landes de la Camargue, tandis que, vers le Nord, il se heurte aux flancs chenus et déchirés de côteaux pierreux, secs et gris comme des cendres. Enfin ces rochers se rapprochent de notre route et la traversent. Sous leur abri, de petites vallées s'y parent de jardins, de cultures; Saint-Chamas s'y anime du mouvement, du bruit, de la population de ses moulins à poudre; les tranchées, les tunnels, se succèdent avec rapidité. Nous traversons la vallée de l'Arc, sur des travaux que l'on appellerait grands si, près de là, dans la même vallée, ne s'élevait la merveille du genre, l'aqueduc de Roque-Favour. La nuit tombe ; quelques points lumineux flottent dans ses ombres , ce sont les lanternes des pêcheurs épars à la surface du lac maritime de Berre.

Un long tunnel nous roule dans les entrailles de la terre; l'obscurité, la vapeur, la fumée, le soupir des pistons, le claquement des roues de fer contre les rails, le silence de toutes les voix, le sifflement du serpent long de cent mètres qui nous emporte, tout ferait croire que nous allons être plongés dans le Cocyte ; nous entrons à Marseille.

Marseille, quand je l'ai vu pour la première fois , avait déjà son activité, sa mer, son ciel, son soleil; mais ce soleil ne lui avait pas encor prêté l'essence la plus pure de sa lumière, le gaz, destiné à en prolonger l'empire sur les ténèbres de la nuit. Aujourdui, les soirs de Marseille rivalisent avec ses jours si brillants, si beaux; ils ont de plus, la fraîcheur, le calme, et le mouvement des plaisirs, repos de celui des affaires.

Nous avons la matinée à nous ; nous nous hâterons de courir cette ville qui se transforme tous les ans, sous la main créatrice de l'industrie et du commerce ; cette ville où afflue le grand courant des affaires du Levant et de l'Algérie ; cette ville où le canal de la Durance vient désormais verser les flots d'une vie nouvelle. Mais, non, Marseille, port et porte de la France, grande voie des populations et des produits de tous les mondes ; Marseille a une police hérissée de toutes les entraves, de toutes les vétilles, de tous les abus morts ailleurs d'éthysie, sous le souffle du bon sens. Voici pour les passeports : Les nôtres sont visés pour Alger, par la police de Nanci. Cette police a agi en connaissance de cause ; elle était seule capable de le faire ; donc son visa doit faire foi à toute autorité française ; donc.... il n'est rien, pour l'autorité de Marseille ; il lui faut son visa à elle, quelque peu avisé qu'il soit. Je ne puis trop tôt m'affranchir de cette tribulation ; à huit heures, je cours à la police, car, dit-on, il faut s'y présenter soi-même. « Oh ! mais,—me dit le concierge,—ça ne se fait pas comme ça ! D'abord, les bureaux ne s'ouvrent qu'à dix heures ; et puis, nos Messieurs ne viennent pas tout de suite, vous comprenez. Pour être sûr, voyez-vous, ne revenez pas avant dix heures et demie. » Je reviens tout vexé à l'hôtel ; je raconte ma mésaventure. Il n'est pas besoin de dire si je trouve désagréable, d'avoir ainsi à passer dans des corridors et bureaux, une matinée qui eût pu m'offrir tant d'intérêt. On conçoit de même quelles pertes , quels sacrifices, de tels retards peuvent occasionner à des gens d'affaires, et à ceux qui doivent compter avec épargne, leurs minutes et leurs centimes. Tant de voyageurs se présenter ensemble à dix heures et demie, pour partir à midi ! Nécessairement, ils ne seront pas tous visés. Un grand nombre ne pourront partir ; il faudra qu'ils perdent dix jours pour attendre le départ suivant ! ! C'est dans une ville de commerce, dans le premier port de la France, qu'on est traité de la sorte !! Je vais déblatérant, quand un jeune garçon de place qui m'entend, me dit avec l'aplomb du savoir faire : « Voyez-vous, Monsieur, aller là à dix heures et demie attendre votre tour qui pourra bien ne pas venir ; car je sais ce qu'il en est, moi ; et puis, aller au bureau des départs, assurer, payer vos places ; amener vos effets, et être embarqué à midi ; il y en a bien d'autres qui sont restés. Mais si vous voulez, moi je me charge de vous faire avoir de bonne heure vos visas ; seulement, il me faut trois francs. »

Pour expliquer ce manège de la manière la plus honorable aux employés de la police, il faut supposer que, s'ils font ainsi passer un, j'allais dire polisson, devant une foule d'honnêtes gens pressés la plupart, par de graves intérêts, c'est que, au prix où il met ses services, ils savent que ceux qui l'envoient ne sont pas des nécessiteux. Et on s'empresse de servir ceux qui auraient le moyen d'attendre ; et on force à de longs séjours, à de cruels sacrifices, ceux que cela écrase ! Mais ces gens sont si bas et si petits, qu'on ne voit pas leurs maux, on n'entend pas leurs plaintes. Il faut se mêler pauvre avec les pauvres, marcher avec eux dans le voyage et dans la vie, pour savoir combien d'affronts, d'iniquités, aggravent le poids et l'amertume de leurs souffrances. Trop de ces malheureux auront dû attendre là, deux, trois jours de suite, pour obtenir enfin d'un commis négligent, une minute de ce tems dont il donne des heures à l'oisiveté ! Trop de ces malheureux auront ainsi manqué le départ du navire auquel ils destinaient leur dernier pécule ; ils auront manqué une affaire, un emploi, peut-être le dernier embrassement d'un fils, d'un père, d'une mère, d'un ami ! Voilà la part des pauvres honnètes et celle des fripons ; voilà la part des bons ouvriers et celle des fainéants ! Est-ce fait pour corriger le mal ? Est-ce fait pour encourager le bien ?

En dépit de ces vices des hommes et des choses, j'atteins à tems le vaisseau. Sur le pont, règne un pèle-mêle inextricable de paquets, de caisses, de marins, de soldats de toutes armes, de voyageurs, de parents, d'amis, d'amies qui les accompagnent jusqu'au lever de l'ancre. Alors, ce sont des embrassements, des scènes pathétiques. Une jeune fille quitte un fourrier de zouaves ; ils se serrent la main ; leurs regards plongent l'un dans l'autre ; « Toujours ! » dit la jeune fille, — « Toujours ! » dit le zouave. — Un ouvrier à la forte charpente, aux nervures saillantes, embrasse son fils qui va joindre un régiment d'Afrique. En lui mettant dans la main une petite bourse de cuir, il lui dit : « Tiens, mon garçon ; garde ça en cas de maladie. Allons, pas de bêtise, à revoir ! » Et il se sauve pour cacher les larmes dont sa « bêtise » paternelle lui remplit les yeux !

Cependant le *Philippe-Auguste* agite ses nageoires ; nous quittons le bassin intérieur ; nous longeons le nouveau mole ; nous profilons l'archipel des îles qui bordent la côte de Masargues et Monredon, côte rocheuse, aride, mais qui abrite de nombreux établissements industriels, de vastes chantiers de construction. Cette côte, ses monts, les îles, leurs rochers nous abritent nous-mêmes contre les coups du mistral qui s'y brise. La variété de leurs aspects, celui de Marseille dont le cadre est noblement couronné par le sommet élevé de Notre-Dame-de-la-Garde ; les émotions des adieux, les préoccupations d'un voyage qui, à la plupart des passagers, va donner une nouvelle vie, un nouveau monde, tout jusque là, contribue à les distraire de la pensée qu'ils sont sur la mer ; qu'elle roule sous leurs pieds ; qu'ils roulent eux-mêmes, avec le plancher qui les porte. Mais quand, vers le soir, on a dépassé les îles ; quand les ombres qui voilent l'horizon, rapportent les regards sur ce plancher qui tourne en tous sens, qui se balance à tous les caprices du vent désormais sans frein, la scène du dedans change comme celle du dehors : les conversations cessent ; les groupes se divisent ; les regards se balancent comme les pieds, comme tout ce qui les entoure ; le trouble des yeux se communique au cerveau, qui se barbouille, se bouleverse ; par simpathie, l'appareil digestif en fait autant, et... le mal de mer vient distraire cruellement de la pensée de tout autre mal. Ma vieille habitude marine ne me fait pas défaut ; je n'en prends que plus en compassion, les malheureux que leur pauvreté condamne au bivouac du pont. Sans appui, sans abri, sans aucun secours, ils souffrent atrocement ; on n'y songe que pour les chasser de coin en coin, afin de dégager le service de la manœuvre. De pauvres femmes tombent, roulent ; à elles de se relever. Une d'elles s'abat près de moi ; se frappe au front ; reste comme assommée sur la place. Ne pouvant suffire seul à la relever, j'appelle à mon aide un des servants du salon ; il vient ; mais dès qu'il a vu cette malheureuse, il s'en retourne en disant : « Bah, c'est une du pont ! » Un vieux artilleur qui l'entend, se joint à moi ; nous la soulevons ; elle se ranime ; nous l'abritons de notre mieux sous une couverture.

Pour éviter les dégoûts de la chambre qui semble convertie en égout, je reste moi-même sur le pont, avec mon vieux brave qui, quoique soldat de terre, a vu plus de mer que bien des marins. Il était à la prise d'Alger, d'Oran, de Bone ; de là il est allé à

Madagascar, Buenos-Ayres, Ulloa ; il parle de tout avec autant de modestie que d'intérêt.

Au lever du jour, nous sommes des premiers à reconnaître les Baléares, dont les maisons blanches brillent au soleil, comme autant de fanaux. Des mouettes, sentinelles avancées de ces îles au nom belliqueux, voltigent autour de nous, tandis que de nombreux marsouins soulèvent au dessus des flots, leurs énormes têtes.

Le tems s'est éclairci ; mais le vent est encor vif, et la mer si agitée que, au déjeuner, il faut fixer sur la table, au moyen d'un réseau de ficelles, toutes les pièces du couvert. Tous les passagers sont malades ; je m'y assieds seul. Malgré leurs souffrances, quelques uns doivent rire de la manœuvre à laquelle j'y suis condamné ; voici : Le roulis est si fort que, à chacune de ses secousses, ma chaise glisse, et m'emmène loin de la table ; il faut donc m'y tenir et manger en même tems. Mais comment, avec une seule main, faire ces deux choses à la fois ? Cela ressemble d'autant plus au supplice de Tantale, que l'enfer est autour de moi, avec ses plaintes, ses cris.

Minorque dessine sa rive crénelée d'anses et de falaises, pailletée d'habitations. Nous passons le petit golfe au fond du quel la jolie ville de Ciudadela se voit toute parée de ses bosquets de citronniers et d'orangers ; puis, au dessus de sommets arides, Mahon élève la couronne de ses tours ; et, loin, vers l'Ouest, Majorque montre à travers des brumes légères, ses côtes chenues. Au delà, pendant tout le jour, c'est la solitude, le vide, jusqu'aux bornes les plus reculées de l'horizon. A peine quelques voiles lointaines y glissent silencieuses comme des étoiles filantes.

La seconde nuit est brumeuse, mais moins agitée que la première. Quand le jour paraît ; quand les brumes s'entr'ouvrent, des sommets neigeux brillent à distance devant nous ; c'est l'Atlas ! En même tems, une température nouvelle nous dit que nous approchons d'un autre monde, le monde d'Osyris, de Didon, d'Annibal ; le monde de Moïse, des Apôtres, des Saints ; le monde de Mahomet, des Califes, des Marabouts ; le monde de l'Egyptien, de l'Arabe, du Nègre. La côte s'étend, s'élève ; des pics éblouissants festonnent le ciel ; des caps encor voilés des ombres du matin, festonnent la rive. Peu à peu la lumière pénètre leurs ombres ; le regard y pénètre avec elle ; il saisit avidement ses premiers reflets sur la ville blanche, dont le passé encor récent, a légué à l'histoire de si noirs souvenirs.

Voilà Alger étalant au soleil, son vaste trapèze de maisons. Des terrasses les recouvrent, non comme les ternes toitures qui nous abritent contre nos ternes climats, mais comme les larges et hauts degrés d'un amphithéâtre, qui invite les habitants à venir y voir, y aspirer des nuits plus brillantes que nos jours. Alger si cruel,

Alger si redouté, où le croissant semblait n'avoir prêté sa forme au cimetère, que pour prendre en échange, son tranchant homicide ; Alger, le voilà, calme autant que beau. Des clochers chrétiens s'élèvent sans crainte, comme sans menace, parmi les minarets de ses mosquées ! Des vaisseaux de toutes les nations affluent librement à ce port où naguères, ils étaient traînés en victimes ! Au lieu des pirates que ce port lançait contre eux, il projette aujourd'ui dans la mer, un mole immense, pour les protéger. Au dessus du port, autour de la ville, aux pentes d'une côte élevée de trois à quatre cents mètres, et toute tapissée de délicieux bosquets, on voit de riantes bastides, d'élégantes villas européennes, partager fraternellement avec des villas mauresques, les délices de cet amphithéâtre long de 5-6 lieues.

Est-ce la France, cependant ? N'est-ce pas encor l'Alger barbaresque ? Nous amarrons dans l'ancienne Darse, ce petit nid de pirates, qui eut une si grande renommée, un si grand prestige de puissance ; qui, outrageant sans fin l'humanité entière, sans fin la menaçait de mort et d'esclavage. Les quais sont chargés d'Arabes, de Cabyles demi-nùs, aux traits, au teint demi-nègres, aux membres longs, nerveux, secs, disgracieux. A voir ces membres étirés, les mâchoires proéminentes, les demi-fronts de bon nombre d'entr'eux ; à entendre leur parler guttural qui se rapproche du cri, on pourrait les prendre pour des hommes demi-singes. Ils envahissent le vaisseau ; c'est un véritable abordage, un vrai pillage ; en un instant, vos effets, vous-même, tout est enlevé. Mais calmez-vous ; ce hourrah n'est plus celui du combat, c'est celui de l'industrie. Malgré sa confusion apparente, tout s'y passe avec ordre, même avec égard ; ce sauvage demi-nù, demi-singe est déjà à demi-policé ; il parle notre langue, d'une voix douce, et sans la déformer par aucun accent ; il est devenu un facteur, un cicérone plein de force, d'adresse et d'intelligence.

C'est au milieu de cette population africaine, et guidé par elle, qu'on entre dans l'Alger Français par la rue de la Marine, rue Parisienne, bordée d'arcades, à l'imitation de la rue de Rivoli.

A peine arrivé à l'hôtel, nous nous hâtons d'aller chercher l'Alger Algérien, qui a tant à dire à la mémoire du passé, et à la pensée de l'avenir.

Les arcades nous conduisent à la place d'Orléans, esplanade plantée d'arbres, sur laquelle se voit une statue du duc de ce nom. Sauf la ressemblance, que je crois bien prise, cette œuvre n'est qu'une copie des autres statues du même genre. Le cheval m'a semblé trop gros. C'est d'autant plus à regretter ici, que tout aurait dù engager l'artiste à donner à son coursier un caractère local, en le modelant aux formes sveltes, énergiques, légères, du cheval arabe. Quant à discuter si la statue a été éle-

vée à l'homme ou au prince, le tems en est passé maintenant
qu'elle a reçu la consécration du malheur.

La place d'Orléans domine majestueusement le port, la rade et
ses côtes ; elle doit être, mais n'est pas encor, entourée de beaux
édifices. On y bâtit une cathédrale, où le genre mauresque s'allie
heureusement au thème chrétien. A côté, est un pâté de maisons
à demi ruinées. On devait répéter là, ce que nous avons vu à
Avignon, c'est-à-dire, y construire le Palais du Gouverneur et le
Théâtre. Ces trois édifices auraient formé un fond architectural
digne de terminer cette imposante perspective. L'évêque s'est
opposé à une construction d'un temple du plaisir à côté du temple, il y a des gens qui diraient, du théâtre de la prière. C'est
un grand dommage pour l'art et pour la beauté de la place. Il est
donc bien à regretter qu'on n'ait pas consulté pour cela, les prêtres très-catholiques d'Espagne, ou ceux très-romains et papaux
d'Italie, qui ne se font nullement scrupule d'aller eux-mêmes à
comédies et opéras.

Le vieil Alger que nous cherchons, est derrière et au-dessus
de cette place ; allons, entrons dans l'Afrique. Oui ; mais dès les
premiers pas, au-dessus de la porte d'entrée d'une maison mauresque qui n'a pas mal l'air d'une prison, voyez cette inscription
magnifiquement française : LIBERTÉ, EGALITÉ, FRATERNITÉ ; et puis,
ce qui ne l'est pas moins, POLICE. La devise est séduisante ; il est
deux heures ; c'est l'heure des bureaux ; hâtons-nous, ce sera
bientôt fait. Mais, déjà une cinquantaine de malheureux sont entassés dans l'escalier ; la plupart y reviennent pour la quatrième
et cinquième fois. Une demi-heure se passe en plaintes, en im-
patiences. A deux et demie, enfin le guichet s'ouvre, et tous se
pressent, tendant la main, comme des affamés à qui on va distribuer du pain, et criant chacun, Monsieur, Monsieur ! Le
Monsieur, sans se soucier d'eux, rogne ses ongles, taille sa plume,
range ses papiers ; sans doute ancien et fidèle serviteur de la
royauté-citoyenne, il n'oublie pas la devise ORDRE, LIBERTÉ, et il
en accouple à son profit, le principe salutaire, avec ceux de 48.
Moi qui « Fraternise » d'impatience avec tous les autres patients,
je prends la « liberté » de faire au Monsieur, l'observation, qu'il
y a déjà plus d'une demi-heure que les passeports devraient se
distribuer ; que nous avons tous hâte d'employer notre tems. Il se
fâche et me répond d'un ton qui est loin d'être « égal » au mien.
Je lui donne à entendre que je tiens cependant à cette « égalité
là ; » alors redevenu « Monsieur-Citoyen, » il m'explique que,
avant de venir à la police, les passeports vont à la préfecture ;
qu'ils ne sont pas encor arrivés ; que probablement « ces Messieurs,
vous comprenez ? on n'a pas toujours le tems. » Et je comprends ; et mes cinquante « Frères » en passeports comprennent

que ces Messieurs de la préfecture ont le droit de gaspiller leur tems et celui des autres ; et que, par droit de « fraternité, d'égalité, » ceux de la police ont le droit d'en faire autant. Les passeports ne venant pas, le Monsieur continue à rogner ses ongles ; nous, à ronger les nôtres. A trois heures et demie, on entend enfin une voix libératrice dire : Les voici ! Très-peu « fraternellement, » madame de M. et moi, nous déclinons nos qualités de mère et ami du Directeur, et très-peu « égalitairement, » on nous fait passer avant les autres. Il y a presse, car on ferme à quatre heures ; les neuf dixièmes des malheureux réclamants seront remis au lendemain ! Marseille avait son secret pour protéger, attirer négociants et voyageurs ; Alger a trouvé le sien, pour attirer voyageurs, négociants et travailleurs, dans ses villes sans habitants ; dans ses ports sans commerce, dans ses colonies sans colons.

Pendant notre longue station, nous avons eu tout loisir de regarder autour de nous, d'observer la construction bizarre et élégante de cette maison mauresque, qui se trouve habitée par une odalisque d'une si déplaisante espèce. C'est un bâtiment à un étage, prenant comme les maisons de Pompéi, toutes ses ouvertures sur une cour intérieure, au moyen d'une galerie qui en fait le tour. Les chambres sont de différentes longueurs, mais d'une largeur constante, de quatre à cinq mètres au plus. Les étages et divers quartiers de l'édifice communiquent entr'eux, par des corridors et escaliers étroits, tortillés, coupés de détours, de ressauts, de recoins. Pavés et murs sont carrelés en faïence et porcelaine teintes d'émaux variés. On me dit, et je verrai dans la suite, que c'est le caractère général des constructions mauresques.

Quand enfin nous pouvons sortir de ce double dédale franco-musulman, nous nous trouvons au pied de la pente rapide où se cramponne le vieux Alger. Moi-même, il faut me cramponner souvent, pour monter avec mes semelles ferrées, sur le pavé glissant de ses ruelles étroites, contournées, obscures, quelquefois entièrement couvertes par les étages supérieurs des maisons, qui surplombent leurs rez-de-chaussée. Entrez dans ces veines du vieux corps algérien ; tout y vit encor de sa vie : maisons murées, portes closes, silence, même là où des trous de deux à trois mètres figurent des boutiques, espèces de tannières, où les marchands se tiennent accroupis, muets, immobiles, pendant les journées entières, répondant sans paroles, à peine par quelques signes, aux rares chalands qui leur arrivent ; cordonniers, tailleurs, sont installés de la même manière. Dans ces ruelles, circulent des Maures, des Arabes, également muets, je dirais presque, également immobiles, tant leur démarche est grave et compassée. Là aussi on rencontre souvent leurs femmes qui, quoique masquées d'un linge qui ne laisse apercevoir que les yeux, ne semblent guère le céder en coquetterie, à celles des autres pays. Une tunique blanche, un voile blanc leur donnent de la majesté; elles y donnent, elles, de la grâce ; un panta'on mameluck, affine un pied bien chevillé, quelquefois nù, quelquefois chaussé de blanc. Certes, les Européennes si jolies et si coquettes, devraient bien adopter cet élégant pantalon, dussent-elles, pour cela, renoncer à leur antique usage de porter des culottes ! Sans doute toutes les Algériennes ne sont pas belles derrière leurs voiles et leurs masques ; sans doute, pour certaines, il y a de la coquetterie à se cacher ainsi ; il est même permis de supposer que là, comme ailleurs, ces tailles saillantes et arrondies, ne sont pas toujours d'une scrupuleuse vérité, témoin les coussins que généralement elles portent par derrière, et que, dans les tems de pluie, on voit pendre malencontreusement, en dessous des tuniques retroussées pour éviter la boue. Il est vrai que, pour ceci, elles peuvent prétexter un motif autre que la coquetterie : Le mahométisme n'ayant pas admis la chaise dans son paradis, il est juste que, en attendant mieux, les gens qui n'ont pas de coussins naturels, à l'endroit qui s'assied, en portent de postiches ; seulement ces femmes devraient avoir soin qu'ils fussent plus propres que certains que j'ai vus, postiches, bien entendu. Il est même très utile d'en avoir de l'une ou de l'autre sorte, quand on monte ou descend par ces rampes du vieux Alger, car leurs pavés sont aussi durs que glissants, et ma foi, sans un coussin de taille honnête, je puis garantir par expérience, qu'on s'y ferait très mal.

La rue de la Casbah elle-même, autrefois la grande rue d'Alger, a à peine trois mètres de large ; elle n'est pas moins rapide que les autres. Est-il besoin de dire que, dans une telle ville, il n'avait jamais circulé aucune voiture ? Tout s'y transportait, tout s'y transporte encor au crochet, à dos d'hommes. Combien d'Européens esclaves y auront succombé à la tâche !

La Casbah ! Elle est tout environnée de caffés, de restaurants français ; ce sont des Français qui portent l'uniforme turc de sa garnison ; ce sont les Zouaves, si éminemment Français par leur valeur, par la vieille gloire que eux, si jeunes, se sont acquise. Près de là est la sortie de la ville; nous suivons la route, le mouvement étrange de la population qui y circule. Aux traits, à la mine, au costume insolites des Arabes, se joint la nouveauté d'aspect des animaux: Parmi des chèvres petites comme nos moutons, mais, aux belles formes, à la toison longue et soyeuse; parmi des ânes petits comme nos chèvres, des bœufs et des chevaux petits comme nos ânes, le chameau élève sa taille, son cou gigantesque. Aux côtés de la route, partout dans la campagne, ce sont des plantes nouvelles: cactus, aloës, figuiers de Barbarie, orangers, citronniers en plein vent, grands comme nos pruniers, et alors chargés de leurs fruits mûrs, figuiers, bananiers, oliviers, tout étonne, saisit le regard, exalte, confond l'imagination. Et puis encor, la mer, le port, la rade, les côtes vues de cette hauteur, que doit-on regarder d'abord, que doit-on regarder le dernier? Les yeux, la pensée voudraient embrasser, recueillir tout ce tableau, tous ces tableaux, tous leurs détails.

Je cours seul jusqu'au fort l'Empereur; je veux y voir la brèche par où l'Europe a vaincu l'Afrique, par où la civilisation a pénétré dans le repaire de la barbarie. Les coups glorieux qu'elle y a portés sont effacés; la brèche est refermée; mais partout à l'entour, aux sommets, aux pentes rapides des montagnes, dans les ravins profonds qui les découpent, il me semble que je vois les feux, que j'entends les cris, les coups du combat.

Sous l'impression de ces souvenirs et des fausses idées que j'ai de la vie Algérienne, c'est avec une défiance ridicule que je m'approche des Arabes que je rencontre sur ma route; pour un moment, je crains de ne pas retrouver madame de M....., là où je l'ai quittée; je me hâte de revenir; je cours; je la retrouve..... entourée de Chakals! Hâtons-nous de dire que ce sont des Chakals français, des Zouaves, désignés dans le pays, par ce nom de guerre, qui leur convient, dit-on, à plus d'un titre.

Au retour, nous suivons la nouvelle chaussée qui contournant la ville, descend par de nombreux replis, aux flancs escarpés du ravin de Bab-el-Oued. A gauche, s'élève une prison neuve, qu'on peut presque dire coquette, à cause de la beauté de sa position et de l'élégance de sa construction; à droite, se dressent les anciens murs, hauts, épais, sombres, menaçants, percés de créneaux et meurtrières, derrière lesquels les tyrans d'Alger ont tant de fois défié le juste courroux de l'Europe et de leurs propres sujets. A chaque détour, à chaque pas, les aspects changent, sur la ville, sur ses environs, sur la mer.

La nuit tombe quand nous rentrons à l'hôtel. Je vais à la hâte, courir la Grande Rue, la Grande Place; je veux voir cette ville foyer de ténèbres, éclairée par les foyers de nos reverbères, par les lampes de nos magasins, de nos restaurants, de nos cafés. A ce moment, on se croirait à Lyon ou à Marseille, si, à la population européenne, soldats, hommes, femmes, enfants qu'on y rencontre, ne se mêlait en grand nombre, la population Africaine en haïks, turbans, burnous, capuches et bonnets rouges. Tout cela va, vient, se promène, forme des groupes variés à l'infini; partout règne le plus grand calme. On s'étonnera de ce calme, surtout après que j'ai prononcé le nom de bonnets rouges. Mais on saura que chez les musulmans, ces bonnets, loin d'être, comme chez nous, un simbole d'égalité, d'insurrection contre ce qui domine, sont au contraire l'attribut des classes privilégiées.

Nos chakals le portent, or on sait qu'ils ont de nombreux privi-
léges, sans compter celui d'être toujours les premiers à la fatigue
et au danger.

Une mère qui va voir son fils ! Quand on a un tel compagnon
de voyage, on ne s'arrète pas longtems à regarder des voiles
blancs et des coussins ou bonnets, de quelque couleur qu'ils soient.
Aussi, le lendemain, dès six heures du matin, nous sommes
dans..... O Mahomet, tu l'as vu du haut du ciel, et tu n'as pas
déchiré le Koran ! Toi qui avais ouvert les sources de toutes les
sciences, de toutes les délices permises à tes fidèles, tu as vu le
dernier raffinement de la volupté christo-européenne, l'omnibus,
entrer dans Djézaïr et de là, courir à Blidah ! Tu as vu y monter
avec nous sept de tes croyants; et Allah t'a laissé dans ton désespoir ! Et l'omnibus, au pas rapide de tes fils du désert, nous a
emmenés sans être anéanti ! Que penser de ton affliction, si toi,
prophète, tu vois dans l'avenir, tes pieuses caravanes entrer à la
Mecque en omnibus? Mais, console-toi ; tu es vengé.—En effet,
il est difficile d'imaginer une torture pareille à celle que nous su-
bissons dans cette voiture ; nous y sommes littéralement broyés,
sans compter que les manteaux bédouins ne sont pas toujours par-
fumés d'eau de roses, et que, outre les grands corps muets, immobiles, qu'ils enveloppent, ils abritent d'ordinaire, bon nombre
de petits corps à qui la nature n'a donné que trop de disposition
à se mouvoir.

La route qui s'élève par un long développement, jusqu'au dessus du fort l'Empereur, reste longtems bordée de villas mauresques, de cantines et restaurants. Les enseignes et les devises s'y
succèdent nombreuses et variées comme dans un faubourg de Paris ; tout cela est semé parmi des bosquets d'oliviers, de citronniers, d'orangers. On y vit isolé, sans défense et sans crainte ; des
femmes, des enfants circulent sur la route, parmi les Arabes qui
conduisent au marché leurs chevaux, leurs ânes chargés de bois,
de fruits, de légumes. Il n'y a point de heurtements, de froisse-
ments entre ces deux populations hétérogènes ainsi rapprochées,
malgré les distances naguères encor si grandes ; malgré les anti-
pathies naguères encor si vives, de races et de religions ; malgré
tant de combats meurtriers, dont le sang fume encor.

Nous traversons les villages français de Birmadreis et Birkadem,
qui sont là, frais, animés, avec leurs cafés aussi, et leurs auberges, leurs églises, leur commerce, leur roulage. Car le roulier,
cet autre type si peu civilisé de la civilisation, a pénétré avec elle
en Afrique; il y promène sa blouse, ses grosses roues, ses gros
chevaux, ses gros jurons, et sa pesante charette chargée de vins,
de liqueurs, chargée des produits de nos arts, dont la séduction
nous promet une conquête moins éclatante, mais plus durable

2

peut-être, que celle que nous devons à nos armes. C'est à la dé-
robée, presque au vol, que je saisis ainsi quelques traits des
scènes que nous traversons.

Nous entrons dans la Métidja, plaine longue de vingt lieues,
large de trois à quatre, qui s'étend de l'Est à l'Ouest, entre deux
chaînes de montagnes, l'une au Nord, le Sahel qui borde la mer,
et l'autre au Sud, l'Atlas qui y est parallèle. Le sol fécond, léger,
continue à se couvrir d'une végétation abondante ; mais la culture
a cessé ; elle fait place à ces plantes infructueuses, trop connues
de nos colons, l'oignon, l'ail sauvages, et surtout le palmier-nain
que l'on voit de tous côtés, dresser ses écrans aux mille doigts.
La route cependant conserve sa physionomie amphibique ; c'est
toujours le même mouvement de gens et de voitures ; c'est de
plus, le cantonnier, autre type français, qui a pour aides, des manœuvres Kabyles. Nous passons quelques fermes isolées, entou-
rées de belles cultures ; nous apercevons de loin en loin, quelques
groupes de gourbis ou huttes de branchages.

L'aspect de cette grande étendue d'un sol riche, mais désert, a
de la tristesse. Grâce à la rapidité de nos chevaux, nous atteignons bientôt Bouffarick qui, avec ses fermes, ses jardins, son
camp d'Erlon, ses belles rues, et son marché récemment muni
d'un vaste caravanseraï, mérite déjà le nom de ville. De là, au
bout d'une chaussée droite, longue d'une lieue, on voit se dresser
l'obélisque élevé par notre armée, à la gloire des 22 braves qui ont
péri héroïquement à la même place. Un petit village, sous le nom
de Beni-Mered, s'est groupé autour du monument, au pied du
quel coule une fontaine, simbole de l'immortalité, de la vie qui
découle d'une si belle mort. Là déjà, on est près de l'Atlas ; là
commençaient autrefois, les bosquets de la délicieuse Blidah. Ils
ont disparu, mais de belles fermes et des champs chargés de récoltes y ont succédé. Enfin, figuiers, orangers, citronniers et guinguettes recommencent ; nous entrons dans la Capoue algérienne.

La beauté de la situation, la fécondité du sol, ont fait en tout
tems, de Blidah, un lieu de richesse et de délice. Plusieurs fois
ruiné par les fureurs de la guerre et des tremblements de terre,
autant de fois il est ressorti de ses ruines et a recouvré sa prospérité, son éclat. Vivement disputé dans la dernière lutte, il a
cruellement souffert ; la forêt de fleurs et de fruits qui l'entourait,
a été elle-même détruite en grande partie par les travaux de l'attaque et ceux de la défense. Déjà une ville nouvelle surmonte tant
de ruines ; elle est jolie, régulière, animée par du commerce, et
par une nombreuse garnison aux uniformes variés, zouaves,
turcos, chasseurs et spahis. A côté de la population européenne,
dans des rues étroites dont quelques lambeaux ont échappé à la
destruction, vit la population indigène, qui ne le cède pas à la

première pour le pittoresque : burnous, turbans, haïks; Maures,
Arabes, Nègres, Négresses, femmes masquées, Juives sans masques et sans manches. Une jolie place du Marché avec château
d'eau, est couverte déjà de légumes que nous ne voyons chez
nous qu'en juin et juillet, tels que pois, fèves, artichaux, asperges;
à côté sont des tas énormes de citrons et oranges, qui se vendent
un franc le cent. Une place d'Armes plantée d'arbres, à demi
entourée de bâtiments à arcades ; de grandes casernes et écuries,
complètent l'établissement de cette ville, à qui tout promet qu'elle
retrouvera bientôt sa grandeur et sa richesse

Au Nord, deux villages fortifiés s'y rattachent comme faubourgs
et avant-postes, sous les noms de Joinville et Montpensier. De
tous côtés, mais surtout au Sud, entre la ville et l'Atlas au quel
elle s'appuie, règnent des jardins et vergers. Ces jardins doivent
le luxe de leur végétation à la nature du terrain, produit des alluvions de l'Oued-el-Kébir, qui descend d'une vallée voisine, et
fournit de copieux moyens d'irrigation. Orangers et citronniers
trouvent ainsi dans ce lieu, les deux conditions essentielles de leur
végétation, légèreté du sol et arrosemens ; aussi il y atteignent un
développement magnifique. Comme ceux d'Alger, leurs fruits d'or
sont en pleine maturité. La vallée qui débouche immédiatement sur
la ville, est étroite, rocheuse ; elle prend dès son entrée, un aspect
sauvage et désert, qui est un trait de plus pour compléter la beauté
de Blidah. J'y pénètre en longeant un aqueduc construit, ou du
moins, restauré à neuf par les Français; je n'y vois d'animé que
quelques Kabyles qui ne le sont guères, et un troupeau de belles
chèvres vives, pétulantes, capricieuses comme les Françaises, je
parle de nos chèvres. Elles bondissent sur les rochers, sautent et
glissent dans les précipices ; une petite fille Arabe qui les garde,
se sauve quand elle m'aperçoit. Au sortir, à gauche, sur un tertre
détaché de la montagne, et dominant de ce côté les abords de la
ville, s'élève une caserne défensive. Le jour commence à baisser;
le clairon de nos soldats qui y sonne la retraite, rappelle qu'un
jour, dans le même ravin du Kébir, au pied du même tertre du
Coudiat, il sonna la charge et proclama la victoire, alors que deux
de nos régiments, sans tirer un coup de fusil, sans autre feu que
celui de leur courage, franchissant torrent et précipices, chassaient le redouté Abd-el-Kader, de ses positions qu'il croyait ina-
bordables. Le torrent tant de fois ensanglanté, tant de fois ému
du bruit des combats, est devenu un moteur industriel, qui prête
sa puissance à plusieurs moulins et usines.

Le soir, la musique des zouaves exécute des simphonies sur la
place d'Armes. Cette musique est nombreuse et bonne. Qu'on ne
dise pas que les Arabes sont si grossiers ou si apathiques, qu'ils
restent également insensibles aux harmonies des sons, et à celles

des couleurs ; j'en vois là plusieurs dont l'attention témoigne du contraire ; ils semblent, selon leur propre expression, boire par les oreilles.

Des sons, des mouvements, nous n'en aurons que trop demain. A partir de Blidah, les torrents de l'hiver ont tellement détérioré la route, que les voitures ordinaires ne peuvent plus y passer. Pour nous transporter à Affroun qui est à 4-5 lieues, on nous met dans une carriole, espèce d'omnibus accourci, étréci, aminci, rogné dans tous les sens, et que sa construction, comme sa destination, a fait nommer le Passe-Partout. Pour plus de légèreté, on en a supprimé les ressorts, les coussins et tapisseries intérieures ; l'assemblage a le jeu nécessaire pour que tout puisse plier sans casser, excepté les voyageurs qui, dès les premiers tours de roues, sont rompus, brisés, moulus. On a attaché à cette cage aérienne, cinq chevaux aussi amincis, aussi peu élastiques qu'elle, et, sur les pierres, les fossés, les trous, le Passe-Partout se lance, saute, penche, plie, crie ; nous sautons, nous tombons, nous crions, mais toujours nous courons. Enfin la course se ralentit ; nous descendons une rampe taillée au bord de la route ; nous traversons un banc de roches éparses, des grèves humides ; on saute, on ressaute de plus belle ; le Passe-Partout crie, le cocher crie ; à cela se joint le grondement d'un torrent ; « Mettez-vous tous à gauche, » nous dit le phaéton ; « tenez-vous bien ; c'est la Chiffa ! » En effet, nous sommes dans un courant violent qui monte jusqu'à la caisse ; les chevaux soufflent, éternuent ; un autre son qu'ils nous envoient plus directement, prouve à ceux que cela peut intéresser dans ce moment, la corrélation électrique qui existe entre les deux extrémités de la pile galvanique, vulgairement appelée épine dorsale. Ainsi électrisés, ils redoublent d'ardeur, et vrais chevaux de passe-partout, vrais passe-partout de chevaux, ils fendent l'eau, et nous tirent à bord. De nouveau ils trottent, ils courent ; de nouveau nous sautons, nous crions, nous rions. C'est à peine si nous avons le tems d'apercevoir en passant, le pont de 300 mètres, à côté du quel la Chiffa s'est follement jetée par un de ses sauts de printems, entraînant avec elle plus de 100,000 stères de digues et chaussée.

Immédiatement après ce passage de rivière sans pont, et de pont sans rivière, se trouve le village qui en prend le nom. Là, au point de jonction des routes de Médéah, Milianah et Cherchell, ce village jouit habituellement d'une assez grande activité, industrie de commerce et d'auberges. Naturellement cette activité se ressent du mauvais état des routes ; aussi, elle ne paraît pas grande. Comme, au point de vue militaire, Chiffa est une des clefs de la plaine et de l'Atlas, on l'a entouré d'un fossé avec terrassement intérieur, non bastionné, mais protégé extérieurement, par des tours d'une construction mauresque d'un très-bon effet, du moins à la vue.

Nous avons changé de chevaux; la route est plus mauvaise; nous courons plus vite; c'est à démantibuler voiture et gens qui ne seraient pas déjà disloqués. Une demi-heure, et nous traversons un autre village, celui de Mouzaïa; puis, une autre rivière, le Bou-Roumi, moins large, mais plus profonde que la Chiffa. De nouveau, il faut nous appuyer à gauche; de nouveau, nos coursiers mettent en jeu leur épine dorsale. Malgré leurs décharges électro-galvaniques, nous courons risque d'imiter ce qui, à double titre, peut s'appeler le Pendant de notre omnibus; c'est son frère, le Passe-partout n° 1, qui entraîné, il y a deux jours, par le courant, est resté suspendu comme le berceau de Moïse, aux branches d'un arbre. Là il témoigne de la légèreté, de la flexibilité, de l'inversabilité, de l'indestructibilité des membres de la famille des Passe-partout.

Nous sommes à Affroun, colonie nouvelle qui forme étape avec Marengo, pour aller à Cherchell, et avec Bou-Medfa, pour aller à Milianah. La situation est belle, appuyée au pied de l'Atlas; on y jouit d'un air pur; un aqueduc récemment construit, y amène des eaux copieuses et de bonne qualité.

Tout cela est bel et bon pour ceux qui l'habitent; mais pour nous, qui ne songeons qu'à trouver moyen d'atteindre le plus vite possible, le désiré Marengo, quel est notre désappointement, quand nous apprenons que, à partir de là, il n'y a plus de route; que tout est dans l'eau; que rien, que personne n'y passe, si non à dos de mulets, et qu'il n'y en a pas un seul en ce moment à Affroun! Tandis que le Directeur est à nous décliner ce désespérant chapitre, et à nous en témoigner son propre chagrin, qui pouvait fort bien être réel, — Ma foi, s'écrie-t-il, c'est fait pour vous; voici justement nos cacolets! — En effet, nous voyons débusquer du bout de la rue, un convoi de quatre mulets et deux chevaux portant qui? Six sœurs de la charité, en grand costume; plus un prêtre à longue barbe; c'est le Supérieur du séminaire d'Alger; plus, un autre prêtre que les six sœurs appellent notre Père; il est le père d'une grande famille; c'est le Directeur de l'ordre. Sœurs et prêtres sont en tournée d'inspection des colonies; ils vont de ce pas à Marengo! — Disons avec le Directeur: c'est fait pour nous; — ajoutons, in petto, « et pour lui! »

Quatre mulets pour huit personnes, cela ne se comprend guère. Avant de nous mettre en route, expliquons ce que c'est qu'un cacolet, et une fois compris, il expliquera tout lui-même. Un cacolet se compose de deux assises de fauteuil, suspendues aux flancs d'un mulet. Il fait partie essentielle de toutes les ambulances des corps expéditionnaires, dont il transporte les invalides et les blessés. Ce n'est pas le cas aujourdui, heureusement pour nous, mais malheureusement pour les mulets; chacun, chacune de la compagnie se porte aussi bien que moi, et, dans mon épaisseur, je suis le plus mince. La tâche sera donc rude pour les pauvres bêtes, de faire environ cinq lieues avec de telles charges, dans des terres fangeuses, en grande partie inondées.

La même chance heureuse qui nous a envoyé si à propos le convoi, nous a réservé la mule que les deux soldats d'escorte s'étaient réservée pour eux-mêmes. Or, en gens qui connaissent leur monde, ils ont choisi la meilleure, la vigoureuse, la patiente, l'adroite Catherine. C'est elle qui ouvre la marche; suivent les six sœurs, puis les prêtres; les soldats vont à pied, à travers mille difficultés. On s'imagine facilement l'étrangeté de notre convoi réunissant ainsi, chevaux, mules, soldats, religieuses, prêtres et laïques. C'est une vraie caravane.

À peine avons-nous marché dix minutes, que nous rencontrons une troisième rivière, l'Oued-jer. La rive est haute, la rampe qui y descend est abrupte; c'est une épreuve assez difficile pour nous apprentis-cacolets; mais Catherine a le pied si ferme, les mouvements si retenus, la démarche si sage, que, son bon exemple aidant, nous passons tous sains, mais non secs et saufs.

Dès lors nous pataugeons dans une terre imprégnée, souvent, couverte d'eau. Plusieurs fois même, la plaine est tellement impraticable, qu'il faut la quitter pour aller chercher par de longs détours, un sol moins fangeux, sur la pente des montagnes. Catherine ne bronche pas; mais il n'en est pas de même des autres mules; l'une surtout, qui porte les deux sœurs les plus rotondes, a plusieurs accidents qui ne laissent pas que d'égayer la caravane, d'autant plus que les sœurs qui en sont victimes, ont le bon esprit d'être les premières à en rire : Ici, voulant franchir un ravin, elle saute juste au milieu, et il faut bien des évolutions pour en sortir; là, traversant un terrain marécageux, tout à coup elle s'arrête immobile sur ses quatre jambes, qui s'enfoncent comme des pieux; les deux sœurs, au risque de montrer que les leurs sont de dimensions plus épaisses, se voient forcées de descendre du cacolet, et, au risque bien plus grave, de nous scandaliser ainsi que leur cher père, elles prennent chacune le bras d'un soldat, pour s'aider à gagner une place plus ferme, d'où elles puissent rentrer dans la cavalcade. Combien de fois nous avons souhaité que nos amis de Nanci pussent nous voir au bout d'un télescope, dans un tel équipage, et surtout, avec un tel entourage.

La Métidja devenue plus étroite, conserve un sol très-riche, mais qui, pour être mis en valeur, aurait besoin d'être délivré de ses eaux stagnantes; or, jusqu'à présent, les travaux de drainage se sont bornés à la basse plaine. La culture y est donc à peu près impossible, même dans les parties sèches qui sont infectées par la malaria des marais. Inhabitée pendant la saison des pluies, les tribus nomades viennent au printems y planter leurs tentes, y faire paitre leur troupeaux, jusqu'à ce qu'elles en soient chassées par les sècheresses de l'été. A l'état actuel, les eaux s'écoulent lentement vers le Nord, où elles forment sous le nom d'Alloula, un lac qui n'ayant pas de rives déterminées, varie de grandeur selon la différence des saisons. Long de deux lieues en hiver, il se réduit en été, au tiers et même au quart de cette longueur.

Au-dessus du lac, sur le sommet le plus élevé du Sahel dont il baigne le pied, s'élève un monument gigantesque qui semble une colline couronnant une montagne ; on le nomme en arabe, Kober-Roumia, et en français, tombeau de la Reine ou de la Chrétienne.

Deux nouveaux villages-colonies, Ameur-el-Aïn et Bou-Rkika, partagent en trois parties à peu près égales, la distance d'Affroun à Marengo. Le premier a déjà reçu quelques colons, mais le second, quoique tout bâti aussi, ne contient encor qu'un concierge et sa famille. Ainsi, au milieu des Arabes, à deux lieues de tout point occupé par des Européens, un homme et son chien forment sans inquiétude et sans danger, toute la garnison d'une colonie !

A la vue de ces villages vides, de ces déserts bâtis au milieu du désert, on est attristé, on se demande, qui donc frappe ainsi de mort cette vie qui n'est pas encor née ? Belles et bonnes habitations, sol inépuisable de fécondité, tout est là, prêt à recevoir des éléments de prospérité et d'avenir ; rien n'y prend racine ! Où en est la cause ?

On nous a promis un meilleur chemin au delà de Bou-Rkika ; il est loin de justifier la promesse. Cependant nous sommes encouragés par l'aspect rapproché de Marengo, dont nous admirons la belle position sur un relèvement étendu, d'où il domine la haute Métidja, tandis qu'à l'entour, se dessinent les cimes neigeuses de l'Atlas, le pic aigu du Ménacer, et les flancs fertiles, les sommets rocheux du Chénoua.

Près de l'entrée de Marengo, les sœurs quittent leurs cacolets, sans doute par modestie, peut-être par coquetterie; on se le rappelle, leurs bas ne sont pas propres, leurs jambes ne sont pas fines.

Le fils n'attendait pas sa mère ; elle vient ! La mère attendait son fils; il n'était pas venu ! La surprise en est plus grande ; mais la joie de se retrouver ne peut être plus vive. Malheur à ceux qui ne connaissent pas, qui ne comprennent pas les saintes amours, les saintes joies filiales et maternelles ! Heureux celui qui pourrait les décrire !

La colonisation considérée en elle-même, et dans ses rapports

avec la population indigène, voilà la question vitale de l'Algérie.
Je suis dans une de ses colonies les plus importantes, les mieux
développées ; je vais, non pas étudier, chercher la solution du
problème, mais en observer, en recueillir les données, et les exposer comme les circonstances me les offriront, dans le même ordre, c'est-à-dire, sans ordre. Je tiens avant tout, à en conserver,
à en traduire la première empreinte. Ce sera loin d'être un tout
complet, ce seront du moins des parties exactes ; à d'autres que
moi d'en recueillir davantage, de les grouper, coordonner.

La situation relevée de Marengo est avantageuse sous le double
rapport de la salubrité et de la défense ; elle se relie de toute
part, par des pentes douces, à la plaine qui l'entoure. L'enceinte,
rectangle de 700 mètres, par 450, se compose d'un fossé large de
4 mètres, profond de 2, avec un terrassement intérieur, large de
7, haut de 2. Des tours carrées aux angles et aux portes qui occupent les milieux des côtés, doivent compléter le système de
fortification. Mais on n'en a construit que les fondations, de sorte
que la colonie reste entièrement ouverte ; et telle est la sécurité
dont on y jouit, qu'on songe à tout autre chose qu'à les achever ;
les travaux d'installation et de culture, les travaux de la paix, sont
les seuls dont on s'occupe. Ainsi, à 20 lieues d'Alger, 9 de Blidah, au milieu de ces tribus des Hachems, des Chénouas, des
Ménacers, qui ont été si longtems rebelles, redoutables à la conquête, voilà une colonie qui regarde dès à présent, les soins de
sa défense, comme un de ses derniers besoins ! Et elle n'a pas plus
de garnison que de remparts ; à moins qu'on ne veuille donner ce
nom, à une vingtaine de fantassins qu'on prête au directeur pour
l'aider comme ouvriers, aux travaux d'intérêt public. La nuit venue, dans cette enceinte sans portes, soldats et colons se couchent sans faire veiller aucun sentinelle, sans fermer aucune ser-
rure. Les bureaux mêmes de la direction restent ainsi ouverts
nuit et jour !

Quant aux habitations, Marengo en compte 200, où vivent
autant de familles qui forment une population de 600 âmes. Chaque habitation comprend un terrain de trois à quatre ares, où est
construite aux frais de l'État, une maison en pleine maçonnerie,
longue de mètres 10. 50 et large de 8 ; le tout divisé en deux, par
un mur de refend ; le toit doublé de planches, est couvert en
tuiles ; le sol est carrelé. Les rues sont toutes en équerre, ainsi
que la grande place qui en occupe le centre. Ces rues, cette place,
deux boulevards qui font le tour de la colonie, l'un au dedans,
l'autre au dehors de l'enceinte, sont plantés de 10,000 mûriers à
haute tige, dont la belle végétation garantit pour un avenir pro-
chain, des produits avantageux. Autant de jeunes sujets plantés
en pépinière, préparent le moyen de doubler bientôt sans frais,

une si belle ressource. La même pépinière contient à milliers, des poiriers, pommiers, pêchers, pruniers qui eux aussi, végètent admirablement.

En dehors, règne un vaste territoire appartenant autrefois au domaine public, et dont par conséquent, l'administration française a pris possession, sans violer les droits d'aucun particulier. Ce territoire est partagé en trois zones qui ont Marengo pour centre, et qui sont elles-mêmes partagées en autant de portions qu'il peut y avoir de colons distributaires. De cette manière, chaque colon a trois parcelles réparties dans les trois zones : La première, plus petite et plus rapprochée que les autres, sert pour le jardinage ; la deuxième, à moyenne distance, et de moyenne grandeur, sert pour la culture moyenne, gros légumes, vergers, vignes, mûriers, etc.; la troisième, plus grande et plus éloignée, sert pour la culture des céréales. Ce sont toutes de bonnes terres, dont le sol végétal a souvent jusqu'à deux mètres et plus de profondeur. Malheureusement il est recouvert de broussailles, lentisques, genêts et palmiers nains, dont l'arrachage est très-difficile.

Cela posé, quelle est la situation d'un colon, à son arrivée dans la colonie ? Outre la maison et les terrains dont nous avons parlé, et dont la contenance totale est de six hectares, on lui donne un bœuf, une charrue et quelques outils ; il reçoit de plus, pendant trois ans, pour lui et sa famille, la triple ration de pain, viande et vin. Dans ces conditions, s'il habite et travaille sans vacances pendant ces trois années, et que, pendant les trois suivantes, il continue à occuper et cultiver, quoiqu'il ne reçoive plus de secours, il devient propriétaire de sa concession, pouvant en jouir et disposer comme de son bien propre.

Au premier abord, tout cela paraît beaucoup ; cependant, c'est le minimum du nécessaire, à des colons qui viennent en Afrique, sans y apporter eux-mêmes des moyens d'existence pour trois ans au moins. L'état, la nature des choses le prouvera : L'arrachage des broussailles est d'une difficulté telle, qu'un bon ouvrier travaillant pour son compte, ne peut en nettoyer plus d'un are par jour. L'arrachage seul de six hectares exige donc 600 journées de travail, ou 200 par chacune des trois premières années. Le colon doit de plus, pendant le même tems, un jour par semaine, pour travaux d'utilité publique ; de sorte que, ajoutant à cela, les jours nuls des fêtes et dimanches, il ne lui reste que 50 jours par an, pour labourer, semer, planter, sarcler, récolter. Mais au lieu de pouvoir en disposer ainsi, il faut trop souvent qu'il sacrifie ces 50 jours, et grande partie des autres, aux tems contraires et aux maladies, conséquence presque toujours immédiate de la dépaysation. Malgré les avantages qu'on lui fait, il est donc impossible qu'un colon qui n'est pas secondé par une famille active, mette

dans trois ans ses terres en culture. Donc ces secours que bien
des gens pourraient croire exorbitants, sont loin de lui donner
une existence complète. Ne faut-il pas en outre qu'il se fournisse
à lui-même et aux siens, meubles, ustensiles et vêtements? Il lui
est difficile même de ne pas rencontrer la misère avant d'atteindre
l'aisance. Sans doute un tel état de choses impose à la France, de
grands sacrifices; mais chaque franc que l'on donne à ces colonies, c'est la semence que l'on confie à la terre, la semence qui
s'y attache par ses racines, qui la féconde de ses fruits. Planter,
créer, produire, voilà le but de la colonisation; voilà en même
tems, le seul moyen de conserver. Qu'on voie ce qu'a produit la
guerre depuis vingt ans. Elle a coûté des milliards à la France;
plus de cent mille de ses fils ont péri à l'œuvre de destruction!

Voyons au contraire, pour exemple de l'œuvre de la paix, les
résultats obtenus à Marengo, malgré des difficultés, des obstacles
heureusement exceptionnels, qui en ont gravement entravé l'établissement dès l'origine. En novembre, 1848, on envoie au capitaine
directeur, 800 Parisiens. Il n'a que quelques barraques en planches
et des tentes, pour abriter pendant la saison du froid et des pluies,
cette population citadine qui jusqu'alors, n'a tâté de la rigueur des
saisons, que dans ses promenades aux guinguettes des faubourgs,
et sur les quais ou les boulevards. La plupart tombent malades,
meurent ou partent. Les rangs se remplissent par de nouveaux
venus. Sous l'influence énergique d'une habile direction, et grâce
au concours de l'armée qui y prête son travail, des maisons se
bâtissent; on se case; on se met à l'œuvre du colon. Mais à peine
on commence à vivre, que le typhus et le choléra viennent déci-
mer la population! Malgré tant d'obstacles, de désastres, en trois
ans, on a occupé, nivelé le terrain; on a bâti plus de 200 maisons; on a creusé 50,000 stères de fossés d'enceinte, et façonné
les déblais en retranchement; on a creusé un vaste puits, en attendant les fontaines qui ne tarderont pas; on a ouvert des carrières, construit des fours à chaux, des tuileries, des chantiers
couverts pour ateliers de forges, de charpente, de charronnage,
de menuiserie; on a installé une église et son curé, une école des
garçons avec son instituteur, une école maternelle, une autre
avec ouvroir, pour les filles, et un hôpital.

Au dehors, on a préparé par des fossés de limites, par des tranchées et un canal de dérivation, l'aménagement d'une forêt communale de 250 hectares, possession d'autant plus précieuse, que presque toutes les forêts ont été détruites en Afrique par l'incurie des
Arabes, et leur fatal système de défrichement, l'écobuage, qui
brûle cent pour avoir un. On a aussi tracé des chemins; mais
malheureusement, là comme ailleurs, ils n'existent que sur le papier ou en l'air, à la pointe des jallons. On a..... je dois omettre

bien des choses d'un intérêt secondaire; cependant j'ajouterai :
On va compléter l'œuvre créatrice de la colonie, en y amenant un
cours d'eau constant qu'on ira chercher à 8,000 mètres. Sous le
ciel d'Afrique, l'eau est, après l'air, le premier besoin pour les
animaux, comme pour les plantes ; partout la fécondité s'y arrête,
dès que ce puissant véhicule lui manque. Quelques rivières
voisines, tels que l'Anan, le Mozeza et surtout le Menrad, qui
donnait son nom à la contrée, ne tarissent jamais entièrement,
de sorte que la colonie était sûre d'être toujours abreuvée; mais
ces eaux encaissées à une profondeur de 5 et 6 mètres, ne pouvaient promettre aucune ressource à l'agriculture. Le cours
d'eau dont j'ai parlé, part d'un point si élevé, que dans son
trajet, il aura 80 mètres de chute à livrer comme moteur à l'industrie. La première usine qui l'utilisera, sera un moulin communal qui dispensera les colons d'aller, à grands frais, par les
chemins que nous avons vus, faire moudre leurs grains à Blidah.
Une idée heureuse mettant à profit la nature des lieux, augmen-
tera encor l'efficacité de ces eaux, en en régularisant la dépense :
Comme elles sourdent d'une crevasse profonde et étroite, un bar-
rage la transformera facilement en un lac, qui recueillera les excédants de l'hiver, et les tiendra en réserve pour la saison sèche.
On aura ainsi en tout tems, force et abondance.

Il va sans dire que, quelques efforts que l'on fasse pour le bien,
on est en butte au blâme, à la critique. Des colons se plaignent
des allures rigides et brusques de l'administration militaire à la
quelle ils sont soumis comme des soldats, pendant leurs trois années de rations. Ils ne songent pas que c'est un accessoire naturel
de la rapidité de conception et d'action qui fait leur salut, et prépare leur prospérité. D'autres prétendent que, sous l'entraînement, l'influence du dévotisme, on va trop loin dans les faveurs, les avantages dont on gratifie les religieuses, aux dépens
de la colonie.—Pourquoi, disent-ils, vouloir leur donner en propre,
nos institutions communales, écoles et hôpital, bâtiments et mo-
bilier, en y joignant de vastes et beaux terrains, d'où elles tireront
une existence indépendante ? Quelle sera alors l'action du contrôle administratif, sur des établissements qui cependant intéressent à un si haut point, tous et chacun, dans la communauté ?
Qui peut garantir, qui peut même espérer la discrétion de ces religieuses, à l'égard de gens qui n'auraient pas leurs croyances,
tels que protestants, juifs, mahométans ou autres, qui venant
dans la suite, habiter Marengo, auront tout autant que les catholiques, le droit de participer aux écoles et à l'infirmerie communales ? On connaît l'esprit de prosélitisme, conséquence nécessaire
d'un zèle trop souvent aveugle. Ceux qui, aux yeux des religieuses, sont des mécréants, des hérétiques marchant à la perdi-

dition éternelle, pourront-ils leur confier leurs femmes et leurs enfants ? Non ! hé bien, pourquoi mettre, dans cette position exceptionnelle, des gens qui peuvent devenir la majorité, la totalité de la population ? Ces sœurs, humbles servantes de Dieu, pourquoi ne voudraient-elles servir sa créature, l'humanité, qu'au prix de biens matériels ? Elles qui oublient, qui sacrifient la vie pour l'éternité céleste, voudraient-elles donc se constituer une éternité sur la terre ? Au lieu de leur donner à elles, terres et bâtiments, que ne laisse-t-on à la commune sa propriété, en y affectant cette destination. Ce sera le bien des pauvres ; les sœurs refuseront-elles, au nom de Dieu, d'administrer, de soigner le bien de ses enfants ?

J'ai dit que le sol végétal est partout riche et profond. Les colons en ont défriché en moyenne, de trois à quatre hectares chacun. Il y a donc environ 800 hectares en culture à Marengo. Les céréales en occupent près des trois quarts ; le reste est en potagers, vignes et tabacs. Ces deux dernières plantes sont, avec le murier, les seules cultures dites de spéculation auxquelles, pour le moment, on semble disposé à se livrer dans cette localité. Elles donnent les plus beaux résultats. Quelques essais de coton et de nopal, ou cactus à cochenille, en promettent tout autant. L'instituteur, jeune homme plein d'instruction, d'activité et d'industrie, en a fait quelques essais qui ont complétement réussi. Les citronniers et orangers trouveront dans plusieurs cantons, la terre légère et l'arrosement qui en garantissent le succès. Quant aux oliviers et figuiers, ces fils favoris de l'Afrique, il ne faut que les laisser germer et grandir. Ces cultures donneront plus que toutes autres, à l'Algérie, les richesses qu'on en attend ; mais avant tout, il fallait deux choses : Le pain pour les colons, et des routes pour les marchands. Le premier de ces besoins est satisfait, ou bien près de l'être ; les routes manquent presque partout.

Voilà ce que j'ai vu, entendu, appris de la colonie en elle-même. Passons à ses rapports avec les Arabes du voisinage : J'ai déjà dit quelle est la sécurité dont on y jouit. Cette sécurité semble provenir de plusieurs causes. Par sa religion, l'Arabe est fataliste ; il est donc bien plus disposé que nous, à accepter les faits prononcés, accomplis. Le principe qui fait la vie européenne, qui la tient dans une énergie, mais aussi, dans une fièvre presque continue, la passion de l'amélioration, n'a pas encor pénétré chez nos nouveaux concitoyens ; poussés, ils marchent et agissent, mais ils ne poussent rien. Dieu est Dieu, disent-ils ; c'est à dire, Dieu est tout. Et guidés par ces paroles, ils mettent autant de docilité à s'arrêter, que d'ardeur à courir, quand ils croient entendre sa voix. Ainsi Abd-el-Kader, fils d'une sainte famille, les convoque au nom du Prophète. Au nom d'Allah, il proclame la guerre sacrée, « la Djéhâd ; » tous accourent, et, tant qu'il combat, tant que soutenant la lutte, il leur paraît être le bras de Dieu, ils sont à lui ; perdre pour une telle cause, leurs troupeaux, leurs familles, c'est gagner les fruits du ciel ; mourir, c'est commencer à vivre dans les embrassements éternels des Houris. Mais dès que le même homme succombe, tout est fini ; Dieu l'a abandonné ; il remet à un autre bras, à un autre tems, l'affranchissement des Croyants. On cesse le combat ; on attend dans la résignation, dans le calme, que de nouveau, la trompette ait sonné.

De son côté, l'administration française a pris les meilleures mesures, pour que les trompettes divines ne sonnent pas, ou, pour les briser, dès qu'on viendrait à les entendre. Les bureaux Arabes composés d'officiers habiles, initiés par l'étude et l'expérience, aux mœurs, aux usages et à la langue du pays, étendent partout une surveillance propre à prévenir tout incendie, à en étouffer la première étincelle. Bons administrateurs, ils sont aussi, entre les indigènes et les européens, entre l'Afrique et la France, des arbitres conciliateurs, éclairés, équitables. Le peuple arabe protégé par eux contre les exactions de ses chefs ; les chefs appuyés dans leur autorité, relevés par des distinctions, attachés par des honoraires très.... honorables, diraient les budgétaires ; tous semblent s'accommoder à un ordre de choses dont ils commencent à recueillir les fruits.

Il résulte de là que, provisoirement du moins, les deux populations vivent en bonne harmonie. Les Arabes et Kabyles du voisinage, Hachems, Chénouas, Ménacers, viennent à Marengo, apporter des oranges, des grains, des légumes, et faire eux-mêmes différentes emplettes ; ils viennent comme ouvriers-servants dans les chantiers, et reçoivent ainsi, en même tems qu'un salaire précieux pour eux, les premières notions d'arts qu'ils ne tarderont pas à pratiquer pour leur propre usage. Quant aux colons, ils circulent sans crainte dans tout le voisinage ; moi-même, je vais journellement seul et sans armes, promener à d'assez grandes distances ; je rencontre à tout moment des Arabes ; et tout se borne à échanger mon bonjour, avec leur « Salamou », qui est généralement donné de bonne façon, quoique avec grand sérieux.

Cette confiance réciproque se prononce surtout à l'occasion du marché de l'Arbah, c'est-à-dire, du mercredi, qui se tient toutes les semaines, dans la plaine, à trois kilomètres de Marengo. Les Arabes y affluent par centaines, de tous les environs. Les uns y viennent vendre ou acheter des bestiaux ; d'autres y amènent des mulets et chameaux chargés d'oranges, de figues, de dattes, de blé, d'orge, de volaille ; ils y joignent même quelques produits de leur industrie manufacturière, tels que des nattes et kabbahs de palmier nain effibré, des tissus de laine et de poils de chameaux, pour tentes, haïks et burnous. C'est aussi le rendez-vous des marchands forains Juifs et Maures, qui y apportent des objets de fantaisie, tels que pipes, tabac, miroirs, parfums, teintures, cosmétiques, quincailles de parures. Hé bien, au milieu de cette foule de gens, hier encor armés contre nous, on voit des femmes, des enfants de colons, circuler, faire leur marché, avec autant d'aise et de sécurité, qu'ils le feraient sur notre place de Nanci.

Disons aussi cependant, pour compléter le tableau, que, il y a un an, le Garde champêtre de la colonie a été assassiné dans la forêt communale. Mais aussi, il y a un an, les choses n'en étaient pas où elles sont aujourdui. Jusqu'alors, les Arabes étaient habitués à mener leurs troupeaux paître dans ce lieu abandonné. A leurs yeux, l'usage constituait un droit; l'interdiction était une spoliation. Le meurtrier n'ayant pas été trouvé, la tribu sur le territoire de laquelle le crime avait été commis, fut selon la règle en cas pareil, condamné à payer une amende de 8,000 francs. Cette règle parfaitement adaptée aux mœurs du pays, contribue pour beaucoup à nous obtenir les résultats de la bienveillance. Espérons que, grâce à elle, les Arabes comprendront ce qu'il y a de beau et de respectable dans une haie, un mur ou un fossé; qu'ils comprendront ce qu'il y a de champêtre et bucolique, dans le garde qui lui-même est une haie, un fossé ambulant.

Puisque nous sommes dans la forêt, commençons par là, notre excursion dans le voisinage de Marengo. Nous y trouvons l'image d'une forêt du nouveau monde; des arbres gigantesques à nobles tiges, étalant fièrement leur majestueux branchage; d'autres, affaissés sous le poids des liannes qui les étreignent, qui les recouvrent, les surchargent, et finissent par les abattre. Des troncs demi-pourris jonchent le sol, et lui rendent la fécondité qu'ils en ont reçue. Les tranchées d'aménagement jettent leurs lignes rigides et ternes à travers cette nature confuse, échevelée, sauvage; en place de ce brillant et admirable désordre, de cette luxuriante superfétation, elles promettent les baliveaux, les souilles, les fagots de nos coupes réglées. Ce sera beau, dit le sapeur du génie qui y promène l'équerre et le cordeau; ce sera bien beau, dit le garde forestier, qui voit une bûche dans chaque tige, dans chaque branche, comme le sculpteur voit dans un bloc de marbre, un dieu, une vierge, un amour, une Psyché.

Près de là, au sud, est un autre bois tout petit, mais véritable « Lucus » : Arbres chargés de siècles et de liannes; fourré épais, impénétrable; ombre et silence; sentier sinueux et couvert qui conduit à un sanctuaire; et ce sanctuaire, le tombeau révéré d'un Marabout, simple pierre sous un berceau dont le sol est couvert de débris de vases votifs, dont les branches portent de nombreux lambeaux d'étoffes, que les Fidèles arrachent de leurs vêtements, pour les y suspendre en offrandes. Ce lieu est solennel, tout y inspire le sentiment de la piété et de la vénération.

Remarquons en passant, comme les ùs et coutumes de chaque pays se conforment, s'enchaînent les uns aux autres. Certainement cet usage de déchirer ainsi de tems en tems une pièce de ses vêtements, est intimement lié à la coupe, à l'ampleur du vêtement Arabe. En effet, un bout de plus ou de moins, à un burnous, à un haïk d'homme; à un manteau, à un voile, ou même à un coussin féminin, n'en altère sensiblement ni la forme, ni l'emploi; mais qu'en arriverait-il, si on voulait faire de même en Europe; si tel homme pieux voulait arracher une manche, une basque, à son habit, une jambe à son pantalon; si telle femme pieuse voulait arracher la passe de son chapeau, le tour de son bonnet, le devant ou le derrière de sa jupe?

Au-dessus de ce « Lucus », s'échelonnent des côteaux buissonnés plutôt que boisés, qui vont s'appuyer à la grande chaine. De leur sommet, on découvre une vaste perspective qui se porte à l'est, jusqu'à Blidah et le Kober-Roumia, tandis qu'elle embrasse de plus près, au nord et à l'ouest, les formes grandioses, abruptes, du Chénoua, la forme pyramidale, le pic aigu, on pourrait presque dire menaçant, du Ménacer. Entre les côteaux euxmêmes, s'ouvrent plusieurs vallons assez bien cultivés; l'un d'eux se distingue par la riche végétation d'une plantation de figuiers et abricotiers, connue sous le nom de Jardin du Caïd. Sur un tertre gazonné, un immense olivier étend son branchage. Par sa grandeur, sa beauté, son antiquité, il est le plus remarquable du pays; c'est sous son ombre que se tiennent les assemblées de la tribu voisine.

Retournant à Marengo, nous traversons des champs coloniaux en pleine culture, puis nous rencontrons le gué du Menrad. Ce gué est dans un lieu très-pittoresque; les abords viennent d'être plantés d'arbres qui couronnent à droite, les hangards de l'abattoire, et à gauche, une fontaine d'eau vive avec son abreuvoir; au delà sont encor les premiers barraquements de la colonie, convertis en magasins à fourrages, écuries, ateliers de construction; au-dessus, Marengo développe son enceinte crénelée de maisons blanches, de toits rouges.

A l'entrée même de Marengo, et formant un embryon de faubourg, est ce qu'on nomme le marché Arabe. Ce sont quelques gourbis, barraques en branchages ayant à peine un mètre de pied-droit, dans lesquelles se tiennent des Arabes qui vendent des fruits et légumes, plus, du café à leur façon, c'est-à-dire, moulu très-fin, bouilli à l'eau et servi sans sucre, mais avec ses marcs qui en tiennent lieu. Si ce n'est pas très-délectable, c'est du moins très-bon marché, un sou la tasse. Or, le café est la seule boisson excitante que le koran permette à ses adeptes; c'est aussi le tonique le plus efficace à opposer à l'action énervante et souvent délétère, de l'eau en Afrique. A ce titre, il fait partie de la ration de nos soldats, pour qui il remplace avantageusement l'usage des spiritueux. Les Arabes en prennent fréquemment; aussi leurs cafés, quelque humbles qu'ils soient, sont très-achalandés. Ils servent même d'auberges aux indigènes. Ces gens très-sobres soupent délicieusement d'un morceau de galette demi-cuite, qu'ils portent d'ordinaire dans une sacoche ou dans leur capuche; ils s'abreuvent tout aussi délicieusement de deux ou trois cafés; disent leurs grâces à Mahomet, pour les délices qu'il vient de leur accorder; se roulent dans leurs burnous, et dorment. Ils tirent en général et en toute circonstance, un parti merveilleux du burnous : Manteau pendant le jour, il tient lieu alors, d'habit, de pantalon, de chemise; ses poches sont des sacs à y mettre munitions de guerre et de bouche; au besoin, la capuche devient une hotte; la nuit, il sert de matelas et de couverture.

Reprenant de ce point, notre tour des environs, nous trouvons d'abord la pépinière communale. Elle est plantée de sujets utiles, qui seront livrés aux colons gratuitement, ou à des prix très réduits. Plus loin, c'est le jardin de l'hôpital, déjà en pleine voie de rapport. Ce jardin est longé par le Menrad, dont le ravin profond, aux pentes escarpées, est boisé d'arbres magnifiques qui souvent le recouvrent d'un ciel de verdure. Ce cours d'eau serpentant ainsi sous de frais ombrages dont l'aspect change à chaque pas; le murmure du torrent, le bruit de quelques cascades, font là un lieu élyséen, comme on en voit peu en Afrique. Malheureusement la plus grande, la plus belle partie vient d'être donnée aux religieuses qui, en vraies femmes de ménage, ont l'idée balayeuse de faire tout défricher. Pleurez, naïades et dryades, allez cacher vos douleurs dans le fond d'un couvent; prenez le froc et le cilice!

En remontant le Menrad, on vient à la tuilerie, où l'on a fabriqué tuiles, briques et chaux pour la colonie. C'est près de cet établissement qu'on construira bientôt le moulin communal.

Le sol des environs est montueux, légèrement boisé; on y trouve à d'assez grandes distances, trois choses qui méritent d'être vues : L'une est le Douair du caïd (sous-préfet) Ben Salah. Ce Douair nous dira tout ce qu'on voit dans les autres : C'est d'abord une enceinte défensive de branchages, autour de laquelle une meute de chiens demi-sauvages, veille contre les maraudeurs et animaux carnassiers, lions, panthères, hyènes et chakals. Depuis les guerres qui se sont succédé dans cette partie de l'Afrique, les lions y ont presque entièrement disparu. La panthère s'y montre rarement. L'hyène y est encore fréquente ; elle y soutient sa réputation de hideuse voracité ; mais nullement, celle de son audace ; en effet, aussi lâche, aussi ignoble que puissamment armée, mâchoire et griffes, jamais elle n'ose attaquer l'homme. Quant aux chakals, espèce de chiens-renards, ils pullulent, ils sont partout ; mais aussi, ils fuient partout les moindres chances de combat. Cachés pendant le jour, à distance des Douairs, ils s'en approchent la nuit, dans l'espérance d'y dérober quelques poules, quelques moutons ou chevreaux. Dès que les chiens les flairent, ils les accueillent avec des bordées d'aboiements, de rugissements aux quels les chakals répondent par des glapissements aigus. Rarement la lutte s'engage ; mais chaque nuit, dès le soir, on entend dans la plaine et les montagnes, ces cris de menaces et de plaintes. Marengo lui-même n'est pas à l'abri des incursions de ces voleurs, qui viennent souvent y tenter leurs coups fourrés. A leur égard, les chiens de ville n'ont pas plus d'urbanité que ceux des champs ; de sorte que presque toujours, c'est aux accords de cette harmonie champêtre, qu'on s'y endort. Voilà pour l'extérieur du Douair. — A l'intérieur, on trouve de grands gourbis pour abriter les bestiaux, d'autres pour les domestiques, et, un peu à l'écart, une vaste tente, basse, informe, en poil de chèvres et de chameaux, noircie par la fumée qui éternellement y flotte à un mètre de hauteur ; c'est l'habitation du caïd, c'est son harem.

Je dirai ici le peu que je sais de relatif au mariage selon le Koran : Le célibat est interdit. Tout homme peut prendre quatre femmes. Il leur doit une répartition égale de ses faveurs. Les enfants qui en naissent sont légitimes et égaux en droits. Outre ces quatre femmes, il peut entretenir chez lui, autant d'adjointes que sa fortune lui permet d'en acheter et nourrir. Avec celles-ci, il n'a à suivre que ses caprices. Leurs enfants, pour être légitimes, doivent être déclarés tels devant témoins. Pour se marier, il suffit d'un consentement réciproque devant deux témoins, ou devant le caïd qui, à cette occasion, reçoit un cadeau. Il en est de même des baptêmes, décès et autres actes civils.

A propos de femmes, j'ai parlé de les acheter. Il y a de quoi se scandaliser de voir ainsi mettre à prix d'argent, ces êtres sans prix, qui chez nous, font le bonheur de la terre, et qui chez les musulmans, font le bonheur du ciel. Hé bien, en réfléchissant, on trouvera peut-être que les Arabes sont plus dans le juste que nous ; voyons : Un musulman trouve une femme qui lui convient, qu'il aime ; il donne aux parents une somme d'argent pour l'obtenir. Il est vrai que la somme n'est pas forte ; elle dépasse rare-

3

ment trois ou quatre cents francs. Mais ne disputons pas sur le prix ; tenons-nous en au principe, à l'acte lui-même. Cet acte constate que l'on reconnaît dans l'épousée, un mérite qui se traduit en quelque chose de réel ; c'est avantageux, c'est juste, même flatteur. Chez nous, au contraire, loin de payer des parents à qui on prend un trésor, on se fait payer par eux pour le prendre. N'est-ce pas à nous le scandale, l'outrage?—Autre chose aussi, que bien des gens pourraient trouver avantageuse, c'est que le mariage mahométan n'est pas soumis à la rigide perpétuité du nôtre ; on a autant de facilité pour le rompre que pour le contracter ; une déclaration verbale des deux parties, le caïd ou deux témoins suffisent. Si c'est la femme qui a provoqué la séparation par quelque faute grave, le mari reprend la somme qu'il avait donnée aux parents ; il la perd, si les torts sont de son côté. Par là, tous ont intérêt à se tenir sur la réserve ; les parents sont stimulés à tenir leurs filles dans une voie régulière, après, comme avant le mariage. Si l'on avait besoin ailleurs de ce moyen qui semble bon, on pourrait en profiter ; mais sans doute qu'on s'est convaincu qu'il serait inutile. Disons en outre que les mahométans disposent en maîtres de leurs femmes, tandis qu'en Europe, dit-on, c'est souvent la maître qui obéit.

Un jour, grâce à la présence du directeur, de sa mère et du caïd lui-même, on nous permet d'entrer sous la grande tente. Elle est encombrée de sacs, de caisses, de tout l'attirail d'une famille multiple de Bohémiens. Dans un coin, autour d'un foyer qui s'étouffe de sa propre fumée, cinq ou six jeunes femmes sont accroupies avec des enfants, sous la surveillance d'une vieille matrône, mère du caïd. Les jeunes femmes ont des traits délicats et nobles, de beaux yeux, d'un noir velouté étranger à nos climats ; mais leur teint est pâle, amaigri ; elles ont l'air affaissé au physique, par la privation de tout confort de vêtements, de meubles et d'aliments ; leur belle physionomie semble étiolée par l'annullation de tout exercice de leurs énergies intellectuelles ; leurs paupières tatouées de « koho, » leur donnent quelque chose d'étrange, sans les défigurer ; des cordons de médailles d'argent ceignent leurs fronts droits et élevés ; des colliers semblables ceignent leurs cous ; de grands clinquants pendent à leurs oreilles ; des anneaux d'argent aux bras et aux jambes, complètent leur parure. Quant au costume, elles sont enveloppées plutôt que habillées, de larges haïks ou blouses. Elles sont timides, mais loin d'être indifférentes à notre visite, qui paraît piquer vivement leur curiosité.

Ben-Salah, le caïd, est un homme d'environ 30 ans ; il est haut de taille comme tous les Arabes ; sa figure est belle ; elle a de la dignité. Sa mère et lui nous accueillent de leur mieux.

Pendant ce tems, on a approprié le gourbi des étrangers, accessoire indispensable de tout Douair complet, chez ce peuple hospitalier. On y a étendu un tapis, des nattes, pour nous y recevoir. A peine y sommes-nous installés, qu'on nous apporte des œufs à l'huile, sur un plat très-propre ; puis du miel et des galettes ; mais d'assiettes, point. Nous formons le cercle autour de notre plat, et, nous servant de morceaux de galettes, en guise de fourchettes et cuillers, nous attaquons les œufs et le miel. Nous sommes enchantés d'essayer de ce repas arabe ; nous le sommes encor plus de le finir. Nous nous retirons les jambes tordues, engourdies, l'échine brisée, mais toujours enchantés, et répétant à l'envi : « C'était très-bon, très-propre ; enfin nous pourrons dire que nous savons ce que c'est ».

Quand nous partons, la bonne mère de Salah, le quel, soit dit à son éloge, paraissait avoir pour elle un grand respect, accourt avec un poulet vivant, qu'elle veut à toute force nous faire accepter pour gage de son hospitalité. Nous refusons de le prendre ; elle nous le pousse sous les bras, comme si c'était un gigot bien dur ; elle veut nous persuader en arabe ; nous voulons la dissuader en Français ; elle pousse toujours plus fort. La pauvre bête crie en langue universelle, étouffement, effroi et douleur ! Enfin elle s'échappe en jetant un cri de joie. La vieille court après. Nous nous sauvons nous-mêmes, bien satisfaits d'avoir eu sans plus d'encombre, la preuve que l'hospitalité arabe mérite sa réputation.

Cette scène était gaie, même plaisante ; le surlendemain, me promenant du même côté, j'en vois une d'un caractère tout différent : Dans un des endroits les plus fourrés du taillis, j'entends de loin comme des chants doux et plaintifs, qui semblent être la répétition continue des sons « Lah, Lah, Halloulah ! Lah, Lah, Lah, Halloulah ! » Ces sons s'approchent rapidement ; bientôt viennent au pas de course, une trentaine d'Arabes ; ce sont eux qui les font entendre. Je me range de côté pour les voir passer. Deux d'entr'eux portent sur leurs épaules, une sorte de civière longue et étroite, sur la quelle est étendu un corps enveloppé d'un drap blanc. C'est le cadavre du domestique interprète de Salah, le même qui trois jours auparavant, nous avait traduit son accueil et ses adieux. Un mal aigu de poitrine l'a enlevé subitement.

Guidé par les chants, je suis ce cortége à travers le bois, jusqu'à une place où de grands arbres protègent de leur ombre un cimetière. La fosse est faite. Tandis que les chants se continuent plus bas, plus recueillis, les amis du mort le déposent mollement dans la tombe ; puis, avec le même soin, la même délicatesse, les uns le recouvrent de poignées de terre, tandis que les autres y entremêlent des fleurs et des rameaux verts, qu'ils cueillent dans le voisinage. Cette scène de mort, ailleurs si rauque, si rude, est ici touchante et douce. Quant aux grands arbres qui peuplent le cimetière, ce n'est pas un cas particulier ; les Arabes révérant religieusement les tombes, les lieux qui les contiennent leur sont sacrés, ainsi que toutes les plantes qui y croissent ; jamais la hache ne les abat ; jamais la dent ou le pied de leurs troupeaux ne les flétrit, ne les mutile.

A peu de distance de ce cimetière arabe, est celui de Marengo. L'espace est grand ; la place convenable ; mais l'urgence de tant d'autres travaux a malheureusement empêché qu'on y portât aucun soin L'enceinte n'est pas même tracée ; les tombes y sont pêle-mêle, en désordre ; là, rien n'allège la tristesse que inspire la vue de tant de fosses ouvertes et comblées depuis si peu de tems.

Un cimetière déjà peuplé par la mort, dans ce lieu où l'on n'a pas encor vécu ! Pour ne pas s'effrayer de l'avenir de la colonisation algérienne en voyant un tel spectacle, il faut se rappeler les circonstances fatales que Marengo a eues à subir : Inaptitude, inexpérience des colons ; campement dans de mauvaises conditions ; typhus, choléra ; ce sont des accidents exceptionnels dont on ne peut pas tirer des conclusions générales. Cependant, il faut y reconnaître aussi les effets de causes malheureusement ordinaires : Le changement de climats, d'aspects physiques, de rapports avec la population ; la gêne qui accompagne les premiers essais d'une vie nouvelle, tout hâte ou provoque la nostalgie et ses cruels effets. Au lieu du repos et des plaisirs qui distrairaient des souvenirs de la patrie, il faut que le colon se livre dès son arrivée, à de rudes travaux. Ces travaux, outre une fatigue souvent inaccoutumée, portent en eux mêmes le germe de graves maladies ; en fouillant et retournant un sol qui d'année en année, depuis plusieurs siècles, se surcharge de débris de plantes pourries, on en tire les germes de ces fièvres putrides qui font tant de victimes.

On ne peut se le dissimuler, l'inconvénient, l'obstacle est grand. Mais il diminue, il diminuera tous les jours : L'Afrique tous les jours devient plus française ; le colon nouveau-venu y rencontre des concitoyens établis et jouissant d'un bien être qu'ils s'y sont créé. Il n'est donc plus comme autrefois, frappé de stupeur à la vue d'un monde incompréhensible ; il s'initie rapidement à une vie nouvelle, dont la voie est tracée devant lui par d'autres, ses égaux, ses pareils, qui y marchent d'un pas ferme et confiant ; de plus, parvenu au lieu de sa demeure, il y trouve sa maison toute bâtie, qui le met à l'abri des gênes, des dangers du campement. Et puis, ceux qui l'ont précédé ; les hommes instruits, capables, qui ont marché avec eux, qui les ont observés, qui les ont guidés, en étudiant les causes du mal, ont appris les moyens de l'éviter. On

sait maintenant quel est le régime alimentaire, quels sont les vêtements qui conviennent ; on sait d'une manière certaine, quelles
sont les cultures qui peuvent réussir dans des circonstances données ; on ne se fatigue plus en de vains efforts. Quant à la funeste
malaria des défrichements, on sait qu'on peut l'éviter en s'abste-
nant de remuer à nouveau la terre, pendant les grandes cha-
leurs, éminemment propres à en vaporiser les miasmes malfaisants.
On sait cela, et bien d'autres choses encor. Le gouvernement a
fait recueillir ces données précieuses ; il a fait publier à grands
frais, des instructions complètes dont il a envoyé de volumineux
exemplaires à toutes les bibliothèques et administrations de France ;
il… n'en a pas remis une page aux directeurs des villages-colonies !
Pouvait-on cependant trop s'empresser de mettre ces utiles do-
cuments, entre les mains des hommes à qui on confiait l'existence
d'un si grand nombre de leurs semblables ; à qui on confiait la
prospérité, l'avenir de l'Algérie ? Il y a tel de ces villages où
on a consommé pour plus de 20,000 fr. de quinine en une seule
année ! Avouons-le, dans la plupart de ceux que j'ai visités, on
a tenu trop peu de compte des travaux d'assainissement et de propreté des rues, des places, et de leurs abords. — On doit aussi, je
crois, attribuer une grande partie des maladies de colonisation, à
la manière dont la plupart du tems sont dirigés les travaux d'installation. Arrivé sur la place qu'on veut occuper, on arrache, on
nivelle, sans prendre soin de reléguer à distance ou plutôt, de brû-
ler les débris de l'arrachage dont beaucoup, tels que l'ail et l'oignon sauvages, sont naturellement infects. Le sol à peine nettoyé,
on se couche dessus ; on y dort, on y vit, on y meurt. Si échappé
aux premières atteintes du mal, on en vient au défrichement pour
la culture, on commence par les terrains les plus rapprochés de
l'habitation. On provoque ainsi, on conserve la peste autour de
soi, avant qu'on ait acquis par l'acclimatement, et par le confort
de l'intérieur, le moyen d'y résister. Il semble que, au lieu de s'é-
tablir sur le sol d'habitation dès qu'il est nivelé, on devrait camper
à distance tant que les mouvements de terres faits sur la place ou
dans le voisinage immédiat, peuvent y répandre des germes pes-
tilentiels. Si des circonstances impérieuses exigent qu'on s'y installe
immédiatement, on devrait du moins commencer les défrichements de culture, non par les terres les plus rapprochées, mais
par les plus éloignées, de manière que les habitations n'y fussent
exposées aux attaques de la malaria qui en résulte, que graduellement, et lorsque les colons pourraient sous leur abri, lui opposer les ressources de l'habitude et de l'expérience. — Que fait l'Arabe
quand il vient quelque part dresser sa tente ou son gourbi ? Il
brûle les herbages et broussailles qui couvrent la place qu'il veut
habiter. Lorsqu'elle est ainsi purifiée à sa surface, il y plante ses

piquets; il y dort sans danger. Pour ses cultures, il choisit çà et là, souvent à d'assez grandes distances, les terrains qui lui demandent le moins de travail; il les brûle; il les écorche légèrement avec son crochet de bois, charrue pastorale que lui a transmise le Dieu Pan, par les mains du roi David. Voilà ce que lui a dit l'expérience de 40 siècles; voilà ce que semble nous dire l'expérience de 20 ans.

Après avoir parcouru les environs immédiats de Marengo, et recueilli avec les impressions du présent, ce qui nous a offert quelques données sur l'état actuel et sur l'avenir de notre Algérie, allons plus loin chercher d'autres notions aux quelles se joindront quelques traces du passé.

Depuis que j'ai aperçu le Kober-Roumia, son souvenir domine ma pensée, comme il domine lui-même l'espace qui l'entoure. C'est là que j'irai d'abord. Il y a quatre lieues de marche que l'on fait en partie à travers les marais de la Métidja, et en partie, au flanc des montagnes. Presque tout ce chemin est sans trace; il me faut un guide; ce era Saïd, jeune Maure, bouvier du troupeau de la commune. Il est de taille petite, mais bien prise; sa physionomie est belle, douce et fine; il me fait les honneurs de son costume complet, qui a de l'éclat, de l'élégance, je crois même, de la coquetterie : Turban soyeux, chemise et ample culotte d'une blancheur parfaite, relevée par le rouge vif d'une large ceinture. Comme nous n'avons aucune chance de trouver des vivres dans notre excursion, il emporte dans un panier, du pain, du fromage et... du vin ! Oui, du vin. Ne le dites pas à Mahomet.

Nous passons par le champ de l'Arba; des pluies récentes l'ont imprégné, couvert d'eau, ainsi qu'une grande partie de la plaine. Nous y pataugeons pendant plus d'une heure. Plusieurs fois Saïd qui n'est pas stimulé par la même curiosité que moi, propose de retourner; je persiste; enfin nous atteignons le pied des montagnes. Nous les cotoyons en suivant à travers de belles cultures arabes, un sentier scabreux mais sec, trace d'une voie romaine qui reste jalonnée de distance en distance, par des puits où s'abreuvent encor aujourdui les voyageurs, les habitants et leurs troupeaux.

S'il m'est permis d'exprimer une opinion à l'égard de cette route, je dirai qu'il me semble très-probable, que c'est une portion de l'ancienne grande voie qui, selon l'itinéraire d'Antonin, et la table pentingérienne, allait de Carthage à Césarée. Je ne sais jusqu'à quel point ces deux monuments géographiques indiquent que la voie romaine suivait le bord de la mer. C'est cependant, je crois, la version qui a été généralement adoptée; mais je crois aussi qu'elle a embarrassé bien des gens, quand ils ont voulu en retrouver le calque sur les lieux. Malgré les dires des savants, il

n'est guère possible d'admettre que les Romains se soient attachés
à suivre toutes les sinuosités d'une côte très accidentée ; et cela,
à travers des difficultés continues, souvent insurmontables. Cette
côte en effet, est presque partout une chaine de monts plongeant
dans la mer, par des pentes abruptes , sans aucune assise pour
des travaux ; c'est un mur de deux ou trois cents mètres, qui
n'offre que de rares ouvertures sur l'intérieur ; et ces ouvertures
sont presque toutes des embouchures de rivières, de torrents,
qui eux-mêmes sont plus difficiles à traverser là que partout ailleurs. La route tracée au pied et à l'extérieur de ce mur, outre
ses inconvénients sous le rapport de la longueur et de la difficulté,
avait donc celui de se trouver en quelque sorte, hors du pays.
Supposons la au contraire, au pied méridional du Sahel où nous
sommes maintenant ; nous la voyons éviter détours et obstacles ;
appeler, desservir tous les intérêts de l'intérieur du pays, et les
lier à ceux de l'extérieur, en se rapprochant de la côte, là où elle
offrait des « emporiums » tels que Stora, Gigelli, Bougie, Alger,
Tipaza, Cherchell, etc.

De nombreux Douairs sont à une assez grande hauteur, au
flanc des montagnes, dans des nids de figuiers de Barbarie « cactus gigantesques » qui donnent à l'Arabe, leurs fruits pour le
nourrir, et leurs épines pour le défendre. Une plante si utile,
poussant énergiquement partout, semble née pour peupler le désert ; cependant, dit-on, on ne la connait et cultive en Afrique,
que depuis qu'elle a été importée d'Amérique, en même tems
que son frère l'aloës. Cette circonstance jointe à l'incurie des
habitants, explique le petit nombre qu'on en voit en Algérie.
Quant à nous, nous n'avons en fait d'armes, que mon bâton
de voyage. Nous sommes au milieu des Hadjoutes ; nous en
rencontrons à tout instant ; ils ont l'air plus rudes , ils sont plus
étonnés que d'autres, de nous voir ; mais ils ne paraissent pas plus
malveillants ; ils répondent même avec complaisance à toutes les
questions que Saïd leur adresse, sur les chemins où nous devons
passer. Leurs enfants encor plus étonnés qu'eux, fuient dès qu'ils
nous aperçoivent. Plusieurs femmes que nous rencontrons, ne témoignent aucune crainte, et elles ont raison ; elles sont tellement
déguenillées, sales et puantes, que certes on ne pense pas même
à les suivre du regard.

Ces femmes des campagnes ne sont pas masquées comme celles
des villes ; elles ont aussi la liberté d'aller et venir sans gardiens ;
mais les malheureuses, si elles vont et viennent, c'est pour passer
d'une fatigue à l'autre. L'Arabe, comme tout peuple barbare,
abuse de sa force, pour imposer tous les travaux pénibles, à l'être
faible qui lui demande un appui. Outre la tâche douloureuse,
épuisante de la maternité, outre les soins du ménage, c'est la femme

qui cultive une partie des champs, qui broie le grain pour en former le koussecoussou ; c'est elle qui broie le café et le prépare pour son maître, tandis qu'il dort ; c'est elle qui, comme au tems très-arabe de la bible, va souvent, autre Rebecca, à de grandes distances, chercher dans des outres, l'eau qui doit abreuver la famille et le troupeau. Si on est en voyage, l'homme monte à cheval ; sa femme le suit à pied, portant son enfant sur son dos. Et quand, vieillie avant l'âge par tant de misères et de fatigues, elle ne peut plus inspirer à son mari que dédain ou dégoût, sans la répudier, il en prend une autre dont elle devient la servante. Pour l'honneur de l'humanité, croyons qu'un tel abus n'est pas toujours porté à cette extrémité ; mais plaignons les malheureuses qui y sont exposées.

Des oliviers, des aloës, des figuiers ombragent un cimetière que notre sentier traverse ; nous y faisons une courte halte ; nous aspirons avec délice, cette ombre, cette fraîcheur que, en Afrique, la mort semble avoir seule le privilège d'offrir à la vie.

Saïd sait un peu de français, mais pas assez pour connaître le servilisme baroco-grammatical qu'on est convenu d'appeler politesse ; il me tutoie comme un frère, comme un ami ; rien en lui ne gâte sa familiarité, ne dément sa confiance ; je la lui rends tout entière. Avec notre peu de mots, nous nous disons bien des choses ; et causant comme deux conscrits qui font leur première étape ensemble ; parlant de nos pays, de nos familles, nous arrivons au bas de la montagne qu'il faut gravir. Là aussi le lac Halloula commence ; notre sentier se perd sur sa rive marécageuse ; nous allons à l'aventure, quand un habitant d'un Douair voisin, qui nous a vus ainsi égarés, vient obligeamment nous tirer d'embarras. J'ai fait provision de cigares, non pas que j'en use moi-même, mais pour pouvoir en offrir aux Arabes qui en sont grands amateurs ; j'en régalais Saïd ; c'est le cas aussi d'en offrir à notre bon cicérone. Je lui en donne deux avec quelques allumettes ; cela ne vaut pas deux sous ; cet homme me témoigne plus de joie et de reconnaissance qu'on n'en obtiendrait ailleurs pour deux francs.

Nous montons à travers des broussailles et quelques champs ; puis les pentes deviennent escarpées ; nous suivons alors la rigole profonde qu'un torrent s'est creusée dans un tuf blanc compacte. Cette rigole est aride ; le soleil y darde à plomb ; j'y reçois ma première trempe du climat africain. Enfin nous abordons le relèvement qui porte le Kober. La montée est moins raide ; mais elle se fait à travers des ronces épineuses, qui nous griffent les jambes, et compromettent gravement les culottes de mousseline de Saïd.

Un peu las, un peu meurtris, nous arrivons aux ruines. Vue de près, la masse en est imposante ; la forme, majestueuse. C'est un

pied-droit cylindrique, d'environ 30 mètres de diamètre, et 15
de hauteur, sur le quel pose un dôme sphérique de même diamètre. Le tout est un massif plein, composé au dedans comme
au dehors, de blocs équarris, assemblés sans ciment, par la seule
juxta-position et l'entre-croisement. Il est entouré d'un entassement de ces blocs, qui évidemment en sont tombés. Cependant,
excepté une brèche qui se voit à l'Est, le pied-droit et le dôme
sont entiers. D'où viennent ces éboulements ? Allons au sommet,
voir s'il nous l'expliquera. « La brèche a été faite, — dit une chro-
nique, — il y a 300 ans, par l'ordre du turc Salharaés qui es-
pérait y trouver un trésor. Mais il en sortit des guêpes noires qui
firent aux ouvriers de si terribles piqûres, qu'ils furent forcés de
s'enfuir. » Les blocs démantelés forment un escalier à degrés
hauts, rapides, rompus; c'est par là que nous monterons. L'as-
cension n'est pas facile, surtout pour moi; néanmoins cela va;
nous sommes au dôme. Je le trouve composé comme la base, de
grands blocs à profil rectangulaire, mais faisant retraite les uns
sur les autres, de manière à former un gradin sphérique, terminé
au sommet par un plateau de 5-6 mètres de diamètre. On ne
trouve nulle part aucune inscription. Seulement un bloc du plateau porte deux noms et un chiffre qui rappellent les succès d'un
de nos premiers hommes de guerre; on y lit : Maréchal Clausel,
1835. Il écrivait alors ces mots avec son épée victorieuse, que plus
tard il était obligé de défendre avec sa plume. La pierre du désert est plus fidèle que le cœur des hommes, à conserver le souvenir des services qu'il a rendus à sa patrie.

L'existence de ce plateau dit évidemment que c'est de là que
proviennent les débris qui entourent la base. Or, comme la petite
section de dome qui y aurait été assise, n'aurait pu fournir la cen-
tième partie de ces débris, il semble aussi évident que, sur ce
plateau, s'élevait une troisième construction, probablement une
haute tour. Cette hypothèse peut seule expliquer l'état présent des
choses; de plus, un couronnement était nécessaire pour donner
de l'élégance à cette construction imposante, mais lourde. Quant
à sa destination, Pomponius Mela dit positivement que c'était un
tombeau des rois de Numidie. La tradition locale sachant peu de
l'histoire numide, en a fait son tombeau de la Reine, de la Romaine, ou Chrétienne. Si c'était un monument des Romains, l'histoire et, à son défaut, des inscriptions dont ils dotaient toutes
leurs constructions, l'auraient mentionné. La grandeur massive,
gigantesque du Kober, son dome en étage, lui donne de l'analogie
avec les pyramides; plus façonné qu'elles, il est peut-être un de
leurs frères puinés, de l'époque phénicienne on phocéenne. Ce
qui semble prouver sa haute antiquité, c'est le silence, le mys-
tère qui enveloppe sa naissance. Michel Cervantes, cependant, l'a

associé à son immortalité, en le mentionnant dans l'épisode où, sous le nom du « Cautivo, » il raconte sa propre histoire : « Llegamos a un pequeno cabo llamado el de la Cava Rumia, que quiere decir, de la Mala Muger cristiana ; y es tradicion entre los Moros que en aquel lugar, esta enterrada la Cava (La mère de Jésus ?) por quien se perdio Espana. » Don Guijote. Cap. XLI.

Quoique ayant ainsi perdu son couronnement, le Kober domine encor tous les sommets de la chaine qui le porte. On peut se figurer quelle perspective on y découvre, au Nord, sur la mer et sa côte élevée, les colonies de Castiglione, Fouka, Zeralda, Staouëli, Coléah ; au Sud, sur l'Atlas et la Métidja, ses colonies encor, et ses villes, depuis le haut bassin de Marengo, jusqu'au de là de Blidah et Bouffarick.

Après cette revue faite d'un coup d'œil rapide, nous redescendons, glissant, nous cramponnant, par notre brèche. Parvenus au bas, assis parmi les ruines qui jonchent le sol, sans plus nous inquiéter si elles sont contemporaines de l'Egypte ou de Rome, ni si elles recélent les os de Didon ou de Juba, nous attaquons notre pain, notre fromage, notre vin. Cette fois, nous ne sommes plus deux conscrits en causerie, mais deux vieux camarades en congé, faisant halte au même bouchon, cassant la même croute, buvant à la même bouteille. O Mahomet, pour te vaincre, l'Europe a ses canons de guerre, mais ils ne peuvent atteindre le croissant que Allah tient au delà des nues. L'Europe a les canons de son église, mais leur éclat s'efface dans les regards de tes houris. L'Europe a les canons de ses cabarets. Contre ceux là, tu ne pourras rien !

De nouveau nous traversons les épines ; nous redescendons le lit du torrent. C'est en vain que brûlés de soif, nous y cherchons quelques gouttes d'eau. La plupart des montagnes du Sahel, comme celles de l'Atlas, étant composées de masses imperméables, argiles, gypses ou schistes et marnes, les pluies qui y tombent, au lieu de les pénétrer pour y former des sources constantes, s'écoulent rapidement en torrents aussi prompts à tarir, qu'à se former. Ainsi, il pleuvait il y a cinq jours ; le ravin où nous passons était couru par des eaux torrentielles qui nous en eussent chassés ; aujourdui il est entièrement sec. Il faut marcher près de deux heures, regagner le puits romain, pour trouver à nous désaltérer. Là encor, autre avantage du costume arabe : Le puits est profond ; certes il n'y a vêtements européens qui liés les uns au bout des autres, puissent arriver jusqu'à l'eau. Pour Saïd, ce n'est pas une difficulté ; il déroule sa ceinture, puis son turban ; il en forme une corde de 7 à 8 mètres ; il y attache la bouteille, et la retire pleine d'une eau pure et fraiche. Une halte d'un délice d'anachorète, marabout ou hermite, nous dispose à

reprendre gaiment, vivement, notre route sans route, à travers
des marais sans fond, et des rivières sans ponts. C'est un échan-
tillon de la plupart des trajets en Afrique ; il est bon de s'y ha-
bituer.

Nous avons été hier, faire visite aux Phocéens, Phéniciens, Ly-
bio-Egyptiens, que sais-je ? Rapprochons-nous de quelques mille
ans ; allons visiter les Romains, dans leur grande et belle ville
de Tipaza, au bord de la mer, à deux lieues de Marengo. Cette fois,
notre cortège est plus nombreux, surtout plus important ; c'est le
directeur à cheval, sa mère et moi en cacolet ; un soldat du train,
et un mulet portant nos provisions de bouche dans ses cantines.
Quant à des armes, le directeur seul porte une..... cravache. A
défaut de route et de pont, nous suivons pendant quelque tems,
le lit même du Nador, rivière assez forte, formée des eaux réunies du Menrad et du Bou-rkika. Le courant est rapide ; il coule
sur de gros galets roulants ; une seconde fois nous admirons la
force, l'adresse des mulets, à porter de fortes charges sans bron-
cher, dans de tels passages. Les deux rives élevées presque verticalement de 6 à 7 mètres, sont bordées d'aubépines et de lauriers roses, qui forment au dessus de nous un délicieux berceau.
Mais nous avons peu le loisir d'admirer ce qui est sur nos têtes,
occupés et préoccupés que nous sommes de ce qui est sous nos
pieds.

Sortis du ravin, nous montons à une croupe étendue et boisée,
où l'on a tracé récemment une petite route. Les taillis que nous
traversons, sont d'une belle végétation, et passeraient en peu de
tems à l'état de forêt, si les troupeaux n'étaient continuellement
à les détruire. En effet, les Arabes ne faisant pas de foin, n'ont
pas d'autre ressource pendant la saison sèche, que de livrer les
taillis à la dent de leurs bestiaux. Quand la sécurité leur permet-
tra de faire des économies, des réserves, et d'en jouir ; quand des
routes leur permettront d'exporter les excédants de leurs produits ; quand le commerce viendra leur en apprendre, leur en
offrir la valeur, alors, on peut l'espérer, ils feront des provisions,
ils conserveront, ils créeront des excédants, ils les vendront pour
acheter les nôtres. Nous voyons dans ce bois, maints bœufs et
chèvres activement occupés à la destruction. Après les avoir accusés de tant de mal, cependant, je dois dire à leur éloge, que,
malgré ce qu'il y a d'étrange pour eux, dans l'aspect de notre
petite caravane, ils n'en paraissent pas plus effarouchés que fa-
rouches, pas plus inquiets que inquiétants. Certes nos bœufs et
vaches, quoique éduqués par le peuple qui se dit le plus civilisé
du monde, ne seraient pas aussi civils envers quatre ou cinq burnous et Kabyles qui traverseraient un de nos pâtis communaux.

Cette habitude calme des bestiaux en Afrique, vient sans doute de la manière dont ils sont traités. S'ils ne reçoivent pas, comme chez nous, une nourriture copieuse, choisie et réglée, un abri clos, et des soins de propreté, disons le aussi, je ne les ai jamais vus, comme chez nous, en butte à des emportements cruels.—Un seul est là, comme ailleurs, et même plus que ailleurs, la victime d'un injuste préjugé ; c'est le bourriko. Plus petit que notre âne, il est aussi sobre, aussi patient, plus maltraité. La superstition se joint au préjugé, pour faire de cet animal si essentiel, un réprouvé : La plupart des Arabes croient qu'à la mort d'un Juif, son ame, qui n'a pas de place au ciel, passe dans le corps d'un bourriko, pour s'y transmettre de père en fils, jusqu'à la fin du monde, où elle tombera dans l'enfer. Sauf la place du supplice, l'enfer commence pour ces âmes maudites, dès l'instant où elles sont ainsi bourrikotées. En effet, les Arabes qui détestent les Juifs bien plus que les Chrétiens, pensent ne pouvoir pas trop les torturer par l'entremise des pauvres bêtes qu'ils croient juifées. En conséquence, ils les chargent, les battent outre mesure ; ils montent eux-mêmes dessus, et alors ils les poignent sans relâche, avec une broche aiguë, leur mettent la chair au vif, et ont grand soin d'entretenir la plaie, pour que la piqûre soit plus sentie. Heureux encor le bourriko, quand son bât ne lui écorche pas le dos ; quand son avaloir ne lui écorche pas les cuisses ! Car, par un raffinement ou de mollesse, ou de cruauté, ou de toutes les deux à la fois, les Arabes tiennent toujours cet avaloir beaucoup trop bas et trop court. Il en résulte que l'animal est obligé de couper son pas en deux, ce qui rend son allure plus fatiguante, mais moins rude. De plus, cette lanière dure et noueuse serrant, frappant continuellement ses cuisses, les met bientôt en sang, et elle devient un aiguillon douloureux, poignant à chaque pas. Certes si les ames bourrikotées ressentent toutes ces déchirures, toutes ces cuissons de la douleur, elles doivent faire des vœux pour passer en enfer, pourvu que ce ne soit pas sous une telle enveloppe. Ce qu'il y a de remarquable aussi, c'est que le bourriko, comme toutes les races maudites, a des dispositions, des facultés très-bourrikotantes, facultés que, comme son frère d'Europe, il proclame par de bruyantes fanfares. Quel peut donc être le motif de sa joie quand il a créé, ou veut créer un être qui, comme lui, sera voué au malheur ? Probablement qu'il pense qu'en donnant la vie à une nouvelle créature de son espèce, il lui passe en même tems l'ame qui faisait sa torture, et qu'il aura, lui, un peu de répit, en attendant qu'une autre vienne se refourrer dans sa peau.

Au sortir du bois, nous suivons le fond d'un large pli du sol, où les pelouses, les bosquets, les champs cultivés se succèdent comme dans nos contrées les plus industrieuses. C'est que nous sommes sur le territoire des Kabyles du Chénoua. Or tous les kabyles ou habitants des montagnes, se distinguent de ceux de la plaine, par une plus grande industrie. La nature du sol plus rebelle, a exigé un exercice plus constant, plus intelligent, de leurs facultés. La difficulté des lieux leur donnant plus de moyens de défense, plus de sécurité, ils ont pu compter plus sur l'avenir, faire des travaux de plus de portée. L'Arabe de la plaine n'a presque que des troupeaux; il est aussi mobile qu'eux. Celui des montagnes, au lieu d'une tente, a un gourbi, et le toit de ce gourbi porte sur de petits murs; c'est un rudiment de maison. Fixé là pour la vie, il approprie, il améliore ce qui l'entoure, habitation et terrains. Il est déjà bien près de le civilisation; et, pour peu que la civilisation s'approche de lui, il aura bientôt un maire, un garde champêtre, un bureau de tabac, et des contributions indirectes, institutions éminemment propres, nous l'avons vu près du Kober, à briser ou fondre l'empire de Mahomet, en ajoutant toutes sortes de séductions à l'usage des nicotiques et liqueurs fortes.

Pelouses, champs, bosquets, réflexions et mulets, nous amènent aux confins de Tipaza, en arabe, « Tefessah ». Quelques vestiges d'aqueducs; des restes encor bien prononcés de fermes ou villas; des débris de tombeaux, tracent une longue avenue, ancien faubourg, par où notre route des Puits se reliait à la ville. Partout une culture active, soignée, dispute le sol à ces débris. L'ancienne enceinte jalonnée par des restes de tours et de portes, montre encor tout son développement, quoique la houe et la charrue l'aient confondue en grande partie avec le sol. Son diamètre moyen est de 1,000 à 1,200 mètres. L'intérieur, surtout en se rapprochant de la mer, est tout déchiqueté de bouts de murs, qui marquent des traces de rues et des compartiments de maisons. Ces murs sont construits en béton, revêtus extérieurement de petits moëllons à faces carrées égales, selon l'usage romain. Outre les jambages des portes, on y voit de deux en deux mètres, des montants ou pilastres de pierres de taille, qui y sont encastrés pour solidité, régularité ou ornement. Et ce n'est pas une des choses les moins curieuses, que de voir tous ces compartiments, quelque petits qu'ils soient, transformés par les Kabyles, en jardins très-bien cultivés, plantés de salades et légumes, parmi lesquels domine la fève de marais. Pas une parcelle de terrain n'est perdue dans toute l'enceinte et ses faubourgs. Le béton des murailles aura facilité, favorisé la culture, ses petites pierrailles se mêlant au sol, et sa chaux le stimulant, le fécondant. Le peu de grosses pierres qui y restaient éparses, ont été soigneusement empilées, mais on s'est arrêté là; on n'a pas eu l'idée ou la force, ou le courage, de les emporter. Les quais du port ayant été ébréchés, la mer a fait irruption à travers leurs masses divisées, les a isolées du rivage, et converties en récifs d'un effet très-pittoresque. On parle d'occuper et de restaurer ce port, qui deviendrait l'entrepôt de Marengo. Cependant la rade qui est tout près de là, à l'embouchure du Nador, et sous la protection du mont Tzaforalz, paraît devoir lui être préférée.

De l'autre côté de Tipaza, à l'est, la côte forme sur son bord extrême, un bourrelet rocheux, haut d'environ quarante mètres. Il est long, large, et tout entier recouvert de deux et trois couches de tombes romaines, auges en pierre avec couvercles. Elles sont contiguës comme les moëllons d'un pavé; toutes sont intactes comme au lendemain des funérailles. Quelques-unes seulement, ont été entr'ouvertes, sans doute pour le même motif, peut-être par les mêmes mains que le Kober. Là encor il n'y a point d'inscriptions, ce qui, outre le grand nombre des tombes, indique à quelle classe de la population appartenaient ceux qui y étaient déposés. Les personnages dont les noms et les titres étaient gravés sur le marbre ou sur le bronze, ont eu comme tant d'autres grandeurs, le privilége d'être en butte à plus d'outrages; leurs noms, leurs titres, leurs cendres, leurs tombes, tout a été arraché de leurs pompeux mausolées; ces mausolées eux-mêmes ont été démantelés; la plupart ont disparu. Vers le point le plus élevé, une ancienne construction s'est conservée tout entière; c'est un carré long, régulier, excepté à un de ses petits côtés, celui de l'est, où il s'arrondit selon la forme ordinaire des temples; ses murs hauts de 5-6 mètres, sont composés à la romaine, de blocs juxta-posés sans ciment. Tout est Romain dans cette construction, et à l'entour; on doit pouvoir en conclure qu'elle est romaine. Au-delà, recommencent des cultures parmi des restes de tombeaux qui, comme ceux du grand faubourg, auront eu leurs décors, leurs inscriptions, et comme eux, les ont perdus. Quelques Arabes en ont écarté, nivelé les débris, pour y appuyer leurs gourbis, pour y planter leurs fèves et leurs figuiers. Ils sont fort surpris de notre visite; mais leur surprise ne dénote aucune malveillance. Une petite fille se sauve; je l'appelle; elle revient avec confiance; un demi-franc que je lui donne la rend heureuse; son air, celui de ses parents, témoignent de leur reconnaissance.

Au retour, nous longeons le côté intérieur du bourrelet. Ce côté est bordé d'un ravin ou fossé large, profond, aux parois de roches verticales, au fond plat et bien cultivé, aux crêtes couronnées de buissons à fleurs et de cactus-figuiers. Selon toute apparence, c'est là qu'était ouverte la carrière qui a fourni les pierres dont on a construit Tipaza et son cimetière, peut-être aussi, le Kober qui en est à trois lieues. Etrange destinée de cette colline qui voyait sans cesse une ville naître et mourir dans son sein.

Revenus au port, nous ouvrons les cantines, et nous installons sur un bout de mur romain notre impromptu tout français. Pour compléter la scène, des pêcheurs espagnols aux ceintures rouges, aux résilles catalannes rouges, venus par mer de la colonie de Fouka, jettent leurs filets parmi les récifs, tandis que du haut d'un pan de Ruine, un Kabyle tend sa ligne. Notre repas s'avance; la barque est partie après une bonne pêche ; c'est l'heure de la prière musulmane ; l'Arabe fait ses ablutions, dit sa prière, baise la terre à plusieurs reprises; s'approche et tourne curieusement autour de nous. Nous lui offrons un demi-pain qu'il accepte avec empressement, car malgré leur prédilection pour le renommé cousse-coussou, malgré leur méfiance pour tout mets composé, dans lequel ils craignent toujours qu'on n'ait introduit quelque poison pour l'ame ou pour le corps, Arabes et Kabyles sont fort friands de notre boulangerie. Celui-ci nous remercie par des gestes très-expressifs ; mais quand il ouvre son burnous, pour y mettre son pain en commun avec les poissons qui y ont déjà pris place, qu'est-ce que nous y voyons briller ? Un long pistolet ! Nous avons jusqu'à ce jour, pensé et dit trop de bien de nos amis les Kabyles, pour supposer que ce pistolet dénote une mauvaise intention; nous repartons avec la même satisfaction, la même confiance ; rien ne la trouble jusqu'à notre retour à Marengo.

Ayant ainsi sondé quelque peu du sol d'Afrique, je crois pouvoir m'y aventurer. Je pars pour Milianah. Mon ami m'accompagne à quelque distance. Remontant le cours du Menrad , nous traversons les taillis de la tuilerie nous montons le bourrelet qui la domine, et par où doivent descendre les eaux du lac artificiel. De cette hauteur, nous contemplons une fois encor, le tableau actuel de la colonie qui s'élève brillant à l'horizon de la plaine, le tableau de son avenir qui s'élève plein de promesses, à l'horizon du tems, nous nous embrassons et puis, adieu !

Mon chemin, étroit sentier, souvent entrecoupé par d'autres, traverse des clairières buissonnées , où sont nichés plusieurs Douairs. Là, comme chez les Hadjoutes, les bonjour et les « salamou » s'échangent avec bienveillance. Arrivé au pied de l'Atlas, j'en gravis la pente par une rampe raide et rocailleuse. Plusieurs fois je m'arrête à observer la vaste étendue qu'on y découvre, depuis le Kober qui , même à cette distance, conserve de la grandeur, jusqu'aux pics aigus, déchirés, du Chénoua et du Ménacer.

Ces plaisirs de la contemplation sont cependant un peu troublés par la crainte de m'égarer dans mes chemins arabes si nouveaux pour moi. Aussi, c'est avec joie que parvenu au sommet, j'aperçois le tracé régulier de la route de Cherchell à Milianah. C'est un plaisir, en sortant des broussailles et pierrailles de la montée, de laisser aller librement mes pieds sur un plan doucement incliné dans le sens où je marche. Je suis dans l'Atlas ; les aspects qui m'entourent sont variés ; cependant ils n'ont pas les formes hardies, sublimes, des monts européens. La chaîne ici, esr peu articulée ; c'est un massif coupé de ravins, mais à crêtes continues, offrant à l'œil peu de ces saillies énergiques, peu de ces retraits brusques et profonds, qui caractérissent nos montagnes. On n'y voit nulle part ces sources fraîches et pures qui animent les pores, les veines, les entrailles de nos colossses de marbre, de gré, de granit.

A peine ai-je marché un quart d'heure sur ma route française, que j'y trouve un corps-de-garde arabe. Expliquons le sens de ces mots qui, comme tant d'autres en Algérie, peuvent se dire étonnés de se trouver ensemble : Les tribus étant, comme nous l'avons dit, responsables des délits et crimes qui peuvent se commettre sur leur territoire, il était juste que les Arabes fussent autorisés à garder leurs routes, pour protéger les voyageurs contre les attaques aux quelles ils pouvaient y être exposés ; ils devaient même pouvoir les protéger contre lenr propre imprudence. C'est pourquoi, dans les passages qui offrent le plus de danger, ils ont établi des gourbis-corps-de-garde, où ils viennent tour à tour, au nombre de cinq ou six, monter une garde de vingt-quatre heures, comme nos gardes ruraux, de défunte quoique d'immortelle mémoire. Dès le coucher du soleil, ils ont le droit d'empêcher toute circulation, et de retenir dans leur gourbi, quiconque vient à passer. Outre leur consigne, que généralement ils exécutent avec exactitude, ces gens ont pour distraction, l'habitude de préparer du café « kaoua, » dont ils font de copieuses libations, et qu'ils débitent aux passants.

A peu de distance, la route atteint le col du Bou-Thouil, haut de plus de 800 mètres, d'où elle descend au Sud, par de longs replis. Un sentier se porte dans le même sens, en ligne droite. Craignant que plus bas il ne prenne une autre direction, je m'arrête indécis, quand j'entends une voix qui crie plusieurs fois « Si, si, Mihanah ! — Oui, oui, milianah ! » C'est un muletier arabe qui marche à quelque distance derrière moi, et qui comprenant mon embarras, m'en tire ainsi obligeamment. Je lui donne le cigare de récompense, une poignée de main, et je descends. Au bas, je retrouve le Bou-rkika, alors peu large et peu profond ; mais la route sans aucun empierrement, n'est plus qu'un amas de boue sans fond. La moindre pluie la rend impraticable aux voitures ; chevaux, mulets et hommes y plongent comme s'ils marchaient dans ces manèges où l'on corroie l'argile des tuileries. Elle continue ainsi l'espace de deux ou trois lieues, dans une vallée dont les rares habitans paraissent réduits à une extrême misère. En ces lieux éloignés de la mer et des ressources qu'elle

pourrait leur offrir, ils ont eu plus que d'autres à souffrir de la
sécheresse qui, l'an dernier, a frappé de stérilité presque toute
l'Algérie. Les bœufs, chèvres et moutons y ont péri par milliers,
faute de pâturages; depuis six mois, la plupart des familles n'y
vivent que de racines de chardons et de palmiers nains.

D'un point élevé, j'aperçois la colonie de Bou-Medfa. Cet aspect de vie au milieu d'un désert silencieux et morne, fait bien à
l'âme et au regard. Bientôt et tout près de moi, sur ma route,
je vois des toits aussi; ce sont les barraques des Eaux-Chaudes,
où je dois passer la nuit. Notre vieil ami l'Oued-Jer les sépare;
celle qui m'est recommandée, la cantine de Piétro, est de l'autre
côté; passons. Le Bou-Rkika et compagnie m'ont trempé jusqu'aux genoux; l'Oued-Jer m'en donne jusqu'au second étage.

L'hôtel n'a pas le luxe; petite barraque en planches, peu couverte de planches; cuisine en plein vent, derrière un bout de
mur, tout cela ne promet pas beaucoup. Mais si l'hôte a peu de
chose, il en fait les honneurs de bonne grace. De plus c'est Piétro, ancien hôtellier à Bologne, qui assaisonne très-bien sa cuisine, et donne pour entremèts et dessert, une conversation très
intéressante, sur les phases aventureuses, les peines, les malheurs
de sa vie. Tout en préparant le souper, il me raconte que, après
avoir vécu dans l'aisance en Italie, venant chercher fortune en
Afrique, il n'a trouvé que infortune. Réduit de disgrace en disgrace, jusqu'à cette misérable habitation, des fièvres continues l'y
rongent. D'une famille nombreuse, il n'a conservé que sa femme
et une fille débile, infirme. Il y a aujourdui un an que son dernier fils agé de 22 ans, a été tué dans le voisinage, par des Arabes
qu'il avait imprudemment provoqués. La mère et la fille ont aussi
leurs récits, leurs larmes. Il y a beaucoup de sentiment dans les
manières, le ton, le dire de ces trois êtres souffrants, malheureux, formant au milieu de l'isolement et de la destruction, un
faisceau qui s'affaiblit tous les jours, qui tous les jours, menace
de se briser. Ils se plaisent à renouer leur triste vie actuelle à son
passé, en s'entretenant avec moi, dans leur bel idiome, de leur
belle patrie. La veillée se prolonge jusque à dix heures; enfin,
après un cordial « Addio Signor, felice viaggio » de la mère et de
la fille, le bon Piétro me conduit dans un hangard voisin, où, en
guise de lits, sont quatre tables. Les cloisons et la toiture sont à
jours; une fenêtre n'a ni vitre ni volet; c'est un vrai séchoir, ce
qui me va admirablement, car mon pantalon est encor tout mouillé
de son bain dans l'Oued-Jer. Une table pour matelas; mon sac
pour oreiller; une couverture de campement pour duvet, je dors
au mieux. Pendant la nuit, la porte qui n'a pas de clenche s'est
ouverte, sans doute pour inviter chakals, Arabes et rhumatismes
à me faire visite; mais rien ni personne n'est venu.

4

Une preuve encor de la large confiance qui règne ici parmi tant de difficultés dans la vie : Le soir, comprenant le peu de garantie apparente que j'offrais à Piètro, j'ai voulu le payer avant d'aller m'installer dans mon karavanseraï; il s'y est refusé. Cependant le hangard est séparé de la maison; il ouvre sur la route; je ne suis pas plus empêché d'en sortir et de m'en aller sans payer, qu'on ne le serait d'y entrer. Hé bien, le matin, quand je pars, je suis obligé d'aller frapper à la porte de mon hôte, et de l'appeler, pour qu'il vienne toucher ce qui lui est dû. Son compte est des plus modérés. Après être payé, il me donne le petit verre d'anisette, une poignée de main et « Al riveder. » Nous reverrons-nous dans un autre monde? En tout cas, cela n'arrivera probablement jamais dans celui-ci. Combien, en voyage, on rencontre ainsi de gens aux quels on s'attache en si peu de tems, pour si peu de tems !

Chargé de souvenirs, de rêves d'Italie qui s'encastrent assez difficilement sur les croupes, dans les vallées nues de l'Atlas, je monte une longue rampe taillée au flanc d'une montagne marneuse, argileuse. Des éboulements ont détruit en grande partie les terrassements, comblé les tranchées que notre armée y avait faits; ils n'y laissent qu'un sentier où le piéton même ne passe pas sans danger de glisser dans le précipice. C'est d'autant plus difficile au moment où j'y passe, que les terres sont détrempées et glissantes. Je m'en tire sans accident.

Une route, ou plutôt une trace nouvelle pour les chevaux, les voitures et les gens qui tiennent à leurs jambes, ou qui craignent que leurs jambes ne tiennent pas assez à eux, suit le fond de la vallée. Elle y traverse plusieurs fois la rivière, puis elle s'élève par un lacet, jusqu'à une crête où elle s'attache par le flanc de droite. De là, je vois en plein la position et le bâtiment des Eaux-Chaudes, « Hammam Mridja » des Arabes, « Aquæ calidæ » des Romains. Ces bains très-fréquentés anciennement, le sont encor maintenant, par les invalides indigènes et français de l'Algérie. On y a construit à cet effet, un hôpital que, autre preuve d'ordre et de sécurité, un seul concierge arabe suffit à garder pendant toute la mauvaise saison, malgré son éloignement de toute autre habitation.

A partir de cette rampe, la route moins fangeuse continue à monter, mais par des pentes douces, vers la masse du Gontas, qui porte à 1,600 mètres d'altitude, sa tête couverte de neige. Dans ces lieux élevés, dans cette contrée sauvage, les Arabes que je rencontre sont de vrais Menacers, à l'air farouche, qui semblent encor inspirés des souvenirs du fameux El-Berkani, leur frère; aucun d'eux ne mérite le cigarre; c'est une économie. Lorsqu'on aborde le flanc même du Zacchar, la pente devient

plus rapide ; la route y monte par de grands détours que mon
ignorance des lieux me force à suivre. J'y rencontre pour distraction, un chef arabe richement équipé ; il est accompagné
d'une femme vêtue d'un burnous de blancheur et de finesse par-
faites, et montant avec légèreté, souplesse, élégance, un joli cheval noir. Il n'y avait pas besoin de la tristesse morne des lieux et
de leurs habitants, pour prêter de l'intérêt à une telle apparition.
Quand j'approche, la femme croise vivement son manteau ; ce
mouvement a pour effet, de me laisser entrevoir une belle figure,
surtout, de jolies mains. Certes, moi piéton dédaigné, boueux,
porte-sac, je ne puis me flatter de cette circonstance, que tout
autre eût pu prendre pour une ruse de coquetterie à son adresse ;
mais j'en fais mon profit ; je m'associe par le souvenir, cette gracieuse image, pendant la montée longue, monotone et fatigante
qui me porte au col de la route.—Quelle est cette Sarah emme-
née par un autre Ismaël ? La bible juive a donc conservé ici,
toutes ses phases variées, mobiles. Sans doute, c'est une jeune
femme que ses parents viennent de livrer à son époux. A-t-elle
aimé ? aime-t-elle un autre que cet époux, son maître, qui va
prendre sa vie ? Je puis le supposer, le rêver, car la tyrannie de
l'hymen musulman n'a pas banni l'amour du sein de ces peuples
dont il fait le paradis. Il a parmi eux son culte et ses chants, que
ne désavoueraient pas nos trouvères et nos poètes. Qui d'entr'eux
a exprimé les aspirations, les anxiétés, les ravissements de cette
passion, par des traits plus délicats et plus profonds, par des couleurs plus brillantes et plus douces, que les strophes suivantes ?

« Que cette nuit est longue ! L'aurore refuse d'y succéder.
» Les nuages se rassemblent et voilent les étoiles qui brillaient
» comme les rubis sur l'émeraude.
» Le zéphir souffle ; l'amant se plaint de la fuite de son amante.
» Les fleurs sourient et le rossignol fait entendre ses chants.
» Lève toi, tu verras comme le zéphir agite les fleurs ; il baise
» leurs joues qui, humides de rosée, s'animent d'un doux sourire.
» Le nétri dort encor ; mais le jasmin entrouvre sa fleur par-
» fumée. »

Une jeune fille reproche à son amant, son ingratitude :
« Pour t'écouter, j'ai été rebelle à la voix de mon père et de
» ma mère.
» Tu m'as abandonnée, et tu n'as pas craint les châtiments de
» Dieu.
» Tu m'as laissée verser des larmes aussi abondantes que la
» pluie du ciel.
» Voila la récompense de mon amour ! »

Une autre avoue son amour :

« O mon frère, j'ai vu deux éclairs briller sur tes joues.

» J'ai fermé mes yeux éblouis ; mais je sentais mes regards s'en
» échapper pour te contempler ! »

J'arrive au col. Dès lors la route en sol ferme et sec, se porte au
dessus d'une vallée qui descend au Sud, et se pare d'une belle végétation. De cette hauteur, le regard embrasse un entassement de
montagnes parsemées de Douairs, au dessus des quels deux télé-
graphes agitent dans l'air, leurs bras magiques. Tous les points
de force de notre occupation sont ainsi reliés par un réseau,
dont une seule maille ébranlée communique en un instant son
action à toutes les autres. Que des routes viennent se joindre à
ces fils fragiles, et les changer en des câbles puissants ; alors on
pourra jeter l'ancre, et s'amarrer au port.

De là encor, une seconde fois, j'aperçois Bou-Medfa dans son
beau vallon ; un autre village, Aïn Benian, ajoute à cet ensemble
déjà si varié, sa physionomie française. Les yeux sont surpris,
charmés par le luxe de végétation qui se prononce ici de tous côtés.
C'est à la fois l'effet de l'influence du Sud, et des sources nombreuses qui découlent de la montagne de droite, appelée le Zacchar. Différent de ceux que nous avons vus jusqu'ici, ce mont est
une masse rocheuse, qui réserve dans ses caves de quoi abreuver
tous ses environs. Amandiers, pêchers, abricotiers, cerisiers, étalent à l'envi leurs fleurs blanches et roses, parmi la verdure des
pelouses, des blés, des figuiers, des oliviers, des vignes.

Des vignes à Miliànah, et cultivées par des Croyants ! Mais le
ciel va trembler ; le croissant va tomber sur la terre pour fau-
cher jusqu'à la racine, cette race impie ! Non, Mahomet, calme-
toi ; tes Fidèles sont fidèles ; s'ils cultivent la vigne, ce n'est pas
pour fouler, pour corrompre ces dons purs d'Allah ; ce n'est pas
pour en convertir le miel en absynthe ; non, c'est pour en savourer
les fruits ; plus doux que la figue, c'est pour les sécher comme
elle. Cependant, entre nous, profanes, disons-le tout bas, on en a
fait du vin ; on en a bu ; on l'a trouvé délicieux. Seulement, pour
savourer saintement ce délice terrestre, au lieu de lui donner un
nom sacrilége, on l'appelle dévotement sirop. Or les entrailles et
les consciences dévotes sont presque aussi sucrées en Afrique
qu'en Europe. Nous tâcherons d'en goûter, ne fût-ce que pour
l'acquit de la conscience des autres. En attendant vin, miel ou
sirop, je n'ai rien bu ni mangé depuis les Eaux-Chaudes. Aussi,
avec quel plaisir, au détour d'une colline, je vois deux toits français, dont l'un porte ce qu'on peut rêver de plus beau dans un
désert, une enseigne d'auberge. C'est en effet la cantine d'Aïn-
Turki, mieux conditionnée quant à la construction, mais moins

pourvue de choses restauratives, que celle de Pietro. L'accueil
aussi y est bien différent. L'hôte nommé Massias, revient de la
chasse d'un chakal qui a attaqué une de ses chèvres en plein jour,
tout près de la maison. Il a l'air passablement chakal lui-même ;
il est grand, maigre, pas mal rude et sauvage ; son chien aussi
ressemble tant à un chakal, poil et caractère, qu'on lui en a donné
le nom. Trois petits enfants qui certainement tiennent de la race,
glapissent à qui mieux ; une mère, une tante crient, frappent du
pied, tapent des mains ; la chambre est pleine de fumée ; on
ouvre portes et fenêtres ; la neige du Zacchar est à cinquante pas ;
je bois chaud pour ne pas me refroidir ; je m'endors ; je me réveille gloriament au parfum d'une demi-tasse ; je me remets en
route.

Cette route continue à s'embellir, à s'améliorer ; le sol en est
ferme, presque partout empierré. Des eaux abondantes coulent
des vallées latérales ; ces vallées sont rocheuses, boisées comme
les nôtres. Déjà aussi on y voit çà et là, des habitations construites à la française. On croirait que ce sont des villas, des loges de jardiniers et vignerons ; ce sont des habitations que les
Arabes commencent à substituer à leurs gourbis. L'exemple du
confortable de nos maisons, le désir d'en jouir ; et, outre cela, une
ordonnance encor récente, ont contribué à cet heureux résultat.
Cette ordonnance a prononcé que les indigènes ne recevraient de
titres authentiques de propriété, que quand ils se seraient construit des habitations selon des directions qu'on leur donnerait. On
en exige autant de quiconque veut obtenir ou conserver une dignité, un emploi. Grace à l'énergique habileté du général Co-
mou, si capable d'apprécier et de seconder l'utilité d'une telle
mesure, l'arrondissement de Milianah où il commande, est un de
ceux où ces constructions se sont le plus multipliées.

Malgré mon éloge des constructions européennes, je ne puis
résister à l'attrait d'entrer moi-même dans un gourbi qui se
trouve au bord de la route, à une lieue environ de la ville. Mais
aussi, c'est que, quand je passe, un jeune Arabe à la figure noble et douce, au costume soigné, me dit : « Caffé, un sou ! » Je
suis dans le gourbi ; mon sac ôté, je m'assieds sur une natte avec
trois autres Arabes qui ont l'air joyeux de ma confiance ; je
prends une tasse, puis une ; je fais les honneurs de trois kaouads
et d'autant de cigarres, à mes convives ; nous causons avec cinq
six mots arabes et autant de français, sans compter la panto-
mime ; et puis le sac, et « Salamou, » et adieu.

Je dois faire ici encor une observation en faveur des Arabes :
J'avais toujours entendu dire qu'ils étaient pleins de poux ; qu'on
ne manquait pas d'être attaqué de cette vermine, dès qu'on s'ap-
prochait d'eux ; qu'on en ramassait sur leur chemin, à côté de

leurs habitations ; hé bien, ici et ailleurs, je me suis trouvé avec eux, assis à la même natte, sans éprouver ce désagrément. Je les voyais généralement propres, figures, mains et pieds.

Au delà de ce gourbi, on ne tarde pas à voir l'espace s'élargir ; la vue même s'élance au Sud, sur un vaste espace vide ; c'est la plaine du Chéliff encor masquée par un rideau de collines secondaires ; tandis que, à droite, au pied méridional du Zacchar, on voit Milianah entouré de bosquets, de fraîche verdure, arrosé d'eaux vives qui sourdent de toutes parts.

L'entrée de Milianah est belle ; elle a même de la grandeur : Une place plantée d'arbres, puis une rue large d'une quinzaine de mètres, longue de 200, bordée de deux lignes d'arbres et de deux larges ruisseaux, mène à une jolie mosquée nommée « El Djedid, » portant pour singularité, une horloge française qui semble placée là pour, chaque fois qu'elle sonne, rappeler aux deux populations, que désormais elles doivent, si non s'unir et se confondre, du moins se servir l'une à l'autre. Parvenue à ce point, cette belle rue qui se nomme d'Orléans, fait une équerre à droite, laissant à gauche l'hôtel du gouverneur, construction mauresque de peu d'apparence ; puis, par une équerre à gauche, on entre dans une rue à peine tracée qui va aboutir au Sud sur une vaste esplanade. Ce dernier nom est un peu hasardé, car le sol est loin d'être aplani ; des monceaux de ruines le chargent ; elle ne tardera pas sans doute, à mieux mériter son nom.

Avant la guerre, Milianah comptait 8,000 habitants dont une grande partie étaient très riches, à en juger par le luxe de leurs habitations, toutes mutilées qu'elles sont. Située entre le Tell « Tellus » ou région la plus fertile de l'Algérie, et les landes, les forêts, les oasis, du Sahara, cette ville avait un commerce florissant. Tout fait espérer que les mêmes circonstances stimulées par l'activité de notre industrie, reproduiront à usure les mêmes effets. Quoique entièrement ruinée et abandonnée pendant nos luttes avec Abd-el-Kader, elle réunit déjà près de 3,000 habitants.

J'ai parlé de notre industrie et des nouvelles pulsations qu'elle doit inspirer à la vie algérienne. Mais industrie et commerce peuvent-ils vivre sans circulation ? Nous avons vu l'état de ce qu'on appelle la route de Cherchell, ce port d'où Milianah tire tous ses approvisionnements. On ne peut se la figurer ; il faut l'avoir tâtée de ses pieds, pour savoir les difficultés qu'elle oppose à la marche des troupes, au transport de leur matériel et à celui des marchandises. Cette route faisant de grands détours, n'a pas moins de 20 lieues de longueur, quoique la distance directe soit à peine de 8. Impraticable aux voitures pendant une grande partie de l'année, on ne peut y passer alors qu'à pied, ou avec des chevaux et mulets. Une charge de 100 à 150 kilos, coûte 20 francs de transport !

Demandez aux marchands, si le commerce est possible ; demandez aux colons, aux industriels, si leur établissement, si leur existence est possible dans de telles conditions ?—On a enfin reconnu que non. Pour obvier à cet inconvénient, on a commencé il y a trois ans, et heureusement, on va avoir terminé, une route muletière qui passant sans détours par les sommets, n'aura que 55,000 mètres, ou moins de moitié que l'autre. Outre un si grand avantage, ce chemin sec en tout tems, offre pour sa construction, celui d'éviter les tranchées, remblais, maçonneries que nécessitent les traverses de ravins, rivières et marais de la vallée. C'est le système des Arabes, dont tous les chemins suivent les crêtes. Ici donc encor on a dû regretter de n'avoir pas tenu compte de leur expérience.

En attendant qu'on pût faire à grands frais, des grandes routes de thalwegs, comme en Europe, et au lieu d'en faire par ci par là, de petits bouts sans issues, comme autour d'Alger, que n'a-t-on ouvert dans les directions les plus utiles, des communications économiques, rapides et sûres, en améliorant par quelques travaux, ces sentiers bruts tracés par les pieds d'hommes sans science, sans industrie, mais d'une grande sagacité d'instinct? Un muletier arabe, un de nos soldats du train, aurait été pour cela, d'un meilleur conseil, qu'un Conseil supérieur des Ponts et Chaussées. L'œuvre serait faite depuis longtems. Depuis longtems aussi, au lieu d'épuiser leur élan et leurs forces, dans des marches d'une difficulté inouïe, nos troupes pouvant en toute saison se mouvoir avec rapidité et vigueur, eussent multiplié leur influence, leur action. L'insurrection impossible ou étouffée dans son germe, eût fait place à la résignation des uns, à la confiance des autres; le grand but, le but efficace, eût été atteint.

A l'entrée de l'esplanade, est le Cercle des officiers, jolie construction entourée d'un bosquet-jardin, aux haies de lauriers-roses et rosiers. De là, traversant un ruisseau qui meut un moulin immédiatement au dessous, on vient à l'hôpital, magnifique édifice, situé et construit de manière à satisfaire à tout ce que l'art et l'expérience peuvent exiger pour le bien-être des malades. Deux salles de 50 mètres sur 12, outre un matériel complet, jouissent d'une exposition admirable, soit pour l'agrément, soit pour la salubrité. Leurs nombreuses fenêtres ouvrent à toutes les expositions, et peuvent par conséquent y appeler à volonté, la fraîcheur et la chaleur. De là on domine toute la ville et ses environs; le Zacchar seul peut prétendre qu'à cet égard, il n'a rien à y envier. Une terrasse règne sur le devant; son nom tout grotesque qu'il est, suffit pour indiquer l'attrait qu'elle offre au loisir; les soldats l'ont nommée « la Terrasse des blagueurs. » Quand on ne peut pas blaguer là, à cause de la pluie ou du soleil, un grand corridor à arcades offre en tout tems, un abri aussi agréable que commode.

Ce sont des ruines encor qui mènent de l'hôpital, à la porte du Chéliff, porte sans porte, comme à Marengo. Depuis plus d'un an, la maçonnerie est faite ; depuis plus d'un an, le ministre laisse attendre l'argent nécessaire pour y attacher des ventaux. Un tel état de choses compromet la sécurité de la place et la responsabilité de ceux à qui est confié ce centre d'action administrative et guerrière d'une grande province ; mais évidemment, ce n'est pas à eux qu'il appartient de décider de l'urgence de cette dépense ; ils doivent en référer à ces Messieurs des bureaux d'Alger, et ces Messieurs, à ces Messieurs des bureaux de Paris qui avant tous, ont titre à en juger en connaissance de cause. Si dans l'intervalle, l'ennemi se présente pour entrer dans la place, hé bien, on le fera aussi passer par les bureaux ; et avant que ces Messieurs n'aient ouvert leurs portes, on aura le tems de construire et fermer celles de Milianah.

Hors de l'enceinte, on voit le flanc du Zacchar se tapisser de jardins, de petits prés arrosés d'eaux vives, et de groupes d'arbres entremêlés de maisons et de gourbis ; puis viennent des carrières et des rochers dont chaque pointe arrête le regard par la variété des aspects qu'elle leur offre ; puis le Zacchar recule au Nord, portant cependant vers le Sud, un de ses rameaux qui, avec un autre à l'Est, embrasse la riche et fraîche vallée, dont les ruisseaux et cascades forment au dessous de la ville, la jolie rivière de l'Oued-Boutan. Pendant de longues années, ces lieux ont été ensanglantés par le combat ; chacun de ces pics, au lieu de perspectives fécondes et fleuries, ne montrait que des armes et des ennemis. Il y a dix ans, sur ces mêmes plateaux, sur ces mêmes rochers de l'Ouest, où je me promène, où je me repose, presque au même jour, 8,000 Français attaquaient, culbutaient, chassaient 20,000 Arabes commandés par l'envoyé du prophète, Abd-el-Kader. Que de coups alors, que de cris, que de sang, que de morts ! — Les seuls bras qui se meuvent à présent sur la montagne, sont ceux du télégraphe qui, comme disent les Arabes, « lance ses ordres à cheval sur un rayon de lumière, » d'un côté, jusqu'à Orléans-ville, Mascara, Oran, Tlemcen ; de l'autre, jusqu'au désert, à travers le Chéliff et par dessus l'Ouarensenis que je vois déployer son turban de neige, au dessus de sa large ceinture verte de cèdres rivaux de ceux du Liban.

Je me promène à travers des jardins, des vergers qui luttent tous de fécondité ; je descends au pied des escarpements du Sud de Milianah ; je remonte à ces escarpements par des sentiers de chèvres. Chaque degré, chaque retrait des rochers est converti en platte-bande fécondée par l'irrigation habilement ménagée des eaux du moulin ; chaque platte-bande est couverte des plus beaux légumes, fèves, pois, choux-fleurs en maturité ; le tout est entremêlé de pêchers, de figuiers, de cactus, et à chaque repli du sentier, la vue s'étend, s'embellit. Puisse une sage administration conserver et développer tant de bien qui commence à naître.

Rentré en ville par une poterne qui donne sur le haut des rochers, et retraversant l'esplanade, on trouve à l'Est, le vieux fort ou réduit de la Casbah, qui a l'air d'une ruine déserte, mais qui n'est que trop habité ; on en a fait la prison militaire. Or la garnison de Milianah est composée en grande partie de disciplinaires, c'est à dire, de soldats qui ayant enfreint les lois de la discipline, sont exclus de leurs régiments et réunis en bataillons spéciaux, soumis à une sévérité spéciale. On conçoit que, avec de tels hommes, la prison ne doit pas souvent être vide. Là, sous les verrous, on ne peut obtenir de la plupart d'entr'eux, le respect des lois et d'eux-mêmes. Dans leur manie de désordre, plusieurs fois on les a vus déchirer leur vétements, jusqu'à leurs chemises. Un jour, en 1837, à l'époque de nos revers et des succès de l'émir, il en résulta une scène des plus étranges : La garnison est sortie pour une expédition ; un dépôt d'infirmes reste seul dans la place ; une nuée d'Arabes vient la menacer. Dans cette extrémité, on court au Pénitencier ; on fait appel au courage des condamnés. Ces hommes dont les vices et les crimes ne sont souvent que l'entraînement indompté d'un excès d'énergie ; ces hommes de fer et de feu, bondissent de joie à l'idée d'un combat, et sans veste, sans pantalons, sans..... heureusement la chaste nuit leur prête son voile ; tout nus qu'ils sont, ils courent à travers la ville, pour aller à leurs casernes, prendre un autre uniforme et leurs armes. La ville est sauvée !

Ce réduit domine la pointe orientale de l'enceinte. Au dessous, et remontant vers le Nord, règne un ravin profond, escarpé, mais tellement étroit que, au tems de la guerre, les balles ennemies venaient frapper nos sentinelles jusque sur les remparts ; un poste d'angle en a seul perdu six. C'est dans ce ravin où coule un fort ruisseau, que Abd-el-Kader aussi habile à créer qu'à détruire, avait établi des forges, pour exploiter le riche minerai de fer du Zacchar. Un moulin à farine y a succédé. Ce sera un bienfait pour le pays qui en manque ; il est complètement installé ; il coûte 50,000 francs ; les entrepreneurs impatients de s'indemniser de telles avances, ont obtenu depuis un an, l'approbation des autorités locales..... Depuis un an, ils attendent sans travail et sans profit ; le pays attend sans moulin, quoi?... Que ces Messieurs des bureaux songent qu'on les attend, et se lassent de faire attendre. Evidemment encor, ce n'est pas à Milianah, mais à Paris, que cela doit se décider ; et pour voir de si loin, il faut du tems.

En présence de faits pareils, on est amené à dire : Si on parvenait à prouver que empêcher illégalement quelqu'un, d'acquérir ou posséder quelque chose, ou d'en jouir selon son droit, c'est tout de même que le lui prendre; et que prendre illégalement, c'est voler; et si on punissait tous les voleurs, aurait-on autant à se plaindre des lenteurs administratives? La machine aurait des rouages de moins; il y faudrait moins de graisse; elle marcherait mieux.

D'après ce que nous avons vu, Milianah est très-favorisé par la nature pour sa défense, du côté de l'Ouest, du Sud et de l'Est. On ne peut en dire autant du côté du Nord; là, il est entièrement dominé par le Zacchar, qui semble sortir de ses fossés. Cependant des remparts à parapets crénelés, et quelques fortins ou bastions le protègent suffisamment contre toute attaque d'armées irrégulières. En revanche de cet inconvénient, le Zacchar lui offre de grands avantages : C'est lui qui l'élevant à 900 mètres d'altitude, lui donne sa délicieuse température; c'est lui aussi qui lui fournit ces eaux pures, fraîches et abondantes, d'où naissent tant de richesse et d'agrément. Il contient de plus des minéraux et métaux précieux; dans ses masses supérieures, formées de roches calcaires à grandes dimensions, on trouve des gisements de marbres fins, blancs et colorés; du fer, du plomb, de l'antimoine. La masse inférieure qui est argileuse, offre d'excellents matériaux de poterie.

Appuyée au Zacchar, en face de la porte par où nous sommes arrivés, est la Pépinière publique, dont le jardinier cultive avec soin et habileté, toutes les plantes qui peuvent prospérer dans ce sol et ce climat heureux; ce sont, outre les produits indigènes d'Afrique, presque tous ceux que nous connaissons en France.

Partons pour Médéiah. — C'est impossible, me dit-on. Les terres sont détrempées par les dernières pluies; ni hommes ni chevaux ne peuvent y passer!—Hé bien, faiseurs de grandes routes que l'on ne peut faire, que direz-vous de votre système? Comment, entre deux villes si importantes, si peu éloignées l'une de l'autre, si peu éloignées d'Alger, un jour de pluie suffit pour intercepter toute communication, même à des cavaliers, même à des piétons! Et vous bâtissez des villages dans de tels lieux, et vous y appelez des colons! Si vous voulez qu'ils viennent, faites donc des chemins par où ils puissent arriver; si vous voulez qu'ils restent, faites des chemins par où le commerce puisse leur tendre la main, par où surtout des secours puissent venir à tout instant leur dire : Nul ne peut vous chasser d'ici, ou vous enterrer sous les ruines de vos habitations.

Ces réflexions ne m'avançant moi-même à rien, il faudra m'en tenir à aller à mi-chemin de Médéiah, visiter la résidence du Bach-

Aga Bou-Allem, l'un des chefs principaux de la contrée; je reviendrai par Coléah, à Alger. Pour cette excursion, il me faut un guide et un mulet. Je pars muni d'une lettre de recommandation que le général Camou me remet avec la plus grande bienveillance.

A quelque distance de la ville, pour la première fois de ma vie, moi piéton de nature et d'habitude, j'enfourche une monture. J'y prends mon assiette plus aisément que je ne l'espérais; cependant la selle, le bât arabe, est peu commode; élevé de 15 à 20 centimètres au dessus du dos de la bête; rembourré de nattes et paillassons, il présente une surface platte, large de près d'un mètre, espèce de table où l'on est posé à peu près, comme un tailleur sur son établi. La seule différence qu'il y ait, c'est que cette table-bât remue dans tous les sens, sans qu'on y trouve aucun point d'arrêt, autre que la corde noueuse qui la traverse, pour lier tout l'assemblage avec le ventre du mulet. Cette corde vous tient donc lieu d'arçon et de coussin; malheur à vous si vous n'en avez pas d'une façon quelconque; c'est à râper, à briser les os. Je reconnais là une nouvelle utilité des coussins postiches des Algériennes, et des burnous-omnibus de leurs époux, qui les emploient merveilleusement à cet usage. Quant à l'échine, dans cette position et avec cette allure, oh! elle est échinée. Outre cela, ayez soin de maintenir votre équilibre, car l'Arabe sangle très peu, et l'échafaudage n'a par lui-même, aucune consistance, aucune fixité.

Maliani, mon guide, est un homme d'une trentaine d'années, sans distinction de taille ni de physionomie, mais bon enfant, et de plus, sachant quelques moitiés de mots français qui, ajoutées à mes moitiés de mots arabes, nous mettent à même de faire conversation complète. Il est monté lui, sur un malheureux bourriko, qui a sans doute à expier l'impiété de toute une tribu de samaritains; petit, maigre, chargé d'un bât énorme qui lui écorche le dos au point que le sang en découle, une corde en guise d'avaloire étreint et déchire ses cuisses toutes saignantes aussi. Il n'a pour distraction à ses douleurs du dos, du ventre et du derrière, que les piquements continus, impitoyables, de l'aiguillon qui à chaque pas, plonge dans la blessure de son épaule! C'est pénible à voir; je réclame en vain de Maliani, plus de pitié pour la pauvre bête; il n'y répond que par l'exclamation « Le Juif; Juif, mauvais! » et un piquement de plus.

Demi-roulant, demi-trottant, nous descendons vers Affreville, village nouveau bâti à une lieue de Milianah, au débouché de sa vallée sur la plaine du Chéliff. Cette vallée est étroite, assez pittoresque. Près d'une vaste tuilerie, un chemin tourne vers l'Ouest; c'est celui d'Orléans-ville et de Mascara. A gauche, on longe un conduit couvert qui mène des eaux vives à Affreville. Il y porte en même tems la santé ; car depuis qu'il existe, on a vu cesser les fièvres qui en décimaient la population. Les mauvaises eaux, voilà encor une condition fatale, inhérente à la création et au premier établissement de la plupart des colonies. C'est une cause active d'épidémie, de mortalité, à ajouter à celles que nous avons déjà mentionnées.

La route cependant, cette voie de conquête, de conservation, de commerce, n'est comme les autres, qu'un chemin d'été. Vis-à-vis Milianah, sont nos postes-avancés de Boghar, de Teniet-el-Haad, avec leurs massifs de montagnes, si riches en produits minéraux et forestiers, avec leurs populations belliqueuses. La route de Teniet est la route du Sud et de son commerce; elle traverse la vallée du Chéliff, l'une des trois plus belles et plus fertiles de l'Algérie. Pour aller à Teniet, asseoir et conserver notre conquête; pour y porter nos produits et en rapporter ceux du second Atlas et des districts ultérieurs, il n'y a pas de route.

Tandis que je rumine; que mulet et âne trottillent, et que Maliani pique, frappe et répète sans fin, le cri magique « Harriah! Harriah! » un Arabe vient me prendre la main comme une vieille connaissance. C'est en effet un vieil ami; c'est celui qui m'a indiqué le sentier du Bou-Thouil, à mon départ de Marengo. Il m'a aperçu et a couru d'assez loin, pour me donner preuve de son souvenir !

Laissant Affreville à droite, nous franchissons un côteau qui le domine. Sur ce côteau, se voit une petite construction carrée, presque cubique, de trois à quatre mètres, et couronnée d'un dome; le tout en maçonnerie blanchie à la chaux vive; c'est ce qu'on appelle vulgairement, mais par erreur, un Marabout. Ce nom qui vient de l'arabe « rabath—lier, » correspond à notre mot « religieux-religatus, » et convient par conséquent, non à l'édifice qui s'appelle réellement « Koubbah, » mais aux solitaires, « religieux, » qui vivent à côté, comme autrefois, nos hermites, à côté de leurs chapelles. La koubbah est ordinairement le tombeau d'un premier solitaire, qui avait établi là sa demeure. Quand un personnage de cette sorte a acquis une réputation de sainteté, sa famille en hérite; tels sont les Sidi-Ali-Embareck de Coléah, et les Abd-el-Kader de Mascara. Une ressemblance de plus des koubbahs, avec nos hermitages, c'est qu'elles sont généralement le but de pélerinages pour guérisons, fécondations, etc. Quelques unes de ces chapelles, comme chez nous aussi, profitant d'un voisinage riche et populeux, acquièrent à la fois une grande renommée, une grande vogue, et de grandes richesses. Elles égalent alors la splendeur des « Djammahs—mosquées, » comme celles qu'on voit à Alger, à Koléah et Cherchell.

Du sommet de ce côteau, je vois se développer la plaine du

Chéliff, longue de 60 lieues, large de 8 à 10. Aussi fertile que la Métidjà, elle n'est pas habitée, mais parcourue par des tribus nomades qui y tiennent leurs troupeaux, jusqu'à ce que l'été vienne les chasser vers les montagnes. L'an dernier, à raison des sécheresses dont j'ai parlé, ils n'ont pu y trouver leurs ressources habituelles ; ils ont parsemé d'ossements les montagnes et les vallées.

La vie des tribus est peu connue ; disons ce que j'en ai appris : La tribu, en arabe « Arch, » qui sans doute dérive de la même racine que notre mot biblique « Arche, » forme l'unité de la société arabe. Souvent elle se fractionne en plusieurs « Ferkahs » qui adoptent des éléments ou des genres de vie hétérogènes. Les unes deviennent sédentaires ; d'autres, nomades, religieuses ou laïques ; quelques unes vont même habiter au loin, sans cependant jamais oublier, ni méconnaître l'origine commune. Ainsi, Amer, ayant eu cinq fils qui avaient tous de nombreuses familles, il en résulta cinq « Ferkahs » qui quoique séparées, conservèrent le nom et les traditions de la tribu, sous le titre commun de Amri, ou Beni-Amer, fils d'Amer. Le chef de la tribu se nomme « Chéik » c'est à dire vieillard. Pour que son fils lui succède, il faut l'assentiment des guerriers de la tribu.

Nous avons vu dans le Tell, les tribus sédentaires kabyles, habitant les montagnes, et les tribus nomades arabes, habitant les plaines. Celles-ci, toutes nomades qu'elles sont, ne sortent cependant jamais d'un certain canton qui leur appartient, et qui, pour chacune, a ses limites plus ou moins déterminées par des accidents quelconques du terrain. Au Sud de l'Atlas, il n'en est plus ainsi. La plupart des tribus qu'on y rencontre ont deux patries, l'une d'hiver, dans la zone méridionale des landes et des oasis, au delà de la deuxième chaine, zone qui fait partie du Sahara, improprement appelé le désert, où elles ont des propriétés fixes, qu'on pourrait nommer leurs foyers ; l'autre, demeure d'été, dans la seconde zone africaine, comprenant le Chéliff, la Médianah, et leurs montagnes. Ainsi, chaque année, elles sont sujettes à un flux, hâtons nous de dire, et reflux réguliers, qui les font, comme le soleil des tropiques, osciller éternellement du Sud au Nord et du Nord au Sud. Comme le soleil aussi, elles sont régulières dans leurs migrations ; chaque famille a ses campements d'été aussi déterminés que son habitation d'hiver ; les mêmes saisons retrouvent toujours les mêmes tribus aux mêmes places.

Ces migrations sont l'occasion d'un grand commerce. Les habitants du Sahara ayant peu de terres à cultiver, et ne récoltant guère que des dattes, sont obligés de suppléer par leur industrie, à ce que le sol leur refuse. Sous ce rapport, ils sont supérieurs aux Telliens. Auvergnats et Tyroliens d'Afrique, ceux qui n'ont point de troupeaux, viennent dans les villes du littoral, offrir leur travail pour un prix modique, mais dont les épargnes suffisent à leur donner la richesse. La rareté du numéraire dans leur pays, y réduit les prix à un taux fabuleux ; la journée de travail, par exemple, ne s'y paie que 4 ou 5 sous. Aussi celui qui peut y rapporter 3 ou 400 francs, a-t-il acquis une aisance complète. Pendant les émigrations des hommes, les femmes filent et tissent les laines de leurs troupeaux ; ce sont elles qui ont en quelque sorte le monopole de cette fabrication ; une bonne fileuse ou tisseuse se vend cher en mariage. Qu'on me pardonne cette expression ; ce n'est qu'à Alger, ou d'Alger, qu'on parle comme cela. Donc, lorsque les Sahariens émigrent vers le Nord, ils apportent des dattes, des gommes, et surtout des tissus, burnous, haïks, gandouras, bonnets, turbans, châles et tapis, qu'ils échangent contre les blés du Tell, des parfumeries d'Orient, et des quincailles d'Europe. A cet effet, des marchés sont institués à différents points de la limite commune ; on y vient en grand nombre, et souvent, de lieux très-éloignés.

Un de ces marchés s'est tenu justement aujourdui, dans une plaine dite de l'Arbà, près de la quelle nous devons passer. Nous rencontrons à chaque pas, des partis nombreux qui y vont ou qui en viennent. Hommes, femmes, enfants, bestiaux, forment des groupes très-pittoresques, parmi les quels figurent assez souvent des cavaliers richement montés et équipés. Malgré la chétiveté de mon équipage, ceux-ci, tout aussi bien que les autres, mettent du soin, même de la prévenance, à se ranger de côté dans les passages étroits.

A deux lieues environ d'Affreville, encor des toits rouges et des murs blancs. C'est le village d'Aïn-Sultan, bien situé à mi-côte, en bon sol ; mais, comme d'ordinaire, c'est une colonie sans colons.

A quelques pas plus loin, nous traversons un plateau qui s'élève de huit à dix mètres au dessus de la plaine. Il est parsemé de ruines ; une petite tour surmontée d'un dome, dans le genre d'une Koubbah, mais selon toute apparence, de construction romaine, ressort seule de cette grande tombe ; le pas de mon mulet, un braiement, oui, un braiement du bourriko qui, à cette image de mort, pense peut-être « au moins ceux-là ne nous tourmentent plus avec leurs ames ; » les bèlements d'un troupeau qui passe, réveillent seuls pour quelques instants, le silence qui pèse là depuis mille ans. Cette ville située sur la grande voie intérieure qui courait parallèle à celle du littoral, a dû avoir de l'importance ; sa belle position le fait présumer ; l'étendue de ses ruines le prouve.

De ces ruines, notre chemin nous mènerait à travers le champ même de l'Arbà ; mais aussi, deux fois, à travers le Chéliff. Or, comme il est gonflé par les pluies et la fonte des neiges, mulet, bourriko, Maliani et moi, pourrions bien en ressortir par la rive du Cocyte, ce qui serait par trop embarrassant, non pas pour nos ames qu'on y placerait tant bien que mal, mais pour celles du bourriko qui, comme on le sait, ne peuvent prendre pied dans l'autre monde. Nous appuyons donc à gauche, pour longer le pied du Gontas. Nous y traversons broussailles et ravins, pentes rapides et ressauts, qui, plus d'une fois, compromettent mon talent nouveau-né d'équilibriste.

Du haut de mon bât, je vois à l'autre rive, tout le champ du marché. C'est un rectangle presque entièrement entouré du Chéliff, et encor couvert d'une fourmilière de gens de toutes couleurs, et de bestiaux de toutes formes, ânes, chevaux, moutons, bœufs, chèvres, chameaux. Déjà l'assemblée commence à se dissoudre, gens et bêtes s'en vont de tous côtés ; bon nombre passent le fleuve. Les cris, les mouvements des uns et des autres, tandis qu'ils luttent contre la force du courant, prêtent à cette scène, une rare animation, souvent même un pittoresque très-rare aussi ; c'est quand piétons et piétonnes, dont plusieurs sont d'un noir pur-nègre, retroussent prudemment, mais non prudemment, burnous, haïks et gondouras, jusqu'au dessus de leurs reins.

Sur les montagnes du Sud, dès lors plus rapprochées, se voient plusieurs maisons nouvellement bâties par des chefs arabes. Nous ne tardons pas à voir plus près de nous, au flanc de la montagne, les vastes constructions que mon hôte Bou-Allem et son frère, viennent d'y faire élever. De belles cultures à l'européenne ; des plantations, forment l'avenue de cette résidence, dont le possesseur semble réunir le génie qui conçoit le bien ; le cœur qui le désire ; la volonté, la puissance qui l'exécute. Ancien capitaine d'Abd-el-Kader, Bou-Allem qui, plus qu'un autre, a connu les tristes résultats de la guerre et les misères de la barbarie, a quitté le sabre qu'il maniait avec tant de courage, pour prendre le compas et la charrue. Avec le même coup d'œil si prompt à reconnaître sur le champ de bataille, le mal qu'il pouvait faire à l'ennemi, il a saisi l'idée du bien qu'il pouvait faire à sa patrie, dans les champs de la paix ; et il a mis la même ardeur à édifier, qu'il avait mise à détruire. Une habitation construite avec grandeur et élégance, réunit agrément et confort pour lui et sa famille ; des bâtiments détachés abritent les gens nombreux de son service, ses troupeaux et ses récoltes ; c'est le palais ou château seigneurial et ses dépendances. Il a dépensé à toutes ces créations, environ 200,000 francs ; son frère qui le blâmait d'abord, a fini par suivre son exemple, et s'est bâti tout à côté, une habitation semblable.

Dans un établissement si complet, on peut dire si grand, l'hospitalité devait avoir sa part ; elle la trouve dans un bâtiment long d'une vingtaine de mètres, large de cinq, formant à l'intérieur une salle de même dimension ; c'est le cavanseraï, au quel une galerie couverte qui règne sur le devant, peut servir de succursale, dans les jours de grande affluence. La porte d'entrée est dans le milieu de la longueur. Au dedans, en face de cette porte, se voit une espèce de divan, siège d'audience de Bou-Allem. Quand j'arrive, il y pose entouré d'Arabes qui semblent gens d'autorité ; d'autres, en assez grand nombre, sont dans la galerie. Le chef est de haute taille, de physionomie à la fois mâle, sévère et douce ; il porte étalée sur son burnous blanc, l'étoile de la légion d'honneur. Il m'accueille d'un air bienveillant ; malheureusement il ne parle pas plus français, que je ne parle arabe. Je lui remets ma lettre. Dès qu'il l'a lue, il fait appeler son interprète, soldat français que depuis deux ans, il entretient chez lui en cette qualité, et aussi, pour ordonner à l'européenne, ses écuries. En même tems le « kaouadji » cafetier, appendice aussi nécessaire d'une grande famille arabe, qu'un cuisinier l'est chez nous, le kaouadji m'apporte une tasse de café, avec l'offre d'autant d'autres que je pourrai le désirer.—L'interprète me conduit dans toutes les parties de l'habitation où peuvent être admis les étrangers, savoir, les bâtiments d'exploitation munis de leur attirail complet d'agriculture ; puis les jardins, que sept autres soldats jardiniers de profession, nivellent, plantent et sèment. Là ce que je vois de plus curieux, de plus intéressant, c'est le soin, je dirai, l'anxiété avec la quelle le chef arabe suit les progrès de leur travail, s'en inquiète ; il me fait à ce sujet, par son interprète, plusieurs questions très-bien posées. J'y réponds à sa satisfaction ; il m'en témoigne sa joie, voire même, sa reconnaissance. Je vois ensuite son écurie, grande cour carrée, entourée de hangards ouverts par devant, selon l'usage adopté pour notre cavalerie d'Afrique. Il y entretient 34 chevaux de ce sang arabe qu'on dirait le plus noble de la création, si l'être qui s'en montre si souvent le moins noble, ne s'en était proclamé le chef-d'œuvre. On sait leur souplesse, leur courage, leur feu, leur douceur, leur intelligence, leur élégance ; on ne sait pas leur fonds d'énergie et de force. Il n'est pas rare, il est ordinaire, de voir le cheval arabe faire 20 et 25 lieues de galop continu, et soutenir cette fatigue plusieurs jours de suite. Aussi sobre que courageux, une ration d'orge le matin, une ration d'orge le soir, lui suffit ; de toute la journée il ne mange ni ne s'arrête. Le cheval de bataille de Bou-Allem est à une place d'honneur ; un fils de deux jours, déjà beau, déjà vif, promet de lui succéder dignement. Dans un joli pavillon, au dessus de la porte d'entrée de la cour, est la sellerie, toute garnie de différents harnais, parmi les quels se distinguent les larges étriers, la bride, la selle d'apparat du chef, toutes pièces incrustées, presque massives, d'argent et de nacre. A côté est une chambre carrée formant alcove et divan des quatre côtés. Cette chambre d'architecture et de sculpture découpées à la mauresque, ornée de peintures, de verres de couleur aux vitres, et de clous et boutons de cristal à la porte, est destinée aux étrangers de distinction. Comme elle n'est pas finie, rien ne m'empêche de penser que si elle l'était, j'y aurais ma place ; — S'ils étaient plus mûrs, je les mangerais, a dit avant moi, le bon Lafontaine. — Un bâtiment détaché qui est près de là, mais qu'on ne voit pas, précisément parce qu'il est fini, est le séraï où Bou-Allem tient renfermées ses quatre femmes et leurs adjointes.

Mon guide me fait à ce sujet des réflexions de voltigeur sentimental et émérite : « Tenez, me dit-il, c'est pas pour dire, je voudrais bien entrer là dedans ; mais, serviteur, pas pour toujours ; affaire de causer, quoi. D'abord, en fait de mariage, et qu'on est pour avoir des enfants, hé bien s'il n'y a pas d'amour, ça ne va pas. Et ce n'est pas étonnant, moi, je dis, que cette Afrique, c'est comme un désert ; que cependant les enfants, ça devrait y venir comme des champignons. Mais qu'est-ce que vous voulez, avec des mariages comme ça ? D'abord, les pauvres petites, elles s'ennuient. Voilà moi, n'est-ce pas, je n'ai qu'une bonne-amie, au pays, s'entend ; mais c'est une particulière soignée ; hé bien, quand j'aurai fini mon congé, que nous nous marierons, n'ayez pas peur, allez, nous en aurons plus à nous deux, des mioches, qu'eux tous ensemble. » — Je soumets la question telle qu'elle m'est posée, aux époux et épouses, à leurs adjoints, à leurs adjointes.

Mon voltigeur continue à parler et moi, à écouter, quand un Arabe vient m'appeler pour souper. Il est sept heures ; depuis mon déjeuner à Milianah, je n'ai rien pris que la tasse offerte par le kaouadji. Je laisse donc là les sentimentalités séraïques, pour n'écouter que le cri poignant d'une faim toute vulgaire. Revenu à la galerie, on m'y installe par terre, auprès d'un énorme pot de cousse-coussou, surmonté d'un morceau de mouton rôti ; d'un côté, est une tasse de café ; de l'autre, une tasse de lait. Le cousse-coussou fait la base de la nourriture chez les Arabes, comme le pain chez nous. C'est une farine grossière, espèce de semoule non triée, dont on fait une bouillie épaisse à l'huile. On conçoit que c'est la quantité, et surtout, la qualité de l'huile, qui fait la qualité du mets. Or, en fait d'huile, les Arabes ne se piquent pas plus d'industrie qu'en beaucoup d'autres choses. Pour manger le cousse-coussou, chaque convive a en guise de cuiller, une petite palette de bois qui forme à elle seule tout le couvert ; couteaux, fourchettes, assiettes et gobelets sont aussi inconnus

que chaises et tables, chez ce peuple patriarchal. La viande se
dépèce et déchire avec les doigts, au risque d'en être déchirés eux-
mêmes. Quant aux serviettes, c'est le cousse-coussou qui en tient
lieu ; pour dégager ses doigts, des graisses qui s'y attachent, on
les enfonce et retourne dans cette substance grenue, qui alors sert
à peu près, comme la cendrée mouillée avec la quelle on nettoie
les plumes métalliques. L'Arabe qui a dès son enfance, l'habitude
de se servir ainsi de ce qu'il appelle la fourchette de Dieu, s'en
tire avec assez d'adresse ; de plus, il a lui, une serviette réelle,
c'est son inappréciable burnous. Il faut encor ajouter cet usage
à la liste déjà si longue, de ses utilités. Il y a cependant un
moyen assez simple de rendre le cousse-coussou presque friand :
Pour cela, on fait dans cette bouillie-pâte, un petit trou qu'on
remplit de lait ; puis, avec la cuiller-truelle, on délaie dans ce lait,
une partie de cousse-coussou, comme un maçon délaie son mor-
tier, et on s'en enduit la bouche et le gosier. Voilà le fameux
cousse-coussou connu ! Maintenant, je pourrai revenir la tête
haute, et dire, j'en ai mangé !

C'est un grand pas de fait dans mes études arabiques. Il me
reste bien plus à apprendre, et je vais er   cevoir une rude leçon.
On me donne pour lit, le divan d'audience de la grande salle. Or
ce divan, c'est un massif de maçonnerie tout uniment recouvert
d'une natte de palmier nain ; premier article pas mal dur. Quant
à la couverture, elle est absente, attendu que, si c'est un Arabe
qui y couche, il a son burnous sert-à-tout, qui lui en tient lieu ;
si c'est un Français, il a pour le remplacer, l'habitude de ne pas
en avoir. Placé en face de la porte toute grande ouverte, je suis
sûr de ne pas transpirer ; par conséquent, tout aussi sûr de ne
pas avoir d'intranspiration. Il appartenait au génie de Bou-Allem,
d'inventer un tel préservatif ; c'est bien sûr pour cela qu'il a reçu
la croix d'honneur. Il a trouvé aussi, et c'était plus savant, le
moyen de ne pas avoir de mauvais rêves :—On est agité, on rêve,
quand on dort mal? Second préservatif ; « ne dormez pas ! »
Pour celui-ci, on ne peut manquer de lui donner la croix d'officier. Il l'attend de jour en jour, dit-on. Après le précepte, voyons
le procédé : A peine suis-je étendu sur mon divan, qu'une trentaine des Arabes qui jusqu'alors s'étaient tenus dans la galerie,
viennent se ranger aux deux côtés de la moitié gauche de la salle.
L'interprète me dit à l'oreille : « i'vont chanter, c'est tout des prêtres, des marabouts, quoi ; on fait la fête, parce que le frère
de l'aga a eu son premier micche aujourdui. » Tous en effet ont de
la gravité dans la tenue et la démarche. L'un d'eux surtout, auquel
ils donnent les témoignages d'une grande vénération, est vraiment remarquable : Quoique jeune encor, ses traits pleins de noblesse et de suavité ; ses yeux où le feu de l'inspiration flotte dans

un nuage de mélancolie ; sa longue et riche barbe, qui contraste avantageusement avec celles de ses compatriotes généralement courtes et peu fournies ; une attitude pleine à la fois d'humiliation devant Dieu, et de majesté devant les hommes, tout semble le marquer du sceau d'une nature supérieure, inspirée. Je suis charmé de ce que je vois, enchanté de ce que je vais entendre. Si je savais l'arabe, je crois que je chanterais moi-même, Gloire au Prophète, de ce que, il y a 500 ans, il a écrit dans le livre du destin, que le 5 de djoumad-el-ouel, de l'an 1267 de l'égire, c'est-à-dire, selon l'almanach de Bâle, le 7 mars 1851. il naîtrait un héritier au second Bou-Allem. Grâce à la naissance ___ petit Bou, je vais entendre des chants, des prières ; je vais connaître une des phases principales de la vie intime des Arabes. Dieu est Dieu, et Mahomet est son prophète !

Le jeune prêtre à la belle figure entonne, à demi-voix, à demi-chant, une prière qu'un des deux groupes de prêtres répète avec une mesure parfaite, mais aussi avec une parfaite monotonie, pendant une demi-heure. Enfin ils s'arrêtent. Moi croyant que c'est fini, je suis doublement content d'avoir entendu, et de ne plus entendre. Je dis deux fois merci à Hallah, et déjà tout meurtri d'un côté, je me retourne de l'autre, pour y chercher le sommeil. Mais à peine ai-je fait mon demi-tour, que l'autre groupe entonne la même prière, et la chantotte, et la mâche pendant une autre demi-heure. Il est vrai que, pour faire diversion à mon ennui, il commence alors à s'y joindre quelque chose de très-piquant. J'ai dit que je suis sur le lit de justice du Bach-aga. Or, dans sa sollicitude pour le bien-être des musulmans, le koran qui règle la vie de ses adeptes, jusque dans ses moindres détails ; qui leur dit comment ils doivent se moucher, cracher et satisfaire à toute autre nécessité de la nature ; le koran qui va jusqu'à leur expliquer comme quoi, dans un grand besoin, à défaut d'eau, une pierre peut leur servir de serviette ; le koran, dis-je, qui est à la fois le livre d'un Dieu, d'un roi, d'un guerrier, d'un juge, d'un époux, d'un père, d'une nourrice, ne pouvait négliger de garantir les plaideurs, des conséquences fâcheuses de la somnolence des juges. Il a donc voulu que le trône de sa justice fût muni de bon nombre des animaux qui sont le plus ennemis du sommeil, je veux dire les puces. C'est à me faire désirer d'être juge, pour faire étrangler ces assommants chanteurs, thalebs, ulemahs, muphtis, cadis, marabouts, quels qu'ils soient. « Dam, dam, dam, dam, da, dé, gui ; dam, dam, dam, dam ! » jusqu'à minuit ! Enfin le premier jour du premier né est accompli dans la prière et ma malédiction ! Les chants cessés, on se roule par terre dans les burnous, et on s'endort dans la gloire de Dieu. Je tâche d'en faire autant ; à peine endormi, je rêve : « Je suis devenu

Hallah ; je passe éternellement mes jours et mes nuits à entendre de telles prières ; je m'impatiente ; en frappant du pied, je fais un trou au ciel ; le diable y passe pour venir fustiger les chanteurs ; je ris ; je me réveille..... » On recommence de chanter ; il est quatre heures ; on chantera jusqu'au jour !

Oh ! qu'il vienne ce jour, et que je m'en aille ! Maliani qui a mieux utilisé sa nuit que les ulémahs et moi, est prêt dès la veille ainsi que ses bêtes ; car tout le procédé pour se mettre en route, consiste à se dresser tous trois sur leurs pieds ; selle et bât pas plus que burnous, n'ont quitté les malheureuses épaules. Un coup de bâton au mulet ; deux et trois au bourriko pour son dos et ses âmes ; nous partons.

Notre cortége s'est augmenté d'un personnage qui n'est pas sans importance : Comme, pour passer les monts Soumata qui nous séparent de Bou-Medfa, il n'y a aucune trace de chemin, Bou-Allem a donné l'ordre à un de ses cavaliers, de nous conduire jusqu'au sommet. A l'occasion de ce guide, disons que les tribus d'un district doivent envoyer tour à tour, chez leur chef, un certain nombre de cavaliers qui s'y tiennent à sa disposition, pour l'exécution de tous les actes de son autorité. Ainsi Bou-Allem ayant le titre de bach-aga qui équivaut, je crois, à celui de préfet ou général de brigade, il a continuellement sous la main une vingtaine de ces cavaliers. Ce n'est pas que cette garde d'honneur soit bien splendide ; non. Même à voir la mine misérable de la plupart de ceux qui la composent, on est fondé à croire que ce sont les membres les plus pauvres des tribus qui, moyennant quelque légère rétribution, font là le triste métier de remplaçants, méritant par excellence d'hériter du nom, comme des fonctions de nos anciens tourlourous. Celui qui nous guide, est des plus sales ; mais attentif, complaisant, quoique d'un sérieux à la glace. La montée est raide, haute d'environ 600 mètres, à travers les ronces et les broussailles, ce manteau déchiré et déchirant qui revêt presque tous les flancs de l'Atlas. Sur un premier sommet, une contrée tourbeuse, humide, contient plusieurs pâturages qui y ont appelé quelques gourbis ; puis vient une dernière rampe presque droite, au haut de laquelle est le col. Arrivé là, le guide nous montre un village à quatre lieues de distance, et 7-800 mètres d'abaissement. — « Bou-Medfa, » dit-il, et il tourne bride. Je suis obligé de le rappeler, pour lui donner la pièce de merci. Il en est aussi heureux que étonné ; pour la première fois je vois s'émouvoir son impassible physionomie. Je le répète, si le mal est rapide chez ces gens, le bien pourrait l'être tout autant, peut-être plus.

Nous sommes sur la crête de partage de deux bassins étendus. Celui de droite est dominé par le Djebel Nador et le Mouzaïa ; celui de gauche, par les monts Soumata que l'on voit parsemés de bouquets d'arbres à hautes tiges, cèdres, thuyas articulés, pins d'Alep, et bellottas ou chênes à glands doux. Le fond est composé d'un entassement de collines et de bourrelets séparés entr'eux par des fentes, des ravins escarpés, qui indiquent la nature du sol, argile, gypse et marne. On n'y aperçoit aucune habitation ; non pas qu'il soit désert ; mais les Douairs y sont rares, et la plupart, cachés dans des plis où ils s'effacent entièrement. Le défaut de sources condamne là aussi toute végétation persistante. De rares troupeaux paissent de loin en loin. La seule chose qui témoigne que la vie y habite, c'est un champ-de-mort qui dit sinistrement qu'on y a vécu ; quelques tombes fraichement fermées, ajoutent qu'on y meurt, qu'on y vit encor. Ce cimetière, bien différent des autres que nous avons vus ornés, abrités d'ombrages, n'a pas un buisson pour reposer le regard. Un cordon de pierres roulantes, un piquet à chaque extrémité des tombes, en marquent seuls la place. Ces pierres elles-mêmes relevées pour protéger la mort, en sont les débris ; elles sont ramassées parmi les ruines d'une ville qui, comme sa sœur de la vallée du Chéliff, comme tant d'autres, n'a laissé que quelques vestiges sans nom. Nous traversons plusieurs torrents grossis par la pluie qui est tombée toute la nuit. Nous laissons à notre droite, un Douair considérable, situé comme un village suisse, dans de belles prairies au pied d'un escarpement élevé et presque vertical ; puis par des boues affreuses, nous arrivons à Bou, on devrait écrire et dire, Bouc-Medfa. Là encor, bon sol, situation magnifique, étape, halte entre Affroun et Milianah, toutes les conditions réunies pour la prospérité ; mais, point de route, point d'habitans. Le concierge, ancien soldat du génie, qui y vit seul avec sa famille, tient cantine pour les rares voyageurs qui y font appel. Or comme Bou-Allem met au nombre de ses principes hygiéniques à l'usage de ses hôtes, celui de ne pas les faire déjeuner avant de partir, et que, par conséquent, nous arrivons à jeun après une marche de 5-6 lieues, je fais complet honneur à l'omelette et au vin de la cantine.

Pendant que Maliani et ses bêtes se reposent, je parcours quelques rues de cette colonie mort-née. Le regret est d'autant plus grand d'y trouver le silence et le vide, que la position est des plus attrayantes ; la Suisse seule peut offrir quelque chose de plus pittoresque. Au débouché d'un défilé qui traverse l'Atlas, commandant le bassin étendu que nous venons de parcourir, Bou-Medfa est un poste d'une grande importance. Les Turcs l'avaient compris ; ils avaient construit sur un tertre voisin, un fort nommé Bordji-Bou-Allouan, où ils entretenaient une garnison. Les Français l'ont restauré, augmenté, et muni d'un télégraphe ; à côté est une Koubbah. Ces constructions, les maisons de la colonie, les fortifications qui les entourent, les monts qui les encadrent, tout contribue à y créer un ensemble curieux.

C'est l'Oued-Jer encor que nous trouvons à l'entrée du défilé, vallée étroite, rocheuse, boisée d'arbres magnifiques, auxquels le Delfa et l'Aubépine mêlent leurs buissons fleuris. Des sources nombreuses découlent des rochers. A tous momens ces rochers s'entre-croisent, se resserrent, et laissent à peine à la rivière l'espace nécessaire pour y pousser ses eaux. Chevaux, mulets, piétons y passent pêle-mêle avec elles; neuf fois dans une heure il faut répéter ce trajet pénible. Amenez là des colons et dites-leur: « Voilà le chemin de votre nouvelle patrie, le chemin qui la reliera à l'ancienne; si l'heure du danger arrive, voilà vos Thermopyles; vous y périrez tous avec gloire ! » Certes, ils ne résisteront pas plus à l'attrait des lieux qu'à l'éloquence du discours. On a cependant craint que cela ne fût pas goûté de tout le monde, et après avoir, pendant de longues années, perdu bien des hommes, des animaux, du temps, de l'argent, dans ces impasses, on s'est décidé à y construire comme dans la direction de Cherchell, une route muletière qui est en voie d'exécution.

Vers la moitié de sa longueur, le défilé s'élargit en un petit vallon, où une cantine à la Pietro, mais d'une tenue bien inférieure, est occupée par un nommé Barbiche, jeune, gai, vif, alerte, qui vit là, seul au milieu des bois et des Arabes, et semble aussi content de sa barraque et de ce qui l'entoure, que s'il tenait une guinguette bien achalandée, près d'une barrière de Paris. Je devrais y coucher, mais je crains qu'une nuit Parisienne à la Barbiche, ne soit plus Arabe encor que celle que j'ai passée chez Bou-Allem; outre cela, le tems menace de pluie; nous irons jusqu'à Affroun.

Arrivé vers cinq heures, je profite du peu de jour qui me reste pour parcourir le village. Il est bien ordonné, propre, entièrement planté d'arbres, et je crois, complétement occupé. Je monte à la pente de l'Atlas; j'aime à revoir dans le calme du soir, la Métidja, au nord de la quelle les grandes formes du Sahel et du Kober-Roumia se reflètent sur le miroir de l'Alloulah, tandis que loin, vers l'occident, se dessinent sur un ciel rouge et brumeux, les charpentes osseuses du Chénoua et du Ménacer. Mon regard plonge dans leurs ombres, pour y chercher des traces de Marengo, des jours agréables que j'y ai passés.

Revenu à l'auberge, j'ai pour coucher, une petite chambre où tout est planches, excepté le plancher qui est de terre. Cette terre est humide; les pieds de ma chaise s'y enfoncent, les miens s'y collent. Pendant la nuit, le tems tient ses menaces du soir; il nous lance un déluge. Des gouttières tombent de tous côtés. Ma chambre est devenue une cuve; mon lit une barque de sauvetage, où je rassemble non sans peine, mon petit attirail.

Le jour venu, quand je parle d'aller à Koléah, nouvelle impossibilité ; la Métidja est détrempée, on ne peut pas la traverser. Il faut passer par Blidah, et cela, sans perdre de tems, car les torrents vont se grossir des pluies de la nuit, ; les gués ne tarderont pas à devenir impraticables. Quatre marchands et industriels qui ont affaire à Ma_engo et à Cherchell, ne peuvent pas partir du tout. Il faudra peut-être qu'ils attendent plusieurs jours.— Allez; faites des affaires!—Quand nous arrivons au bord du Bou-Roumi, il est déjà tellement gonflé que Maliani déclare que nous ne pouvons pas passer. Comme il en est souvent ainsi, on a établi là un bac servi par des pontonniers, mais pour le passage des piétons seulement. Je puis donc prendre sac et bàton, rentrer dans mon élément marcheur. Auparavant, il faut régler mon compte avec mon guide. Cela me donne l'occasion de juger de la loyauté de cet homme, je serais porté à dire, de la loyauté arabe ; voici : J'étais convenu avec lui qu'il me servirait pendant trois jours, moyennant le prix de 20 francs. Quand je le congédie, il ne m'en a servi que deux ; mais il a été si attentif, si complaisant pendant le trajet difficile que nous avons fait ensemble, que je n'hésite pas à lui donner la totalité du prix ; je lui témoigne même par une poignée de main tout amicale, ma satisfaction bien méritée. Je suis dans le bac ; je passe. Autre difficulté, ce bac est un ponton militaire qui a un fort tirant d'eau, de sorte qu'il ne peut traverser une flaque large de 12 à 15 mètres, qui recouvre la rive opposée. Comment et quand sortir de là? Il y a déjà quelque tems qu'on délibère, qu'on tire, qu'on pousse sans avancer, quand je vois venir au milieu du torrent, un Arabe conduisant un mulet ; c'est le bon, l'honnête Maliani, à qui des Arabes du voisinage ont indiqué un gué pratiquable et qui, quoique payé, quoique congédié par moi, a traversé avec peine et danger pour venir me tirer d'embarras. Plongé dans l'eau jusqu'à la ceinture, il m'amène au bord de la barque son mulet, qui m'emporte sec et sauf. Certes j'aime mon pays et ma nation, mais tout fier que j'en suis, je n'oserais affirmer qu'il y ait beaucoup de nos concitoyens qui en cas pareil, agiraient cemme cet Arabe.

La Chiffa se montre digne de sa réputation ; elle est gonflée de flots furieux, bruyants. Heureusement aujourdui la masse principale coule sous le pont. Les gens en profitent pour passer à pied sec cette partie, la plus dangereuse ; quant aux bêtes et voitures, des Arabes demi-nus les conduisent, non sans de grands risques, à travers le torrent. Au-delà du pont, plusieurs courants restent à traverser. Le fidèle Maliani est là avec son mulet. Nous marchons alors à travers les ruines de la grande digue.

Quand même ces immenses travaux n'eussent pas été ainsi détruits, il est permis de croire que, ici encor, au lieu de déployer un tel luxe de construction à côté de lieux où l'on ne construit

rien, on aurait mieux fait de se borner au nécessaire, et de porter ailleurs ce qu'on donnait de trop en une seule place. — Quel
était l'obstacle à vaincre, le but à atteindre ?—La Chiffa, presque
tarie en été, comme tous les torrents de l'Atlas, est sujette à des
crues subites, dont deux ou trois, quelquefois une seulement,
prennent chaque année, pour peu de jours, peu d'heures, le caractère d'inondation. Là où nous la traversons, elle a tellement
jeté à droite et à gauche ses folles fureurs, qu'elle s'y est creusé
une fondrière large de 7-800 mètres. Mais pendant les 9⁄10 de
l'année, elle n'occupe pas 1⁄10 de cette largeur. On aurait donc
pu se contenter de créer un passage facile et sûr pour les tems
ordinaires, c'est-à-dire, pour les 99⁄100 de l'année. Pour cela,
il eût suffi de faire un pont d'une centaine de mètres, relié aux
deux rives par une chaussée submersible qui, comme le roseau,
baissant la tête sous les inondations, l'eût relevée immédiatement
après. Cette construction était indestructible ; elle coûtait peu, et,
par son économie, permettait de créer en plusieurs autres lieux
les avantages qu'elle eût offerts ici. Au lieu de cela, on a voulu
maîtriser le torrent jusque dans ses plus grandes fureurs, quelque
rares qu'elles fussent. Il a fallu des travaux, des dépenses énormes ; il a fallu un pont de 500 mètres, une digue de 4-500,
cubant plus de 100,000 stères ; il fallait plus, puisque cela n'a
pas suffi.

Il me semble même qu'on avait un moyen facile d'atténuer, de
prévenir, sinon de vaincre les inondations : Dans la vallée de la
Chiffa, comme dans celle de l'Oued-Jer, on rencontre alternativement des gorges étranglées et des évasements. Supposons qu'on
ferme quelques-unes de ces gorges par de hautes digues, sous
lesquelles on ménagerait des canaux d'échappement construits
de manière à dépenser au plus, le maximum normal des eaux ;
en cas de crue violente, celles qui dépasseraient ce maximum
seraient retenues par les digues, et refluéraient dans les évasements voisins, qui deviendraient alors des lacs de réserve.

La route qui mène de la Chiffa à Blidah, a elle aussi, de la régularité, de la grandeur ; elle n'en a que trop. Large, droite, on
y a comblé, tranché les moindres inflexions du sol. C'est dans
toute son inconséquence et ses regrettables conséquences, toujours le sistème du tout ou rien, c'est-à-dire, tout et rien, luxe
et dénûment.

« Le mal fini ! » me dit Maliani, quand enfin nous sommes sortis de ces affreux passages. Voilà comme un Arabe estime les
chemins qu'on donne à nos soldats, à nos colons ; les routes dont
nos discoureurs ont fait de si pompeuses descriptions. Le mal
fini, moi je veux de nouveau congédier mon guide ; mais toujours
aussi consciencieux, il persiste à me conduire jusqu'au terme con-

venu d'abord. Arrivés à Blidah, nous nous disons un adieu de vraie affection, et je pars pour Bouffarick. C'est une distance d'environ quatre lieues, sur laquelle on descend de 200 mètres, par une pente continue en ligne droite. Ce trajet serait monotone si la vue n'y était distraite par les aspects très rapprochés de l'Atlas, au pied du quel plusieurs fermes et les villages de Dalmatie et Soumah occupent des positions pleines d'attraits et de richesses. Et puis aussi cette ligne est coupée en deux par le joli, propre et prospère hameau de Beni-Mered, son obélisque, ses glorieux souvenirs.

Un nombreux roulage circule sur la route; il dit l'activité qui régnerait ailleurs, si toute circulation n'y était impossible. Il n'y a pas dix ans que cette route, à huit lieues d'Alger, est empierrée. C'était à travers marais et boues qu'on envoyait nos soldats, nos canons à Blidah, pour y repousser les attaques de l'Emir. Il y avait alors 12 ans qu'on possédait Alger! Que l'on compte ce qu'un tel état de choses aura coûté d'hommes, d'argent, de revers, de luttes, de pertes sans cesse renouvelées. Était-ce une économie alors? En est-ce une encore d'y continuer le même sistème? Il est vrai que pendant ce temps-là, on discutait au ministère et dans les chambres, l'idée passablement Chinoise, d'entourer d'une enceinte continue, le petit territoire que Abd-el-Kader avait bien voulu nous laisser. Quant à savoir comment on arriverait à cette enceinte, et comment on pourrait se transporter d'un de ses points à l'autre, avec assez de rapidité pour protéger efficacement une ligne si développée, si on ne pouvait y aller ni à pied, ni à cheval, ni en voiture, il ne fallait qu'une idée chinoise de plus, celle d'y aller en palanquin.

Bouffarick est devenu une petite ville d'un aspect très-animé. Une grande place plantée d'arbres y forme une belle entrée. Une église bâtie en face de la porte, devrait l'embellir encore; mais cette église sans goût, sans dessin, est une preuve de plus que le Génie mathématique n'est pas toujours artiste. A lui le compas, la règle, la boussole; à d'autres, le crayon, le pinceau. Plusieurs rues sont bordées de maisons complètement bâties, complètement occupées.

La position de Bouffarick, la route qui le lie à Alger et à Blidah, ne sont pas la seule cause de sa prospérité; son sol est des plus riches, et en outre abondamment arrosé. A cet égard, il est même mieux partagé que Blidah, dont il ne tardera pas à devenir le rival. Ces avantages n'étaient pas méconnus autrefois. Les Arabes y avaient porté une population assez nombreuse; il s'y tenait un marché qui était un des entrepôts les plus actifs du commerce du littoral et de celui de l'intérieur. On a substitué récemment au vieux puits délabré, seul monument qui en restât, de belles fontaines et un vaste caravanseraï. Malgré cela, dit-on , les affaires s'en ret'rent tous les ans, pour se porter à Médeïa. On doit peu s'en étonner. Un marché d'entrepôt, d'échange, doit toujours se placer de manière à abréger autant qu'il est possible les trajets dispendieux. Dans les pays montagneux, restés à l'état natif, il se pose à la lisière extérieure, au débouché des vallées ; c'est le port où le montagnard vient décharger ses épaules sur le dos d'un mulet, ou le dos de son mulet sur une voiture, sur un bateau. Qu'un canal, qu'une route pénètre dans les montagnes, le marché recule à mesure qu'ils avancent. Or, le charrois va maintenant jusqu'à Médeïa ; il est six fois plus économique que le bât ; nécessairement c'est le premier qui doit a'ler chercher le second. Ajoutons que Bouffarick est tout français ; que tout ce qui l'entoure est français ; que par conséquent, l'Arabe s'y trouve dépaysé.

D'après cela, il semble que la seule source de richesse réelle qui reste ici, c'est la fécondité du sol. Elle est inépuisable ; l'abondance des arrosements y permet tous les genres de culture, soit de consommation, soit de spéculation ; orangers, citronniers, mûriers, tabac, vigne, tout y croît avec le plus grand succès. On y a déjà récolté des vins, les premiers vins français d'Afrique. Ils sont d'une qualité précieuse, alliant le spiritueux des vins de France au liquoreux des vins d'Espagne.

Cependant, il y a peu d'années encore, Bouffarick comptait à peine parmi la population de l'Algérie ; entouré de marais, c'était un des foyers de peste les plus meurtriers de la Métidja. Qui l'a transformé ainsi ? Nos soldats et 20,000 francs ! Vingt mille francs, le prix d'un feu d'artifice, ont donné la vie, la richesse à tout un pays ! Et on conteste , on refuse les fonds nécessaires pour achever ces travaux créateurs ! Et armé de l'immoral paradoxe : « Le luxe entretient l'abondance » , on continue à lui donner à pleines mains , la sève de la nation qu'il corrompt de son soufle morbide !

La population et l'industrie agricole de cette ville vont s'accroître d'une puissante addition : En dehors de l'enceinte, à droite de la porte de Blidah, et vis-à-vis le Caravanseraï qui est à gauche, le général d'Erlon avait construit un camp retranché et des casernes, auxquels étaient attribués 120 hectares, qui ont été défrichés et mis en culture par l'armée. Abandonnant ces constructions, ces terres, on pouvait les vendre ; on pouvait les donner à des colons qui y eussent trouvé une installation toute prête, dans une des situations les plus avantageuses et les plus avantagées de l'Algérie ; on vient.... de tout donner gratuitement à l'ordre des Jésuites !

La chaussée qui descend de Bouffarick dans la plaine, est bordée de fossés larges et profonds, qui tout en fournissant les matériaux nécessaires aux remblais, ont servi puissamment à étancher les terres voisines. Mais ces terres sont encor désertes; elles attendent que la culture vienne en tirer les germes de fécondité qu'elles ont inutilement produits et absorbés depuis plusieurs siècles. Une seule habitation, belle ferme, dite la Maison-Blanche, rompt la monotonie de cette route de quatre lieues, platte, droite, où l'on n'aperçoit de loin en loin, que quelques gourbis demi-cachés dans les joncs et les broussailles. A une lieue plus bas, on rencontre le canal principal de drainage, qui sans doute deviendra plus tard un canal du commerce. Puis la route traverse un fortin abandonné.

Enfin j'atteins le Fahs ou massif d'Alger, au pied même du quel la route se partage en deux; l'une dite de la Plaine, tourne le massif par Birkadem; l'autre le franchit par Douéra. Une quatrième route qui se dirige vers Koléah, donne le nom des Quatre-Chemins à un groupe de maisons qui se trouve à la croisée. Un sentier de traverse monte droit à la pente du Fahs, c'est l'ancienne grande voie du commerce d'Alger à Bouffarick et Blidah. Au sommet est une Koubbah qui semble abandonnée. Regagnant la route, on traverse un plateau boisé, entremêlé de belles cultures. Une ferme-villa y est bâtie dans une position isolée, qu'on ne croirait guère habitable en Algérie. Plus loin, deux enfants dans une complète solitude, jouent en gardant un troupeau.

Je ne tarde pas à apercevoir Douéra. Position centrale du Fahs et avant-poste d'Alger, à l'époque où notre conquête se voyait réduite à un rayon de trois ou quatre lieues, Douéra a été entouré de murs crénelés; on y a construit un vaste hôpital, d'immenses magasins, des casernes. Le tout est abandonné depuis l'établissement des mêmes constructions à Bouffarick, que nous avons vues abandonnées elles-mêmes, suivant ainsi dans leurs va-et-vient, dans leurs demi-mesures, les procédés ruineusement économiques de ce qu'on appelait alors le juste-milieu. Ces bâtiments clos, inoccupés, répandent autour d'eux le vide et la tristesse. Cependant vers le milieu de la ville, une église, une promenade en terrasse, une fontaine, en relèvent l'aspect; une seconde rue qui tourne à droite, prend d'abord de l'animation; elle se termine à des maisons inhabitées.

Avant d'entrer à Douéra, j'ai vu au-delà un village dans une très-belle situation; c'est Sidi-Hallem; allons y dîner. Il fait très chaud, mais je traverse un joli pays, bien cultivé; je monte une côte rapide et ardente, mais Sidi-Hallem n'est pas loin; et je m'y repose, je m'y rafraîchis d'avance, dans une bonne auberge. Marche; marche; le beau village, la bonne auberge sont hors de ta route; et il y a deux lieues à faire pour atteindre la première halte, Sidi-Ibrahim. Décidément le nom de Hallem n'est pas synonime de restaurant. Un autre étonnement encor m'est réservé:

Ici, à 3-4 lieues d'Alger, la route de Douéra, la première qu'on ait commencée en Afrique, n'est pas encor achevée ; une longueur de plus de mille mètres est ferrée de…. fagottages de palmiers nains. Quand en France on se plait à entendre dire et à répéter que d'Alger à Blidah, on trouve des diligences et omnibus comme de Paris à Versailles, croirait-on que c'est sur un macadam pareil qu'on les fait rouler?

Une longue montée, une descente, une ferme entourée de grandes cultures, enfin une dernière montée, m'amènent à Ibrahim ; j'y dîne chez un Vosgien ; j'y mange du fromage du Tholy ; on cause de Tendon, de Gérardmer, de son lac, de ses chaumes, comme si on était attablé chez Toine Demangeat, d'honorée et regrettée mémoire. Il n'y a que l'Algérie pour l'imprévu de telles rencontres, pour le rapprochement de tels contrastes, de telles distances. Du reste, Douéra, Ibrahim et presque tout le massif, sont Français ; la guerre si fréquente en ces lieux, a détruit ou dispersé tous les anciens habitants.

A peu de distance d'Ibrahim, une vaste auberge-restaurant annonce le voisinage de la capitale. Sur la hauteur qui la domine, de nombreux ouvriers sont occupés à construire un canal couvert qui conduira à Alger, un courant continu de 48 centimètres par 55. Ce supplément d'eau sera d'un grand avantage, car l'an dernier, pour peu que la sécheresse s'y fût prolongée, plusieurs quartiers en auraient totalement manqué.

Les sources qui alimentent ce canal se nomment Aïn-Senboudje; elles sortent en grande partie du côteau au revers du quel les Jésuites ont établi leur maison d'orphelins, dite de Ben-Achnoud. La maison principale, ancienne villa Mauresque, se présente avantageusement, à 200 mètres de la route ; j'y vais. Un jeune orphelin, qui sert comme portier, appelle le Procureur. C'est un homme entre 30 et 40, d'une belle physionomie, animée et fine. Il me conduit obligeamment dans tout l'établissement. La distribution intérieure de la villa a eu peu de changements à subir pour s'adapter à sa nouvelle destination. Les grandes salles du rez-de-chaussée, toutes voûtées, semblaient faites exprès pour servir aux magasins qu'on y a établis dans la partie de droite, tandis que de celles de gauche, on a fait tout aussi facilement une chapelle qu'on croirait avoir simplement succédé à une petite Djammah ou Mosquée. Un escalier mauresque à hauts degrés, monte au premier étage. Là sont les dortoirs, la dépense et ses accessoirs, tels que vestiaire, lingerie, voire même un atelier de tailleur, où, sous la direction d'un chef ouvrier, une quinzaine d'enfants font tous les ouvrages d'aiguille de la maison. L'infirmerie occupe un appartement voisin, mais séparé par une terrasse; cinq enfants seulement y sont alités, plutôt indisposés que malades. Le Procureur me dit que c'est la moyenne des maladies, tant pour le nombre que pour la gravité; cependant l'établissement ne compte pas moins de 150 pensionnaires. C'est une belle preuve de la bonne administration de la maison, et en même tems, de l'avantage qu'il y a d'occuper ces enfants à des travaux agricoles, ou au moins à les faire vivre à la campagne. Puissent de tels exemples, faire comprendre un jour le non-sens de l'usage qui maintient en France les hôpitaux et autres établissements de charité, dans des locaux étroits, la plupart au milieu des quartiers les plus populeux, les plus malsains des villes. Naturellement la mortalité est en raison des maladies; « depuis un an, il n'est pas mort un seul pensionnaire, » me dit encor le Procureur. Ceci aussi, servirait à prouver, s'il en était nécessaire, que le climat d'Afrique n'est pas mortel pour les enfants, et qu'il suffit de les mettre dans les conditions de santé qu'ils trouvent à Ben-Achnoud : propreté, travail des champs, bon air, nourriture saine et réglée. Si trop souvent d'autres enfants meurent chez leurs parents, c'est que, comme en Europe, ils y sont gâtés par des soins mal entendus, ou que les difficultés de la vie, au début d'une colonisation, ont empêché les parents de mettre ces enfants dans des conditions convenables. On comprend aussi que le changement de climat pour les mères enceintes ou nourrices, les privations qu'elles ont à souffrir, tout contribue à affaiblir la complexion d'enfants conçus, nés ou allaités dans de telles circonstances; de ceux-là il en meurt beaucoup, surtout à l'époque de la dentition. Quand une mère saine est acclimatée, si elle sait et peut donner des soins à ses enfants, elle peut les conserver en Afrique comme ailleurs. Des mères elles-mêmes me l'ont dit plusieurs fois; et la santé de leurs enfants en était la preuve.

Quant au dehors, les travaux y sont dirigés avec autant de sagacité qu'au dedans; le sol étant d'expositions et de natures variées, on y a adapté différentes cultures : Ici, les légumes et les blés; là, les vergers d'arbres européens, cerisiers, pruniers, poiriers et pommiers, qui rivalisent avec ceux d'Afrique; ceux-ci à leur tour, oliviers, figuiers, bananiers, profitent à merveille de la culture française. Enfin et surtout, des vignes émules de celles de Bouffarick, alimentent déjà la maison de leurs excellents produits, et mères fécondes, fournissent par milliers des retranches qui se vendent aux autres colonies. Telle est l'énergie avec laquelle la vigne pousse sur le sol Africain, que ces simples boutures sont généralement fécondées dès la première année de leur plantation. A Ben-Achnoud aussi, des chemins bien ferrés facilitent partout la circulation, les transports et le travail. Pour les faire, on n'a pas attendu comme en trop d'autres lieux, qu'on eût terminé les ouvrages auxquels ils devaient servir.

En parcourant ainsi les jardins, nous passons près de plusieurs troupes d'enfants se livrant à des travaux divers, selon leurs âges qui varient de 8 à 17 ans. Autant qu'il est possible, tant dans leur intérêt que pour celui de la maison, outre les travaux agricoles, on leur enseigne une profession manuelle, telle que celle de menuisier, charron, serrurier, tonnelier. Quant à l'étude, si leur santé souffrait, ce ne serait pas par excès de travail de ce genre; on n'y réserve que la dernière heure du jour.

Tout cela étant vu, ainsi que d'autres détails de boulangerie, écuries, basse-cour, nous rentrons à la maison. Le Procureur me conduit dans une petite salle qui a conservé toute sa structure et décoration mauresques. J'y trouve une collation africaine, entièrement composée de produits du crû : pain, figues, cacaouettes et vin. Le vin est excellent; quant aux cacaouettes, elles n'ont qu'un mérite, celui de l'inconnu; ce sont de petits tubercules que l'on cultive à peu près comme les pommes de terre, mais qui ont à peine la grosseur de nos noisettes, et sont loin d'en avoir la saveur. Légèrement rafraîchi, je prends congé du Procureur, sans trouver aucun défaut à son établissement, si non, l'absence d'un tronc comme il y en a un au Saint-Bernard, ce qui m'oblige à lui remettre dans la main ma petite offrande.

Ainsi, en Algérie comme partout et toujours, les Jésuites sont habiles à exploiter terre et ciel. Ils savent même exploiter l'une par l'autre. C'est par le ciel qu'ils ont obtenu Ben-Achnoud, dans sa position saine et rapprochée d'Alger; c'est par le ciel que, tandis qu'on laisse les routes inachevées faute de bras, ils ont obtenu et obtiennent des soldats pour défricher leurs terres. C'est par le ciel qu'ils viennent d'obtenir le camp de Boutfarick, ses casernes et ses terres toutes défrichées.

La lieue qui reste à faire de Ben-Achnoud à Alger, est une suite continue d'habitations de toutes sortes, fermes, villas, auberges. On y distingue sur la droite, un bâtiment considérable, enveloppant de murs à meurtrières un mamelon étendu. A voir cet appareil guerrier, on croirait que c'est un fort occupé par des soldats, aux pensées, aux chansons grivoises; une croix le surmonte; c'est un couvent de religieuses. Le chemin mal tenu, traverse fréquemment d'anciennes constructions qu'il a renversées ou coupées. Une koubbah abandonnée est environnée de cantines et guinguettes, où l'on s'inquiète peu, je crois, de scandaliser par force libations, l'ombre du Marabout qui y est enterré. Puis c'est de nouveau le fort l'Empereur, la vue de la rade, et la descente de Bab-el-Oued, où je m'arrête souvent pour contempler son admirable panorama et ses échappées sur le ravin, sur l'Oued lui-même, sur le port, sur la ville, son ancienne enceinte, et les fortifications nouvelles qu'on y a ajoutées.

Au sortir des contrées désertes, sauvages, que je viens de traverser, quel contraste que de rentrer dans Alger par cette porte et cette rue de Bab-el-Oued! Ecartées du port, et avenues fashionables de la place d'Orléans, elles voient circuler sous leurs arcades une population moins nombreuse, moins affairée, mais plus Parisienne que celle de la porte et de la rue de la Marine, qui y sont parallèles. Aussi, c'est la galerie des lions et des lionnes de la mode que la France envoie à l'Afrique, en échange de ceux du Sahara; c'est pour le soldat et l'officier flaneur, l'avenue de la Terrasse qui, à tous égards, pourrait revendiquer le même titre que celle de Milianah. Cette terrasse deviendra une des plus belles du monde. Nous avons dit quel en sera le cadre intérieur; ajoutons qu'on doit la prolonger sur tout le front de la ville, de manière à être à la fois un magnifique boulevard de promenade et un puissant boulevard de défense.

Au-delà, la même rue bordée des mêmes arcades et de riches magasins, se continue sous le nom de Bab-Azoun. C'est la même circulation de promeneurs et gens d'affaires; c'est de plus, un mouvement continu de diligences, d'omnibus, de voitures du commerce et de luxe. La population Arabe y reste presque entièrement étrangère; elle se porte de préférence dans une rue qui y est parallèle. Cette rue dite de Chartres, est plus étroite, mais on y trouve le Marché-Neuf, vaste rectangle entouré d'arcades. Presque toutes les boutiques sont occupées par l'industrie et le commerce indigènes. Cela n'empêche pas marchands et ouvriers européens, d'y trafiquer et travailler tout aussi paisiblement qu'ils le feraient dans notre pacifique Nanci. Vers son extrémité sud, la rue de Chartres se rapproche de celle de Bab-Azoun. C'est là qu'en 1830, se trouvait la porte de ce nom, qui est maintenant à 1500 mètres plus loin. A la place de l'ancienne porte et de ses abords, on a établi une station de voitures dans le genre parisien, plus, un marché Arabe, qui est certes une des choses les plus laides, mais en même tems les plus curieuses d'Alger. Il est tenu principalement par de vieux nègres et de vieilles négresses, sans doute hors de service pour d'autres emplois. Il est difficile de se figurer quelque chose de plus laidement dégoûtant que ces pauvres gens, les femmes surtout, dont quelques-unes ne se contentant pas de leur masque de laideur, ont encore l'impertinence de se couvrir la face d'une pièce de linge sâle et déchiré.

C'est entre ce marché et la nouvelle porte, que se sont construits et se construisent encor les nouveaux quartiers d'Alger. De belles maisons à 4-5 étages, continuent la rue jusqu'à l'ancien fort Bab-Azoun, qui lui donne son nom. Plusieurs autres rues commencent à s'élever au flanc de la côte. Malheureusement quelques-unes de ces constructions faites par la spéculation, ont plus d'apparence que de solidité. Il y a deux jours l'une d'elles, déjà habitée, s'est écroulée; 19 personnes y ont été mutilées; 5 ont été écrasées sous les ruines. La police, comme d'ordinaire, est intervenue après coup; on espère qu'elle avisera pour ne pas laisser ainsi passer les gens dans l'autre monde, sans un de ses talismaniques visas.

Sortons par la porte nouvelle, dite d'Isly, porte architecturale et militaire, à deux voies, avec pont de fer et fossés profonds. Descendons sur le Champ de manœuvre, où l'on exerce les Chasseurs d'Afrique à des détails de manège, tout comme des soldats de garnison que l'on assomme d'ennui, pour tuer leur tems. Sans doute le simple jugement se trompe quand il pense que, pour la guerre en général, mais surtout pour la guerre d'Afrique, on devrait préférer à ces passe-temps d'école, les exercices gymnastiques propres à développer l'habileté du cavalier, la dextérité, la vigueur du soldat, à faire redouter son coup de sabre ou de fusil. Sans doute l'expérience a prouvé le contraire. C'est elle aussi qui amène en ce moment, à la place des chasseurs, un régiment d'infanterie qui s'exerce à faire à blanc, des feux de pelotons et de bataillons. On conçoit que si ces feux doivent un jour tuer des ennemis, il est infiniment essentiel que tous les coups partent sans une seconde d'intervalle. Une seconde d'économisée c'est immense; on ne peut pas perdre trop de tems ni de poudre pour la gagner. Du reste, que feraient ces soldats si on ne les occupait à cela? Le tir à la cible? Les Arabes s'y exercent pour nous. Les travaux des routes? Ils sont faits; voilà longtemps qu'on le dit. Il reste bien encor les corps-de-garde et les guérittes, chose aussi récréante que utile. Mais Alger est rempli, farci de postes et de factionnaires; en mettre d'avantage, ce serait abuser d'une excellente chose. Si je restais là plus longtems, j'aurais belle occasion de faire encor d'autres observations tout aussi émerveillantes que celles qui précèdent; mais on me répondrait avec raison, que si j'ai le droit de les regarder, elles ne me regardent pas. Et puis, nous avons tant de choses à voir ailleurs.

Allons au jardin d'Essai, ou pépinière Nationale, qui est à 6 kilomètres plus loin. La route est belle; elle traverse des terrains très fertiles et bien cultivés, jardins-potagers d'Alger, occupant, sur une largeur d'environ mille mètres, l'espace compris entre la mer et le rideau des montagnes qui forment la baie. De nombreuses et jolies habitations bordent cette route; des villas aux formes élégantes, brillent coquettement parmi d'épais ombrages, comme des visions gracieuses, parmi les ombres légères et fraiches d'une belle nuit.

Le jardin lui-même a dès son entrée, la grandeur et en même tems la simplicité qui convient à une institution publique, vouée à un but utile. Vingt-cinq hectares d'un sol riche, fécondé par quelques ruisseaux naturels et plusieurs norias, y reçoivent à titre d'essai d'abord, et ensuite comme pépinière, sous la direction d'un habile jardinier, des sujets choisis de toutes les plantes que l'on désire et espère acclimater en Afrique. Celles qui réussissent et promettent des résultats avantageux, se multiplient par les semences, boutures et greffes, de manière à pouvoir se propager dans la colonie. Le jardinier aussi obligeant que instruit, m'a complaisamment renseigné à cet égard. Tous nos fruitiers, poiriers, pommiers, cerisiers, pruniers, réussissent parfaitement. Son expérience confirme aussi ce que j'avais appris ailleurs, savoir que les cultures de spéculation qui promettent le plus de succès sont la vigne, le tabac, le mûrier, le coton, sans compter les plantes indigènes, figuiers, oliviers, orangers, citronniers. Quant à celle du nopal, ou cactus à cochenille, elle réussit parfaitement aussi, seulement il est à craindre que les soins à prendre pour protéger les insectes contre les pluies et les oiseaux, n'absorbent une grande partie des bénéfices. Mais ces soins n'exigeant aucun emploi de force, on conçoit qu'ils se réduiront à bien peu de frais pour le colon qui pourra y employer ses enfants. Le roseau-sucre ou canne-à-sucre y croît énergiquement; mais, jusqu'à présent, le meilleur parti que l'on en ait retiré, a été de le couper en vert, pour l'employer comme fourrage. On tire ainsi de lieux humides et impropres à d'autres plantes, une nourriture copieuse et succulente, notamment profitable à la race bovine, qui a si besoin d'être améliorée, développée en Algérie. De vastes baches et serres contiennent des collections de fleurs magnifiques. Dans un établissement d'utilité publique, on peut, on doit regretter les frais d'installation et d'entretien d'un tel hors-d'œuvre. « Mais — disent tant de gens qui sont hors-d'œuvre eux-mêmes — quand il s'agit de dignité, de grandeur nationale, peut-on se dispenser de dépenser pour le luxe? C'est le drapeau, l'enseigne de la richesse; une grande nation doit l'honorer. » Ils parlent juste, puisque dans notre société perfectionnée nous voyons les honneurs, les distinctions, appartenir surtout à ceux qui peuvent dissiper inutilement leur tems et leur argent.

Un titre plus vrai de grandeur et de gloire pour la France, c'est d'avoir rendu à la fécondité, à la salubrité, cette plaine du Hamrah, tellement infectée autrefois par les marais de l'Arach, que les Arabes la nommaient le Champ de la fièvre. Les marais desséchés sont devenus eux-mêmes des champs et des jardins.

Montons à la pente du côteau, parmi des bosquets, des jardins, des chemins en berceaux, la plupart arrosés d'eaux vives. Vers le haut, dans une position où les délices du dedans luttent, dit-on, avec celles du dehors, est la villa du Gouverneur-général;

6

à côté est celle du fameux Jussuf, qui jouit là du fruit des services qu'il nous a rendus. Sa villa est, dit-on aussi, une perfection exquise du genre mauresque francisé.

Quelques pas encor, et nous sommes à la porte haute d'Alger, à la Casbah. Là, le digne capitaine B. m'accueille avec la bonté du brave soldat, du concitoyen, de l'ami. Il me fait voir les parties principales de ce vaste édifice, palais-forteresse, d'où la tyrannie a tant de fois lancé autour d'elle, la terreur et les tortures; où elle-même a tant de fois tremblé et souffert le juste châtiment de ses crimes; où aujourdui le Zouave, qui en a fait sa caserne, sifile en astiquant son fourniment, et chante du même ton, les charmes de son Adèle, ou la casquette et le gros ... mot du père Bugeaud. Le Zouave qui, sous son costume turc, reste si bien Français, le voilà installé dans la grande mosquée du Palais, chambrée de 200, où il coud, il brosse, il rit, il pousse un coup de pointe avec la main ou la langue, et revient en garde pour la riposte, qui ne se fait pas attendre. Et les jurons, les lazzis bourdonnent sous les voûtes qui, il y a peu d'années encor, ne répétaient que les préceptes rigides du Coran. Une de ces voûtes, celle du milieu, supporte un dôme d'environ 40 mètres de tour. De là, nous passons dans la grande cour. Nous y visitons à l'étage supérieur, la galerie de réception, au dehors de la quelle est suspendu comme une cage à pigeons, le cabinet du Dey; ce cabinet où il donna à notre consul, le coup d'éventail qui lui fut à lui-même si fatal. Il est curieux de voir tout cela; mais en même tems il est regrettable que, loin de donner quelques soins à la conservation de choses qui ont légué à l'histoire une de ses pages les plus fameuses, le Génie, (est-ce le nom qu'il faut lui donner ici?) ayant besoin quelque part ailleurs, de colonnettes, ait fait enlever celles qui soutenaient la galerie, et les ait remplacées par des poutrelles.

Nous qui critiquons ce scandale, nous allons, le capitaire, trois de ses amis et moi, en commettre un bien plus grand; nous allons déjeûner où? Dans la salle du séraï, devenue chambre d'ordinaire! Et le souvenir des Odalisques ne nous empêche pas plus de manger tout prosaïquement, que les préceptes d'Allah inscrits sur les murs, ne nous empêchent de boire très chrétiennement d'excellent vin. Voilà certes de grands scandales; un autre le sera plus encor: Le déjeûner terminé, on me mène à la terrasse qui est au-dessus de l'appartement; c'est la plus haute de la Casbah, la plus haute d'Alger. Là, dans les chaudes nuits d'été, les Perles de l'Orient et les Etoiles de l'Occident, joyaux du Dey d'Alger, venaient respirer l'haleine rafraichissante de la brise de mer, les parfums des montagnes et ceux de la plaine, aux quels elles mélaient leurs chants et leurs soupirs; chants et

soupirs qui quelquefois rencontraient par l'air, de doux et brûlants échos. Hé bien, de cette terrasse féerique, un officier d'administration amateur de chasse, en a fait.... le dirai-je?.... son
chenil ! !

C'est là qu'on croit entendre, et qu'on comprend l'élégie Arabe
qui déplore ainsi la prise d'Alger :

« Djezaïr, qui apportera un remède à tes maux?

» Je lui donnerai ma vie pour récompense, à celui qui fermera
» les plaies de ton cœur et chassera les infidèles de ton rivage.

» Ceux qui combattaient pour toi t'ont trahie; j'ai cru qu'ils
» étaient ivres.

» Mes yeux ne cessent de pleurer; mon cœur, de soupirer.
» Partout on entend des cris de douleurs; le sommeil fuit mes
» paupières.

» La raison se trouble et s'égare; le désespoir t'a frappée !

» Le Juif rit de tes peines !

» Mon cœur ne peut s'y accoutumer; il faut que je m'éloigne
» de toi. O séjour que nous allons quitter, nos larmes coulent par
» torrents.

» Ma vie est une nuit qui n'a plus de jours.

» Oh, il est cruel de te quitter! Mon cœur ne peut se porter
» vers d'autres lieux; l'attrait qu'il a pour toi est un feu qui le
» torture. Mes larmes ont sillonné mes joues.

» Les infidèles sont dans tes rues; ils se sont emparés violem-
» ment de tes maisons; ils sont entrés dans tes forts et ont enlevé
» tes armes! Ils se sont réjouis en voyant tes trésors, et ils les
» ont emportés; nous pleurions!

» O mes yeux, pleurez, pleurez la journée entière; pleurez
» l'humiliation de Djezaïr !

» Plusieurs de tes filles se sont prostituées; la religion n'a pas
» eu de frein pour elles !

» Ils ont bu le vin à pleines coupes. Les Juifs se sont enivrés;
» ils ont insulté tes fils !

» Tes jardins ont été arrachés; les habitants se sont enfuis et
» dispersés.

» Les plus généreux de tes enfants se sont éloignés de toi; les
» uns par terre, les autres par mer. Ils ont vendu à vil prix leurs
» trésors. Des larmes coulaient de tous les yeux.

» Que Dieu mette fin à tes peines! »

Je sors de la Casbah par la porte du Dey et son portique voûté,
contourné comme une poterne. Maintenant ténébreux, il était autrefois éclairé des reflets des émaux qui revêtaient ses murs, et de
ceux d'une fontaine qui y jaillissait, qui s'y perlait dans un bassin

de jaspe. Emaux, fontaine, jaspe ont disparu; cette porte des solennités a été abandonnée; son portique sert de hangard! Elle ne conserve de son passé, que les tenons des crochets sur les quels les Deys faisaient jeter du haut des tours, les victimes de leurs soupçons, de leurs jalousies, de leurs caprices.

Je descends à travers la ville par ses ruelles en escaliers, ses voûtes obscures. Dans l'une d'elles, j'entends les sons d'un violon assez bien joué, et ceux d'un assourdissant tam tam. Ces sons sortent d'une salle, espèce de cave toute sombre. C'est un café Maure. Entrons. Il y a là une cinquantaine d'Africains qui hument tabac et café, tout en jouant à un jeu très semblable à celui de la Moue. Pas un ne bouge; pas un ne dit mot. Ils restent, dit-on, ainsi accroupis, silencieux, immobiles, pendant des journées entières. Quant aux musiciens, accroupis et impassibles comme les autres, l'un tient son violon droit entre ses jambes, en guise de violoncelle, l'autre ne remue que ses bras.

Ne quittons pas le vieux Alger sans aller visiter une maison mauresque. Comme celles qui restent habitées par les indigènes et leurs femmes, nous sont interdites, allons à l'évêché, l'une des plus belles constructions de ce genre, où non seulement on n'a rien détruit, mais où on restaure tout, avec un goût vrai Maure, quoique épiscopal. La galerie qui, selon l'usage, encadre la cour, est soutenue par des arcades que portent des fuseaux torses de marbre blanc, d'une délicatesse extrême. Le côté de cette galerie qui fait face à l'entrée, a une profondeur double et un rang double d'arcades, qui en font un portique magnifique. Au rez-de-chaussée, une grande salle voûtée est devenue une chapelle, à la quelle on a donné un caractère tout local de disposition et ornementation. Une autre salle servira d'office; on la lambrisse de bois de cèdre tiré des forêts de Teniet-el-Haad; le tout distribué, sculpté dans le même style.

Au premier étage, outre la galerie qui y prend encore plus d'élégance et de richesse, on trouve au fond du portique double, le salon, pièce longue, étroite, avec divan vis-à-vis l'entrée. Ce divan est presque divin; c'est une alcôve profonde, couronnée d'un dôme en dentelle de sculpture. Autour de la salle, règne une couronne du même genre, haute de 60 à 70 centimètres, et divisée en compartiments carrés, dont les sculptures et déchiquetures sont de dessins si riches, que pas un n'est la copie d'un autre. Au-dessous, en place d'astragale, sur une bande de 15 à 20 centimètres, sont écrits des versets du Coran. N'interrogeons pas ces lignes; ne leur demandons pas ce qu'elles disaient du paradis céleste, en ce lieu où on savait si bien se donner les joies d'un paradis terrestre; craignons qu'elles ne nous répondent ce qu'elles ont vu, ce qu'elles ont promis,

Pour nous distraire de ces mistères peu mistiques, revoyons la cathédrale : Extérieur et intérieur sont dans de belles proportions, ornés avec goût, avec art. L'ensemble manque peut-être de grandeur, mais ce n'est pas la faute de l'architecte, à qui on a imposé des limites trop étroites de dépense et d'espace. En somme, il me semble que c'est une œuvre qui fait honneur à son auteur, nommé Guillochard. Il est difficile, je crois, de mieux réussir à marier le genre mauresque au genre chrétien ; de mieux user de la sévérité de l'un, et de l'élégance, de la coquetterie de l'autre. Ajoutons pour l'intérieur, une observation qui n'est pas du tout artistique, c'est que tous les confessionnaux y portent chacun sur un écriteau, le nom du prêtre qui y exerce. Ce régime d'enseignes sur des confessionnaux, me fait l'effet de leur donner l'air de boutiques ; ces noms ainsi affichés, semblent mettre trop l'homme à la place du prêtre ; le prêtre à la place de son abstraction religieuse, qui seule doit être en présence de l'âme pécheresse.

De l'évêché, de la cathédrale, à la grande mosquée, Djammah Kebirah, il y a deux mondes, deux éternités, deux ciels ; en descendant la rue de la Marine, il n'y a qu'un pas. Elle est là, alignée dans les arcades que nous connaissons ; une fontaine avec coquille légère, délicate, de marbre blanc, est devant l'entrée, où elle invite aux ablutions.

Ainsi dans tout pays, les usages et les rites s'enchaînent, s'adaptent les uns aux autres. Le Musulman s'assied sur la terre ; souvent même il la baise en signe d'adoration ; de là la nécessité que cette terre, que le pavé de ses temples soient propres ; de là l'usage de se déchausser à l'entrée des appartements, à l'entrée des mosquées ; de là l'usage des babouches, si faciles à mettre et à quitter. Mais les babouches ne garantissent guère de la boue ni de la poussière. Il faut donc se laver les pieds et le faire souvent. Le même usage, le même rite, a dû interdire l'usage très-chrétien de couvrir de crachats les planchers et pavés. Aussi le crachat dans une chambre est une insulte ; c'est un sacrilége dans un lieu saint. D'après ce que nous avons dit de l'utilité, de la nécessité des babouches pour les Musulmans, on peut conclure que nos bottes, si utiles, si nécessaires pour nous garantir de la boue et du froid de nos pavés, les bottes souvent si rebelles à mettre et à ôter, suffisent à elles seules pour rendre l'Islamisme impossible dans nos contrées du nord. Ce sont elles, peut-être, qui plus que les armes de Charles Martel, l'ont empêché d'y pénétrer, de s'y implanter. Édifié de mes raisonnements, et, pour les justifier au point de vue catholique, me rappelant qu'on m'a fait pratiquer le même procédé dans mon enfance, au grand jour de la Saint-Nicolas, usage qui fleure un peu la même origine, j'ôte

mes brodequins qui sans être plus papistes que des babouches,
ne sont guères plus islamiques que des bottes.

L'intérieur est grand; plusieurs voûtes collatérales sont éclairées
par des jours d'en haut, qui y laissent en grande partie le mistère
des ombres. Au fond d'une chapelle, sont assis trois prêtres, aux
grands traits immobiles, aux longues barbes, blanches comme
leurs turbans. Quelques pénitents sont prosternés sur la terre,
qu'ils baisent à tout instant. Il n'est pas peu étrange pour moi, de
me voir seul, au milieu de tous ces gens, au fond de cette mosquée où, il y a quelques années à peine, un seul pas eût fait
tomber ma tête. Je n'y rencontre aucun geste, aucun regard de
menace ou de repoussement.

Cette mosquée est de construction récente; elle a été bâtie aux
frais de la France, pour indemniser les Indigènes, de la perte d'une
belle et grande mosquée qu'on a démolie quand on a ouvert la
place d'Orléans. Restituer ainsi, c'était faire un acte de justice, de
conciliation et de prudence. Puisse-t-il porter ses fruits; puissent
ces fruits ne pas être gâtés ou détruits par l'antagonisme clérical
qui acquiert tous les jours plus de puissance!

Il existe d'autres mosquées en assez grand nombre, mais le
lieu le plus vénéré, c'est hors de la porte Bab-el-Oued, la Koubbah, chapelle-tombeau du Marabout Abd-der-Rhaman « Esclave-
du pardon, » l'un des saints les plus renommés du pays. — L'é-
difice, quoique petit, porte plusieurs dômes. L'intérieur est très-
orné, me dit-on; mais les profanes ne peuvent pas y entrer.
Outre le tombeau du saint, on y voit ceux de plusieurs Deys,
entr'autres, celui du célèbre Barbe-Rousse, « Baba-Aroudji, Père
des pirates, » nom qu'il a si bien justifié. Cette koubbah est devenue un lieu de pèlerinage, avec légende et pièces probantes de
miracles; avec offrandes, ex-voto, etc., tout comme nos chapelles
les plus catholiques.

Evêché, Cathédrale, Djammahs, Koubbahs, ombres, silence,
passé, avenir, tout cela est sévère; allons près de là, au jardin
Marengo, voir fleurs et feuillages variés s'épanouir au soleil, à la
brise de mer. Ce jardin en terrasses, à mi-côte, au nord d'Alger,
présente à différents étages, tous les aspects de la ville-corsaire,
la belle, la cruelle Djezaïr; tous les aspects de son cadre, de son
miroir d'azur, argent et or. Des bosquets, des parterres, y réunissent tout ce qui peut faire les délices d'un jardin qui met à
contribution les produits de l'Europe et de l'Afrique. Des fontaines y joignent leur murmure, leur éclat, leur fraîcheur; une musique militaire y fait entendre ses symphonies, ses fanfares; Arabes,
Français, hommes, femmes, enfants, lionnes d'Europe, gazelles
d'Afrique, tout est gaîté, repos, confiance.

Presque au pied de ce jardin, est l'ancien cimetière Maure, main-

tenant abandonné, maintenant dans l'abandon. Sans barrière pour
protéger ses limites, il les voit refoulées, ébréchées, d'une part,
par un chemin de voitures qui n'a pas plus de limites que lui; de
l'autre, le dirai-je?... par un dépôt de boues de ville, le quel n'a
de limites lui, que la discrétion des « boueux. » Cependant, ce
lieu a été en grand honneur, à en juger par ce qui reste de ses
vestiges non brisés, mutilés ou souillés. Le sol est couvert de riches dalles tumulaires en marbre blanc, ornées de sculptures très
fines, arabesques et inscriptions. C'est là que s'élevait le mauso-
lée des six Deys qui furent élus et massacrés le même jour, 23
août 1752. Les indigènes doivent être poignés au cœur et à
l'âme, de voir ainsi profaner un de ces champs de mort aux quels
ils portent, eux, un respect si religieux. Si on ne pouvait pas
éviter la destruction de ce qui est pour eux un sanctuaire, on devrait du moins leur épargner l'outrage de la profanation.

Du reste, ils ne peuvent à cet égard, nous accuser de les traiter
en vaincus; nous n'usons pas mieux pour nous-mêmes, des droits
de la victoire. Dans ce pays nouveau, où tout est à l'avenir,
on tient peu de compte du présent, on oublie le passé. Nos propres cimetières sont dans un état déplorable de négligence. Il est
difficile d'imaginer rien de plus mal ordonné, de plus mal tenu,
de plus sale, que le grand cimetière européen qui est un peu plus
loin, au bord de la mer. Le terrain en est vaste, la position magnifique; il est peuplé de tombes richement ornées; il n'y a ni
ordre, ni distribution; s'il y a eu des allées, elles ont entièrement
disparu sous les ronces et les mauvaises herbes. Que doit penser
de nous l'Arabe, quand il voit comme nous outrageons ses morts,
comme nous négligeons les nôtres?

De ce côté le rivage est moins riche de sol que celui de l'Hamrah; mais il l'est plus sous le rapport des aspects. Il se relève
vivement au-dessus de la mer, qu'il hérisse de ses rochers. Le
petit fort dit des Anglais, s'y perche pittoresquement. Là aussi,
comme transition entre la vie et la mort, entre la ville et son cimetière, se trouve le grand hôpital qu'on a établi sur l'emplacement
de l'ancienne villa du Dey. Des salles immenses, toutes au rez-
de-chaussée, abritent les malades, tandis que les jardins, arrosés
d'eaux vives, et couverts d'épais ombrages, où déjà les bananiers
étalent leurs magnifiques fleurs, offrent aux convalescents la douce
et salutaire influence de la liberté, d'un air pur et de parfums
balsamiques.

Maintenant, pour terminer notre examen d'Alger, retournons
à son port, par où nous avons commencé, mais que nous avons
à peine aperçu, tant nous étions distraits par la première vue, par
les premiers sons, les premières voix de cette ville Africaine,
Européenne, Arabe; Française, Musulmane, Chrétienne.

Dans le court espace qu'on traverse pour y aller, tout redevient guerrier : A gauche, c'est l'ancien fort, peu fort, dit des 24 heures, peut-être parce que c'est la durée probable de sa résistance ; à droite, c'est le Fort-Neuf, qui a tout l'air de dire, lui, « nous ne compterons pas par heures ; » et, entre deux, la plaine amphithéâtrale où ont ordinairement lieu les solennités militaires, la plaine où le 5 novembre 1838, le duc d'Orléans revenant de l'expédition des Bibans, donnait un banquet d'adieu à 3,000 de ses frères d'armes, et, au bruit de leurs ardentes acclamations, recevait du plus ancien d'entr'eux, une palme cueillie aux Portes de Fer. Sur une terre encor si neuve, que d'hommes morts ; que de choses mortes ! Que ce passé d'hier est déjà loin de nous !

Nous sommes sur la jetée dite encor aujourdui de Kheir-Eddin, parce qn'elle a été construite par ce fameux frère du fameux Barberousse. Jusqu'en 1529, Alger n'avait pas eu d'autre abri à offrir à ses vaisseaux, qu'un bloc de rocher surmonté d'un petit fort nommé le Pénon, qui s'élevait isolé au-dessus de l'eau, à 175 mètres du rivage. Ouverte à ses deux extrémités, cette passe rocheuse aussi courte que étroite, pouvait abriter au plus une douzaine de galères ; souvent même la houle et le ressac y avaient tout détruit. Les Espagnols s'étant emparés du Pénon, pendant longtems il interdit aux moindres barques l'entrée du port ; il menaçait la ville de ses canons, de ses fusils ; c'était pour Alger, dit un chroniqueur Arabe, « une épine qui la perçait au cœur. » Kheir-Eddin s'en empare, et, de sa main puissante le joint à la rive par une digue large de 50 mètres. Depuis plus de 300 ans qu'elle existe, aucun assaut de la mer ne l'avait entamée ; seulement, privée de tous soins d'entretien, il s'était formé au pied, de de profonds affouillements, que nous avons comblés. Outre le vieux château espagnol, encor déchiré des traces de l'explosion de son magasin à poudre, 8 mars 1845, le plateau du Pénon, long d'environ 300 mètres, large de 60, contient un parc et des forges d'artillerie. C'est au bout de celles-ci que commence la nouvelle jetée, qui va donner à Alger le plus grand port que la main de l'homme ait créé.

Longue de 600 mètres, large de 20 au couronnement, avec une profondeur moyenne de 15 à 20, cette digue est composée de blocs de béton, dont un grand nombre, surtout ceux du fond, jaugent de 150 à 200 stères, ou de 1500 à 2000 hectolitres. Les beaux calcaires de la côte offrent heureusement tout à portée, les matériaux, pierres et chaux de cette construction. Contre une mer moins furieuse, il eût suffi d'y entasser leurs blocs naturels ; mais 6000 stères qu'on y avait jetés en 1831 ont été bouleversés, dispersés l'hiver suivant. Tels qu'ils sont, les travaux de la jetée coûtent 10,000 francs par mètre de longueur. Avec ses couronnements, mais sans le phare ni le fort qui doivent en occuper l'extrémité, elle ne coûtera pas moins de quinze millions. Une autre jetée déjà à fleur d'eau, sur une longueur de 4-500 mètres, s'avance à droite avec la même hardiesse, la même puissance. Celle-ci s'appuie à des roches sous-marines dites les écueils de Mahem, qui en augmentent la force, tout en en diminuant les difficultés. Ces deux môles embrassent un bassin entièrement clos, de plus de 50 hectares. La grande jetée a une forme qui m'a étonné, et dont on n'a pu m'expliquer le motif; elle est concave à la mer au lieu d'y être convexe. Ce ne peut être sans de graves motifs qu'on aura ainsi restreint de beaucoup l'espace circonscrit, tout en prêtant un flanc plus faible aux assauts de la mer et de l'ennemi. Quels sont ces motifs? « Hoc me fugit, fallit, præterit, » dirai-je avec Lhomond de benoîte mémoire.

Quand on parcourt la jetée, ce ne sont pas seulement les travaux qui intéressent, mais aussi le panorama dont on est entouré. Chaque point appelle les regards, inspire l'admiration. Ces regards sont les derniers que je porte sur Alger. Je m'y attache avec la mélancolie d'un adieu.

Pour me distraire de mes regrets, j'ai une ressource infaillible; c'est d'aller voir mes amis de la police, et leur demander leur visa pour Constantine. Ils m'apprennent des choses qui achèvent de m'édifier sur la prudence, la sagesse de nos administrateurs. — Votre visa? me dit l'ami que nous connaissons. Avez-vous été affiché? — Cette question me fait passer par la tête l'idée qu'il me croit mort, ou failli, ou marié, breveté sans garantie du gouvernement. Je fais comme le soldat qui se tâtait pour voir s'il n'était pas blessé, et, bien sûr que je ne suis ni breveté, ni marié, ni mort, ni failli, je demande de quelle affiche il s'agit? — Parbleu, de l'affiche que vous quittez la province! Vous ne savez pas qu'il faut affiche et annonce, trois jours à l'avance, pour quiconque veut quitter la province? — Dieu, si j'avouais que j'ignore une chose si naturelle, si juste, si utile! Je me contente de représenter que Constantine est en Algérie. — Hé bien, encor une fois, Alger et Constantine c'est deux. Voilà précisément ce que je dis; il faut vous faire afficher; dans trois jours vous partirez. — Mais le vapeur part demain. — Bah, demain! c'est changé. On ne part plus le 11, c'est le 19, à présent; ainsi vous avez le tems de faire vos publications. — Publications, je ne sais pourquoi les oreilles me tintent à ce mot; je ne l'ai jamais regardé en face; passe encor quand il promet une lune, des années de miel, quoique sans garantie; mais huit jours d'amertume contre des gens qui sont eux-mêmes très-amers; et pendant ce tems, dépenser mon argent, dont je n'ai guère; et puis, dans l'autre province, puisque Alger et Constantine ça fait deux, encor de nouvelles tribulations, de nouveaux retards! Quand et comment revenir? Impossible; il faut y renoncer! Combien d'autres se seront arrêtés dans les mêmes impasses administratives! Oh! qu'ils reposent en paix, de tels administrateurs; avec leur système, l'Algérie ne peut tarder à y reposer elle-même.

Tout cela me bourdonne dans la tête; je m'en vais comme égaré. Mon étoile voyageuse me fait rencontrer le directeur de Marengo, Il m'engage à y revenir, pour de là gagner Cherchell et Oran. — Venez, nous prendrons votre passeport. — Sans publications? — Sans publications. — Nous allons ensemble. On me le refuse d'abord; et malgré sa caution à la fois officielle et officieuse, on ne consent à me viser que pour Marengo; sauf à lui de me prolonger le visa; sauf à moi d'être retenu à Cherchell. O Mercure, que Jupiter était sot de te donner des ailes et un caducée; de te faire tant courir pour hâter les affaires du commerce! Que ne te donnait-il plutôt cette panacée sociale et commerciale, cet « alter ego » du négoce et de toute administration paternelle, cette feuille sibyllique de notre prospérité nationale, le passeport! Non, l'Olympe n'était pas si divin qu'un bureau de police; non, tu n'étais pas toi-même si divin que son chef, ton successeur à Alger! Pour te surpasser en tout point, cependant, il lui manque, ainsi qu'à ses collègues, une chose que Jupiter t'avait donnée, le don des langues. Sans doute, comme tous ces Messieurs et ceux des autres administrations, ils ont fait des études; ils savent le latin qu'on parlait dans l'Olympe; bon nombre même, on ne peut en douter non plus, ont cueilli et recueilli quelques racines de science, dans ce délicieux jardin des Racines Grecques qu'on met à l'entrée des études, comme celui des Hespérides à l'entrée de l'Elysée. Des hommes divins comme ceux-là, doivent parler plus ou moins divinement la langue des Dieux d'Ovide et de ceux d'Homère. Ils vivent au milieu d'Arabes, d'Italiens, d'Espagnols; mais que ont-ils à faire de les comprendre? Ils ont le « nutus ingens » au moins autant que Jupiter. Or on sait quel langage sans paroles lui ont adressé certains embassadeurs; quels encens ils lui ont offerts, et comme ils se sont retirés contents, quoiqu'ils n'eussent rien obtenu, que l'honneur et la sainte horreur de le voir. Hé bien, les choses se passent ainsi à Alger. Par fois même on y rencontre des parfums sulfurés, à la façon des foudres Olympiennes. Alors on admire la sagesse toute prévoyante du Créateur, qui, dans la distribution de ses dons, a réservé les aromates pour les Arabes.

Muni enfin de mon talisman, je remonte les rampes contournées que j'ai déjà parcourues deux fois, mais dont les aspects me semblent toujours nouveaux. Le soleil est ardent. A El-Biar, où la route se bifurque, je prends le petit verre d'anisette avec deux

Zouaves, mes compatriotes, qui m'y ont fait la conduite, et je m'avance triomphalement par la route de droite, suivant les traces glorieuses des premiers pas que nos Français ont faits sur la terre d'Afrique. C'est la route de Sidi-Ferruch, où en juin 1830, ils vainquirent à la fois les fureurs de la mer et celles de l'ennemi. De nombreuses fermes peuplent cette contrée; les sillons de leurs charues ont effacé ceux du combat; mais les ravins, les côteaux abrupts dont le sol est bourrelé; les bruyères, les broussailles épaisses qui s'y dressent encor, témoignent des difficultés dont il était hérissé. Sur un espace de six lieues, chaque échancrure, chaque tertre, chaque buisson a été armé, a été attaqué, défendu avec acharnement, désespoir; à chaque pas, il a fallu donner, recevoir la mort. Combien de nos jeunes soldats couraient là, à la voix de la gloire, de la renommée, qui y auront péri inconnus, qui y auront été enterrés par des mains inconnues!

La route, quoique moins large que celle de Blidah, court sur des terrassements, et à travers des tranchées considérables. C'est au mieux, si cela se continue; mais déjà à Chéraga, joli village à deux lieues d'Alger, une lacune trop longue n'a encor reçu aucun empierrement. La pierre, cependant, s'y trouve presque partout sous la main. Il n'y a de fait que les terrassements; on devrait dire, les embouements.

Que faire aussi, de routes pour ramper sur la terre, quand on sait si bien les faire pour monter au ciel? Nous avons vu comme on y a travaillé à Bouffarick et à Ben-Achnoud, sous l'inspiration des Jésuites; à Staoueli, les Trapistes ne sont pas moins bien traités : moitié environ des mille hectares qu'ils y possèdent en un seul contexte, sont en pleine culture, avec un rendement de 8 pour 1; pour leur aider à défricher le reste, on met à leur disposition 180 condamnés militaires, munis de tous leurs effets de campement! Chaque grain de plus mis en cette terre sainte, va nécessairement paver la voie du paradis pour les Trapistes, les Jésuites et compagnie; les pionniers en seront sanctifiés. Amen!

Le couvent est à peu de distance de la route; une avenue large y mène. Sur le devant, une place se développe autour d'un magnifique palmier à sept tiges. Le bâtiment n'a pas beaucoup de grandeur; il contient 60 moines, pères et frères; c'est-à-dire, maîtres et servants; si ce n'est pas très-évangélique, c'est à ce qu'il paraît, très monaco-catholique. Un des frères me fait voir l'intérieur. Dès les premiers pas dans le cloître, j'ai lieu de m'édifier; adressant une question à mon guide, je le vois se retirer sans mot dire, dans la cour, et de là seulement, me faire sa réponse. La même scène se répète souvent, car le mutisme est imposé comme règle de l'ordre, à la grande gloire et satisfaction de Dieu, qui doit voir avec une joie éternelle, qu'on mutile et annule ainsi un de ses dons les plus précieux. — Quant au dortoir et au réfectoire, on peut y parler, mais on n'y répond guère davantage. Dans le dortoir, par le milieu de sa longueur, règne une double ligne d'alcôves, de deux mètres de long sur 1^m 50 de large, séparées les unes des autres par des cloisons hautes de deux mètres, et ouvertes seulement par le pied, qui en forme le côté extérieur. Chaque frère a une de ces alcôves. Les pères, eux, ont des cellules qu'il n'est pas permis de visiter. Le réfectoire contient des tables étroites où on n'a pas de vis-à-vis; les murs portent des inscriptions de versets sur la tempérance, seul assaisonnement qu'on accorde aux repas de ces Frères-en-Dieu, servants-en-hommes.

Allez au ciel, mes frères; le chemin est dur; par contre, le mien est furieusement mou. Impossible d'y marcher; il faut me fourrer dans les broussailles qui le bordent. Il se détourne à droite pour se rapprocher de la rive. Du haut d'un tertre, je vois à peu de distance Sidi-Ferruch, Torre-chica, ces lieux dont les noms glorieux s'inscrivirent les premiers avec tant d'éclat dans notre histoire d'Afrique. Comme au grand jour du débarquement, la mer roule, gronde et se brise; quant à la plage, elle est déserte, calme, muette; alors combien elle devait être mouvante, bruyante, terrible!

Un village, Zéralda, occupe seul cette grande scène. Bien bâti, muni de belles fontaines, s'il manquait quelque chose à sa physionomie pour être toute française, il le recevrait de ses cinq gendarmes qui, en devenant Africains, n'ont rien perdu du type professionnel, tel qu'il se conserve inaltérable au milieu de toutes nos réformes et déformes. Zéralda, ce nom harmonieux et doux, est Arabe. Comme celui de Cheraga, c'est le seul vestige qui reste d'une tribu qui en occupait la place, et que la guerre a entièrement détruite.

Au-delà, la route devient meilleure; les collines du Sahel se relèvent à gauche; elles s'entrouvrent pour laisser s'écouler dans la mer, sous le nom de Mazafran, les eaux de la haute Métidja. Ce cours, qui réunit ceux de l'Oued-Jer, du Bou-Roumi et de la Chiffa, est considérable; il a 100 mètres de large; on le traverse sur un pont en bois du genre dit Américain. Quoique encor neuf, ses deux arches s'affaissent déjà de 15 à 20 centimètres dans leur milieu. Un peu de convexité donnerait à ces ponts la solidité qui leur manque, mais, pour être plus forts, ils seraient moins tours de force.

A peu de distance en amont du pont, le Mazafran traverse un bois de 400 hectares, dont la belle végétation, lentisques, ormes et frênes, montre ce que pourraient être les forêts d'Afrique si elles n'étaient pas continuellement ravagées. Le lit même du verrent est encombré de troncs d'arbres enfouis depuis des siècles, dans son limon ; ceux-ci rappellent ce qu'étaient jadis les forêts de l'Atlas.

La nuit tombe. C'est à son ombre et à sa fraîcheur que je monte la côte assez longue qui mène à Doua-Ouda. J'y soupe chez de bonnes gens qui ont cinq gros enfants, très vigoureux arguments en faveur de la vitalité de tous les âges en Afrique. Je couche dans un hangard couvert de joncs ; le lit est bon, le sommeil aussi.

La route se maintient sur les hauteurs, ou elle traverse des terres fertiles mais entièrement incultes. Puis viennent des champs, quelques fermes ; puis des clairons se font entendre, et, au pied d'un côteau, parmi des bosquets et des ruines, je vois un groupe de maisons blanches ; c'est Koléah, derrière le quel se relève la caserne des Zouaves, entourée des délicieux jardins Lamoricière. C'est à ses frais que l'illustre général de ce nom a fondé cet azyle, où, au retour de leurs campagnes, ses frères d'armes épuisés de fatigues ou de blessures, viennent se reposer, se rafraîchir « se mettre au vert » disent-ils troupièrement.

Koléah, comme l'ancien Blidah, a presque entièrement disparu ; à peine s'il en reste ça et là, quelques vestiges. Cependant Allah, dans sa toute-puissance, a préservé de la ruine la Koubbah du grand saint Sidi-Embareck, aïeul de l'héroïque champion d'Abd-el-Kader. Le tombeau qu'elle contient est l'un des plus vénérés d'Afrique. On y voit les preuves palpables de la sainteté du Marabout, savoir, les chaînes de l'esclave mahométan que, par son aspiration divine, il a rappelé tout enchaîné, à travers la mer, d'Italie en Afrique. Si d'autres n'avaient pas le monopole des vrais miracles, on devrait croire à celui-ci, puisque à Coléah comme à Rome, on prouve les choses en les montrant. Or une chaîne est suspendue à la voûte, donc c'est celle avec la quelle l'esclave a traversé la mer à la nage. Voilà ce que dit le croyant d'Afrique ; c'est ce que le croyant d'Europe dit en cas pareil ; mais ils ne peuvent avoir raison tous deux ; donc le Musulman se trompe ou trompe, et nos miracles restent prouvés. Des prières, des offrandes, des ex-voto complètent la similitude de ce but de pélerinage avec les nôtres ; il est donc aussi vain et sacrilège que les nôtres sont rationnels et saints. Voilà cependant ce qui fait que Coléah est surnommé la Sainte. Un millier de Français, deux mille Arabes, forment toute la population de cette ville, qui devrait en avoir une beaucoup plus grande, à raison de la beauté, de la salubrité de sa situation, de la fertilité de son sol, et du voisinage d'Alger. Mais nous avons vu quelle route y amenait d'Affroun et Blidah ; nous avons vu quelle route y amène d'Alger ; nous allons voir quelle route mène de Coléah à Marengo et Cherchell. Pour premier renseignement, on me dit qu'il n'y a pas

même de sentier marqué ; que je ne puis me passer d'un guide.
Ce sera Mohamed, jeune Arabe, pâle, maigre, d'une physionomie douce, intéressante.

Le sol est ferme, facile à la marche ; il est varié d'aspects et de
produits. Une chose y est bien agréable, surtout pour un voyageur européen ; ce sont de belles sources, si rares en Afrique.
Un tuf calcaire porté sur des marnes imperméables est le réser-
voir qui les alimente. Grâce à cette constitution géodésique, le
territoire des Hadjoutes où nous entrons, est ce que j'ai vu de
plus fécond, de plus riant, de plus orné en Algérie ; nos Vosges
mêmes n'ont rien de plus frais, de mieux peint et brodé. C'est
une succession continue de vallons à belles cultures, à gras pâturages, parsemés de Douairs nombreux, de grands troupeaux, et
entrecoupés de côteaux boisés, dont les bosquets ont le fourré,
la futaie de nos bois, et où les lentisques se développent grands
comme nos charmes. L'un d'eux, cependant, ne me charme guère :
Une de ses branches traverse le chemin de manière à barrer le
passage juste à ma hauteur. Je veux détourner mon cheval ; mais,
soit malice de sa part, ou maladresse de la mienne à manier le
licou biblique, il continue, et moi je glisse sur la partie la moins
noble de son dos, pour tomber sur la partie la moins noble du
mien. Si mes cheveux avaient été aussi longs et crochus que ceux
d'Absalon, je n'aurais eu à lui envier que son trone et son séraï.

Enfin, nous atteignons le pied du Kober, qui nous a servi de
jalon depuis notre départ. Nous le tournons par la gauche pour
côtoyer l'Alloulah. En ce lieu, le paysage s'anime ; des Espagnols
qui ont loué à l'Etat la pèche du lac, ont établi à la sortie des
eaux, des barrements de palis où ils prennent, dit-on, beaucoup
d'anguilles, A côté est un corps-de-garde Arabe. Au-dessus est
le « Dacherah, » gros village kabyle d'Aïn-Sidi-Rached, entouré
de grandes cultures. Tout cela est beau, mais n'est pas sans inconvénient pour nous. Les cultures nous empêchent de nous élever à la pente de la montagne ; et le lac étant gonflé, le sentier
qui en suit le bord est presque continuellement noyé. Le pauvre
Mohamed fait ainsi près d'une lieue dans l'eau.

Dans tout ce trajet pénible, pas une fois il ne se plaint, pas
une fois il ne songe à exploiter la circonstance, dans l'espoir de
tirer de moi quelques sous de plus que le prix convenu. Il est
tout patience, courage, soins et attentions. A tout moment son
cheval courageux et patient comme lui, plonge dans la vase,
bronche contre les pierres ; à tout moment, je pense qu'il va me
faire prendre un bain pour laver mon…. accident du bois.

Nous voilà hors du lac ; je reconnais mon ancien chemin du
Kober ; mais quoique vieille connaissance, il ne nous en traite pas
mieux. Plus détrempée encor que quand j'y ai passé avec Saïd, la

plaine est un véritable marais ; et je ne sais ce que je dois le plus admirer, ou l'énergie morale et physique, la constante résignation de Mohamed, ou celles de son cheval. La nuit est close quand nous atteignons Marengo. Hé bien, après tant de fatigues imprévues, quand je donne à ce bon jeune homme les 8 francs convenus, il n'y a pas un mot pour demander une gratification d'extra ; et quand je la lui donne, médiocre comme ma bourse l'exige, il est reconnaissant autant que étonné. Le parallèle entre de tels hommes et les nôtres, serait-il toujours à notre avantage ?

Redevenu colon pour quelques jours, je revois en détail des choses dont auparavant je n'avais pu que saisir l'ensemble. L'une, entr'autres, est très-intéressante pour la colonie ; c'est une machine à battre nouvellement montée. Si une telle machine peut avoir quelque part une utilité incontestée, c'est dans une colonie où les produits abondent, où les bras manquent pour les mettre en valeur, c'est en Afrique. Avec leur sagacité ordinaire, les Arabes en ont bientôt compris l'importance, ils en sont émerveillés. A les voir en cette circonstance et dans beaucoup d'autres, si aptes, si prompts à l'intelligence, on doit reconnaître que, actifs et industrieux par nature, s'ils sont restés inertes jusqu'à nos jours, c'est que, bornés dans leurs possessions, dans leurs droits, dans leurs jouissances, sans présent, sans avenir, ils ont dû restreindre aux mêmes limites leurs désirs, leur besoins, leur travail. On doit espérer que la constitution de la propriété et de ses droits, que la sécurité du commerce et de la conservation des gains qui en dérivent, que les délicatesses séduisantes de la vie européenne, en les stimulant à produire, leur en donneront les moyens, leur révéleront à eux-mêmes leurs propres facultés, leurs propres ressources.

J'ai parlé de la somptuosité européenne ; nous allons voir que l'Afrique a aussi la sienne : Un jour M. D., capitaine d'état-major, Bureau arabe de Blidah, arrive à Marengo. Il a pour mission, de convenir avec le caïd Ben-Salah, de la construction de l'habitation qu'il va se bâtir, selon l'arrêté dont nous avons déjà parlé. Après renseignements pris relativement à cette affaire, l'heure du diner étant venue, le capitaine est retenu à la direction. Sa conversation est fournie des sujets les plus intéressants, parmi lesquels dominent plusieurs épisodes très-bien dits, de la bataille d'Isly où il a assisté, et de là vie intime du maréchal Bugeaud, créateur de l'Algérie Française. Cette soirée instructive autant que agréable, se termine par une invitation à nous rencontrer demain, au marché de l'Arba, pour de là, aller ensemble déjeûner chez Ach-Kouder, « Kalifah » Préfet de la plaine.

A huit heures, notre caravane se met en route ; elle est composée de quatre cavaliers, deux dames en cacolet, plus un soldat du train et moi à pied. Le tems est beau, très-chaud; j'en ressentirai d'autant moins l'inconvénient de passer les rivières que nous rencontrerons. Grâce aussi à ce beau tems, le marché est nombreux. Il justifie l'importance qu'on y a attachée en tout tems; il explique l'existence du fort que les Turcs avaient élevé dans le voisinage, au pied du Sahel, et dont il subsiste encor de belles ruines. Mille ou 1200 Arabes y sont réunis; il y a quantité de bestiaux, chevaux, bœufs, bourricos, chameaux. Ces derniers surtout, méritent d'être observés. Les uns arrivent, plient les jambes, se prosternent pour qu'on puisse plus facilement ôter leur charge; d'autres en font autant pour qu'on puisse les recharger; mais tout en remuant mollement le cou et laissant flotter leur regard vague, ils indiquent par un cri aigre, un braiment râpeux, que cette seconde opération leur va beaucoup moins que la première; enfin d'autres sont en halte, attendant que le marché finisse. Cette halte est presque un supplice; en effet, à défaut d'arbres ou de piquets où on puisse les attacher, les Arabes ont imaginé le moyen très-simple, mais tant soit barbare, de leur plier une jambe de devant et de leur lier le pied à l'épaule. On voit ainsi ces grandes bêtes, rester plusieurs heures de suite le pied en l'air comme des Brahmines, qui peut-être auront emprunté d'elles cette manière d'adorer le Grand-Tout. Qui empêche même de croire que, grâce à la métempsychose orientale, de même que les âmes des Juifs passent dans les bourricos, ainsi celles des Brames passent dans les chameaux? Chevaux et mulets ont les pieds attachés deux à deux, de manière que quand ils veulent changer de place, ils sont réduits à faire des sauts de crapauds. Quelles sont les âmes qui sautent ainsi? Sans doute celles des gens qui sautent pour les autres.

Outre les bestiaux, il y a quantité de marchandises, grains, fruits, volailles; et puis, sous des tentes, de nombreux étalages de blimbelotteries, étoffes, parfums, teintures pour tatouage; verroteries; bracelets d'étain ou argent, pour bras et jambes; chapelets, amulettes, pendants-d'oreilles, tout ce qui peut piquer la convoitise des femmes et la galanterie très-peu piquée, très-peu piquante de leurs maris. Nous autres Européens, épars parmi cette multitude, ne sommes pas pour elle, chose moins étrange que ne l'est pour nous tout cet ensemble, y compris les chameaux tripèdes et les chevaux bipèdes,

Un trait saillant aussi, de ce grand tableau Africain, ce sont les tentes des chefs des environs, qui sont venus selon l'usage, pour rendre la justice, comme nos juges de paix, mais avec des pouvoirs bien plus étendus. Chaque tribu du califah a ainsi son tribunal composé de son Caïd, assisté comme conseil, de quelques anciens et notables. La gravité musulmane va merveilleusement au caractère de ces juges. Ils sont assis en cercle, au fond de la tente, tenant en main leurs longs chibouks, dont les aspirations et les exhalaisons figurent très-bien les inspirations de la vérité et l'expulsion des fumées de l'erreur. Grâce à cette garantie de justice, les jugements sont prompts, irrévocables, exécutés sur le champ. Le Chaouche ou Exécuteur, est à l'entrée, disons plutôt, à la sortie de la tente, avec son bâton d'état, toujours prêt à accomplir les volontés de Thémis. Il est très-curieux, je ne puis dire d'entendre, mais de voir l'éloquence avec laquelle les accusés, les plaidants, défendent, développent leurs causes; la facilité d'élocution, les tons de voix, les gestes, tout semble avoir un entrain et un à propos qu'on rencontre rarement ailleurs. On sait, et il est bien réel, que les Arabes possèdent un art tout particulier de raconter les faits, d'énoncer d'une manière brillante leurs sentiments, leurs idées.

Ce qui ne contribue pas peu à donner de la solennité à ces tribunaux, ce sont les beaux coursiers sur les quels les juges y sont venus. Ils sont là, vis-à-vis la tente, rangés en ligne, le long d'une corde, à la quelle sont attachés leurs pieds de devant. Fiers de leur beauté, de leur riche harnachement et de leur noble race, ils piétinent, ils hennissent, ils se cabrent; on dirait de la coquetterie, si on pouvait la supposer dans leurs grands cœurs. La tente, les chevaux d'Ach-Kouder se distinguent entre tous. Les Spahis aux manteaux rouges y attirent de loin les regards. Comme j'en approche, ses gens amènent un Arabe garrotté de cordes. J'apprends que cet homme est accusé d'avoir assassiné, il y a cinq ans, le gardien d'un télégraphe; que depuis lors, il s'est dérobé aux recherches de la police Arabe et Française; qu'il vient d'être reconnu et saisi sur le marché. Comme son compte ne peut pas se régler par le bâton du Chaouche, on l'envoie immédiatement à Blidah, sous la garde de qui? de quatre Arabes!

Nous partons en même tems. Notre cortége alors est nombreux, varié : C'est d'abord le prisonnier et ses gardes; puis le capitaine, le kalifah, ses collégues, les spahis, et notre groupe de Marengo; cavaliers, piétons, manteaux rouges, burnous blancs, uniformes français, robes et ombrelles françaises, c'est une scène des plus curieuses. Elle dure ainsi quelque tems; puis, par un mouvement rapide, une course à fond de train, Ach-Kouder, tribunal, capitaine, spahis, prennent les devants, pour aller ordonner la « Diffah, » le repas de l'hospitalité.

Il nous reste 2-3 lieues à faire à travers des marécages récemment desséchés, dont toutes les aspérités ont la dureté de la pierre. Le pied s'y fatigue; le soleil brûle; la plaine est sans ombre; nous y avons pour tout rafraîchissement deux rivières à traverser. Enfin, voilà le Douair, la Smalah du Kalifah. C'est comme

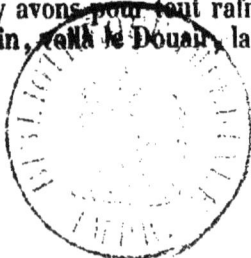

7

tous les autres, un assemblage de grandes tentes informes, brunes et noires. Deux cependant, sont un peu séparées du groupe; ce sont celles des étrangers; l'une même est à la française; c'est celle qui nous est réservée. A l'entour, sont tenus au piquet, les chevaux des chefs et des spahis; au devant, se développent en éclaireurs, plusieurs meutes de dogues qui nous accueillent par des cris et des grimaces, fanfare de réception qui a l'air de nous dire : donnez-vous la peine d'entrer... dans nos gosiers. Les gens d'Ach-Kouder les calment ou satisfont à coups de bâton; et Ach-Kouder lui-même, sans doute aussi satisfait que ses chiens, vient à notre rencontre. Il ne parle pas français, ce qui fait que les compliments de part et d'autre ne sont pas longs. Pour ma part, je n'en réclame pas davantage, car j'ai à bon droit rude faim et soif. Nous sommes installés dans la tente française. Mais quelle que soit la beauté des tapis et nattes qu'on y étend par terre, quand on n'est pas Arabe, réduit par la maigreur à l'état de ruban, certes, ce genre de siège est bien peu commode, surtout pour un repas. Plié en trois, presque coupé en deux comme des grenouilles sur l'étal d'une poissonnière, pour peu que le cercle dont on fait partie soit nombreux, chaque fois qu'on veut atteindre le plat-gamelle qui est au milieu, il faut qu'on pirouette sur ses jambes tordues, au risque de se rompre pieds et genoux, ou de se disloquer un tendon; sans compter que dans cette manœuvre gênée de déglutition, on est fort exposé à gagner des points de côté, qu'il est également incommode de garder ou de chasser.

Le premier mets est le sacramentel cousse-coussou avec son lait et son rôti. Puis en succession rapide, une foule de plats de viandes, la plupart très-bien accommodées, mais aux quelles nous avons à peine le tems de nous graisser les doigts. On nous sert aussi, et on enlève encore plus vite, des gâteaux au miel, de différentes sortes. Quant au rafraichissement si nécessaire par un tel tems et avec de tels mets tous fortement épicés, on nous apporte un breuvage très-tanique, si non tonique; c'est de l'eau puant l'outre de manière à en effacer toutes les autres puanteurs. Enfin, qui le croirait? On termine ce repas Africain, Arabe, Kalifaté, sans nous offrir le café. Il y a des choses qui sont dures à avaler; mais il y en a aussi qui sont plus dures à ne pas avaler du tout; celle-ci peut se mettre du nombre.

Selon l'usage Arabe, qui a bien son mérite pour le maitre ainsi que pour ses hôtes, Ach-Kouder n'a pas paru pendant le repas; il vient à la fin, recevoir nos compliments et adieux. Selon l'usage aussi, on nous présente à la ronde, un bassin plein d'eau, pour laver nos mains-fourchettes; et, pour les essuyer, un linge d'autant plus commode à cet usage, que de nombreux trous de souris permettent de l'employer en tout sens, sans le retourner. Une jeune Européenne qui a assisté au repas, s'en sert même très-habilement pour montrer ses jolies mains. Ici habileté ne veut pas dire promptitude.

Grâce à celle des desservants, presque tous les mêts sont revenus à peine entamés à l'office d'Ach-Kouder. Quant au cousse-coussou et au rôti, ils ont subi leur destinée, qui est de passer de cercle en cercle, jusqu'à entière consommation. Ils vont du nôtre à celui des spahis ; puis à plusieurs groupes d'Arabes du voisinage, qui sont venus alléchés par cette douce perspective. Il va sans dire que, selon la règle universelle de justice distributive, le cousse-coussou hospitalier suit dans sa marche, la gradation inverse des besoins ; les plus beaux burnous sont servis d'abord ; ensuite viennent les plus déguenillés. La nécessité comme les convenances, limitant le nombre des cuillerées que chacun a le droit de prendre, il est curieux de voir l'adresse que ces gens mettent à les bien charger, et l'élasticité alligatorienne avec laquelle leur tube si sec et si coriace, absorbe ces énormes boulettes.

De nouveau la brillante cavalcade de spahis s'élance au galop pour Blidah ; et nous reprenons au pas le chemin de Marengo. De nouveau aussi, ce sont les boues anguleuses et dures, les rivières à traverser, les oignons, les broussailles, et le soleil ardent, brûlant.

Le lendemain, je me mets en route pour Cherchell. Mes amis m'accompagnent jusqu'à la fontaine du Menrad, et là, adieu ! Oh, adieu en terre étrangère, lointaine, où parmi les hommes et les choses, parmi les tems et les lieux, rien n'existe avec vous, pour vous ! Non, celui qui n'a pas quitté le foyer domestique ; celui qui n'a pas quitté sa nation, cette grande famille où tout lui redit sans cesse, que tout y est né et vit avec lui, celui-là ne sait pas ce que veut dire adieu ! Il ne sait pas comme ce mot tombe puissamment au fond du cœur, le remplit et le relève, après l'avoir d'abord affaissé.

Je repasse seul et triste, dans les lieux où plusieurs fois, j'ai causé gaîment France et Lorraine avec mes bons Lorrains ; ils n'y sont plus ; adieu ! Ces lieux aussi, je ne les reverrai plus ; adieu !

De nouveaux sites cependant, me distraient de ces pensées de tristesse. Ils sont variés ; ils sont beaux ; c'est une nature Alpestre, presque Vosgienne, qui semble me parler patrie ; les Arabes que je rencontre échangent avec mon bonjour, un « Salamou » tout hospitalier. L'un d'eux m'aborde amicalement ; il parle français ; il m'a vu plusieurs fois au marché Arabe ; il m'a reconnu ; et c'est encore un compatriote qui me dit adieu. Plus loin, je suis incertain sur le chemin que j'ai à prendre ; j'attends. Un jeune Arabe vient à passer ; lui encor parle français ; il me répond avec une obligeance toute française ; et deux cigarres, une poignée de main, scellent cette amitié si tôt liée, si tôt dénouée. Cependant tous et toutes ne sont pas, ou ne me supposent pas en si bonnes dispositions. A quelques pas de là, une femme et deux enfants m'apercevant, se sauvent dans les broussailles, et à leur place, viennent trois chiens à la façon de ceux d'Ach-Kouder. Moi, je les traite à la façon de ses gens : je les satisfais sans trop de peine, en leur appliquant quelques préceptes de la science du bâton, dont j'ai appris dans le tems la théorie.

Je monte une côte par un sentier de traverse. Du sommet, j'ai une belle vue sur des collines boisées ; dans le lointain, je revois les toits rouges, les murs blancs de Marengo. Au bas, de l'autre côté, le pays est couvert, solitaire ; une petite maison abandonnée, bâtie hier, en ruine aujourdui, ajoute à cette solitude une tristesse tumulaire. Tout cela contribue peut-être à me faire voir quelque chose de sinistre, dans l'air et la démarche d'un Arabe qui se trouve sur mon chemin, arrivé de je ne sais où. Il a la mine sauvage ; ses vêtements sont ceux de la misère ; il semble manœuvrer de manière à se tenir derrière moi ; je manœuvre de manière à me tenir derrière lui ; et je ne sais trop par quelle manœuvre nous finirions, si l'apparition tout opportune de deux spahis ne le faisait disparaître comme il est venu.

A quelque distance de là, je passe devant un café corps-de-garde ; puis commence la rampe du Djebel-Bou-Rouis, montagne élevée, derrière la quelle est le village-colonie de Zurich. Je monte par un chemin creux, dans une forêt assez maigre, mais sans lacunes, de pins d'Alep et de Thuyas articulés, au vert tendre, au feuillage délicat. La montée est longue, rapide ; le chemin n'est souvent qu'une rigole étroite et profonde, que les eaux d'hiver ont coupée dans la marne et le tuf ; tout est aride ; la chaleur ardente ; ce n'est pas sans fatigue que j'atteins le sommet. Une fois encor, je regarde la Métidja, le Ménacer, le Chénoua, l'Atlas et le Kober-Roumia. Une fois encor, adieu ; je ne les reverrai plus !

Là en effet, commence la descente du côté de Zurich. Bientôt je le vois au fond de sa vallée presque aussi Suisse que son nom ; des monts élevés l'entourent ; une large rivière, le Hachem, coule devant. C'est l'entrée d'une nouvelle phase de mon voyage ; j'ai besoin de m'y arrêter, de laisser les scènes que je viens de quitter, s'enchaîner à celles qui vont se dérouler encor ; une halte d'une heure reposera ma tête et mes pieds.

Des chemins creux comme à l'autre pente, s'entrecroisent ; les broussailles et palmiers nains succèdent à la forêt ; je traverse quelques ravins argileux qui heureusement sont presque secs ; je suis au bord du Hachem. Il est beau et large ; mais en ce moment je lui ferais volontiers grâce de tant de beauté, car son pont est à

la mode Africaine; pour plus de solidité, il passe par dessous
l'eau. Du reste, pour peu qu'on soit Africain soi-même, on fait
son pont à chaque rivière, sur les cailloux du fond; j'en ai déjà
fait deux depuis Marengo; celui-ci est plus long, mais il n'en coûte
pas davantage.

A la rive gauche, est un camp qui vient de s'installer pour les
travaux de la route de Milianah. Il est onze heures, c'est l'heure
du repos; tout y est dans le silence et l'immobilité. A sa position
Suisse, le village joint une propreté, une tenue qui justifie doublement son nom; mais l'industrie agricole y paraît peu développée. Zurich faisant étape entre Cherchell et Milianah, a dû faire
la part du transit considérable qui s'y opère. Aussi, je trouve
nombreuse et bruyante société à l'auberge. Cette première nécessité une fois desservie, on peut espérer que les autres industries
secondées par elle, ne tarderont pas à y grandir. Une chose va y
contribuer puissamment; c'est la route de Cherchell, qui est sur
le point d'être terminée. Dès la sortie de la colonie, les terrassements sont faits, mais non encor empierrés; de sorte que pendant une demi-heure, il faut suivre l'ancien chemin, qui n'est
autre chose qu'un fossé bourbeux. Quand j'atteins la portion ferrée, l'heure du travail rappelle sur les chantiers, les soldats d'un
second camp pittoresquement placé à mi-côte. Les uns viennent
parer les terrassements qui, ici comme ailleurs, n'ont que trop
de parure; les autres, en plus grand nombre, s'éparpillent aux
flancs escarpés des montagnes qui longent la vallée, pour en
arracher et dérouler les matériaux d'empierrement. Ces soldats se
répandant ainsi armés de pelles et de pioches, dans des lieux où
naguères les baïonnettes et les balles pouvaient seules leur ouvrir
un passage; leur gaîté confiante, leurs chants, leurs sifflets, leurs
rires, la foule des contrastes qui en jaillissent, animent singuliè-
rement cette scène sévère, encore empreinte de solitude, de silence, on dirait presque de mort. Un tableau imposant s'y ajoute;
c'est, au débouché d'une petite vallée de gauche, un aqueduc
romain, haut d'une vingtaine de mètres, et conservant encor
entières, douze des quinze arches qui le portaient. Les pilastres
très-délicats, sont consolidés par des arcs-boutants qui, vers le
milieu de la hauteur, s'appuient de l'un à l'autre. Ce second fes-
ton d'arcades est d'un effet très-avantageux, non seulement pour
la solidité, mais aussi pour l'élégance de la construction. Pour
compléter ce bel ensemble, sur un tertre voisin, est un corps-
de-garde Arabe, avec son gourbi, son feu, ses burnous.

Les cultures qui ont cessé pendant quelque tems, recommencent plus grandes et plus belles, surtout à la pente de gauche, où
parmi plusieurs fermes, se distingue une villa agricole, dont l'a-
venue plantée d'arbres vient aboutir à la route. Un jeune Arabe

en descend; enfant d'une dixaine d'années, d'une physionomie fine et douce, il m'aborde familièrement et entame avec moi, en très-bon français, une conversation pleine d'intérêt et de convenance. Il va à Cherchell; sa causerie m'abrégera la longueur du trajet, qui est encor d'une lieue et demie.

La route montant à gauche, laisse à droite la vallée du Hachem, pour redescendre dans une autre qui aboutit à la mer, près de Cherchell. Là, deux petits torrents, l'Oued-Ndara et l'Oued-Bislack, réunissent leurs eaux au pied d'un second aqueduc beaucoup plus grand, mais aussi, beaucoup plus mutilé que le premier. Un des pilastres qui a été rongé à sa base, reste sur une pointe aigüe, sans autre appui que l'équilibre de sa masse. On avait construit tout récemment un pont à côté de ce vieux monument; mais, comme pour accuser l'imperfection de l'art moderne comparé à l'art ancien, déjà une pile de ce pont s'est écroulée.

Cet aqueduc, ce pont, sont à trois kilomètres de Cherchell. Dès-lors, tout en annonce l'approche. La fille de l'antique capitale de Juba, a conservé quelques lambeaux de la splendeur de sa mère; elle a encore, et elle ne méconnaît pas, la richesse de son sol, ses eaux abondantes et pures, le luxe de sa végétation. Prés, orges, blés, vignes, oliviers, figuiers, amandiers, orangers; nombreuses habitations qui se partagent ces trésors; aspects délicieux sur la terre et sur la mer; tout redit, explique la grandeur passée. La route et la ville s'appuient à la pente des monts qui forment la rive. Cette rive est peuplée de métairies et de villas, parmi lesquelles se relèvent le minaret et les dômes d'une Koubbah-Djammah, que l'on dit très-belle et très-vénérée, mais dont l'entrée est difficilement ouverte aux profanes. Culture et population se répandent au flanc des montagnes jusqu'à leurs sommets. Ces sommets sont encor couronnés des blockhaus, des petits forts et batteries qui mesuraient l'étroite enceinte où Abd-el-Kader avait réduit notre conquête. Jusque là s'étendaient autrefois les faubourgs de Césarée, qui avait 2,000 mètres de diamètre, et qui maintenant n'en occupe pas 700. L'entrée cependant, a de la beauté, presque de la grandeur; une terrasse ou esplanade plantée d'arbres à large feuillage, de l'espèce je crois, du Bellombra, s'étend à droite vers un vieux fort, dit le Donjon des Espagnols. Ce fort est armé de créneaux, mais grossièrement construit, de débris romains. Comme la Casbah de Milianah, il sert de prison militaire. Vis-à-vis, s'ouvrent deux rues en équerre; l'une, qui continue la route, est assez bien bâtie; elle est peuplée d'Européens, la plupart marchands; l'autre, qui mène au quartier Arabe, est bordée de maisons basses, de petites boutiques, où se vendent fruits et légumes. Plus haut, sur un plateau parsemé de ruines antiques et mauresques, on a construit au temps de l'occupation restreinte, une immense caserne qui, comme celles de Bouffarick et Douéra, est presque abandonnée. Sous cette caserne, se voient parfaitement conservées, plusieurs citernes romaines, caves contiguës, longues de 8 mètres, larges de 5, hautes de 6. L'eau y est de la plus grande pureté, et surtout, d'une fraîcheur presque glaciale.

Ressortant de la ville et montant à travers quelques jardins, on trouve l'arène et l'amphithéâtre d'un cirque. Ils sont entiers; mais l'arène est devenue un champ de fèves; et les degrés mutilés sont effacés, chargés de ronces et de broussailles. Tout à côté, deux pans élevés de ruines à portiques, suspendent dans l'air leurs arcades brisées; des plantes rampantes les enlacent de leurs franges légères et fleuries; des buissons les festonnent. Encadrées dans ces ruines, sont deux salles arrondies par le fond, comme l'étaient les anciens temples; comme l'est encor celui que nous avons vu à Tipaza. D'autres ruines, mais plus ruinées, parsèment les jardins voisins. On les quitte pour ne plus songer qu'à admirer la prodigieuse fécondité qui de toute part couvre le sol. Les récoltes sont magnifiques; souvent elles se doublent; il en est même qui se triplent; ainsi tels blés se fauchent comme fourrages, qui se fauchent comme céréales, et sont remplacés par le coton. Des sentiers bordés de haies vives, où l'iris panaché mêle ses couleurs variées à l'éclat, au parfum de l'aubépine, où l'aloès et le figuier de Barbarie croissent en arbre, tout séduit, enchante le regard, charme les sens. C'est là que j'achève délicieusement ma journée; c'est de là que je contemple dans toute sa magnificence céleste, terrestre et maritime, un coucher de soleil qui, comme tant d'autres, ne ressemble à aucun autre; mais dont la description ressemblerait, je le crains, à toutes les autres.

Le lendemain, je descends au port où conduisent des rampes en lacet, taillées dans les rochers qui portent la ville et le Fort Espagnol. Semblable à la Darse d'Alger, petit comme elle, protégé comme elle par un massif de rochers et un pènon, ce port avait à peine 70 ares de superficie, sur une profondeur de 1^m 50 à 2 mètres; on a doublé ces dimensions; de plus, on l'a complété par une jetée de 128 mètres, semblable aussi à celle de Kaïr-Eddin, à Alger. Un port de 70 ares, dira-t-on, pour la grande, la somptueuse Jole, la « Regia Jubæ, l'illustris Cæsarea, » et avec cela, 1^m 50 de profondeur! Ce devait être à peine assez pour ses barques de pécheurs ou ses gondoles promeneuses. Oui; mais regardez à l'avant-port : voilà un îlot qui se rapproche du pènon, et que des enrochements reliaient à la pointe orientale de la côte; c'était une digue de 400 mètres qui embrassait 16 hectares.

Malheureusement, ces enrochements brisés ne servent plus qu'à

rendre difficiles les approches du port actuel.C'est un grave inconvénient. Les vaisseaux à vapeur eux-mêmes, ne pouvant approcher dans les gros tems, se voient quelquefois obligés de passer et
repasser sans déposer ni prendre dépêches et voyageurs. Ils font
ce double trajet en une semaine; donc Cherchell peut être 10-12
jours et plus sans correspondance; avis aux colons, aux commer-
çants. Comme à Tipaza, les quais étaient chargés de constructions, dont les ruines couvrent encor le sol. Des bassins de bains
y sont revêtus d'un stuc si bien conservé, si brillant, qu'il semble
posé d'hier. Le rocher-pénon portait un temple qui y a laissé de
grands débris. Ce temple s'y appuyait du côté de la mer; on a
trouvé et prouvé que c'était un temple de Neptune. Au-dessus,
s'élève un petit fort. Un grand nombre de condamnés militaires
sont occupés à trancher le rocher du côté du port, pour y ouvrir
une rampe commode. —Qui s'en servira?— L'allumeur du phare.
— C'est évidemment plus urgent que de rétablir par exemple, le
pont de l'aqueduc, ou d'en faire un à Zurich.

La mer est belle; elle bat les rives de ses vagues bleues, elle
suspend ses franges d'argent aux rochers noirs qui la bordent; je
la suis vers l'ouest, à travers des scènes variées de cultures et de
ruines, mais moins riches de produits et d'aspects que celles de
l'est. Là, solitaire et calme entre les mouvements de la mer et
ceux de la route, est le Champ de la mort, qui, lui aussi, par sa
grandeur et sa position, pourrait figurer dignement à côté des
champs de la vie, mais qui est sâle et flétri d'abandon, comme
celui d'Alger. Au-delà, pose coquettement la petite colonie de
Novi, entourée de tout ce qui peut donner à sa population, agrément et abondance.

Revenu en ville, je visite le Musée, habitation mauresque, où
on a réuni les sculptures antiques découvertes à Cherchell. Malgré
le peu de durée de notre occupation, la collection est déjà considérable pour le nombre comme pour la qualité. Tombes, bas-
reliefs, chapiteaux, statues, y sont la plupart d'une belle exécution. J'ai remarqué surtout deux têtes d'une pureté grecque. Le
souvenir me fait défaut pour d'autres morceaux très-distingués.

J'avoue à ma honte que j'ai conservé un souvenir plus fidèle de
certain morceau délicat, mignon, tendre, fin, appartenant à un
être aussi beau que cruel. Mais aussi ce morceau c'était une.....
faut-il le dire?—Oui. — Hé bien, c'était une cuisse de.... — Une
cuisse de?—De Panthère, qui fut servie à la table du capitaine du
génie M., où j'avais été invité avec une obligeance que je n'ou-
blierai pas non plus. La Panthère est comme je l'ai dit, délicate
et tendre, autant que cruelle; elle y joint la beauté. Ne trouve-t-
on pas aussi en Europe, ces qualités réunies sous un autre nom?
— Demandez aux chasseurs.

Quand part-on?— Oh! vous pouvez dormir tranquille, me dit l'hôte; d'abord on tire un coup de canon dès que le vapeur est en vue; et puis, moi, c'est mon affaire; je vous éveillerai; reposez vous sur moi.— De crainte de retard pendant la nuit, je le paie d'avance et vais me coucher. Heureusement, tout en me reposant dans mon lit et sur mon hôte, je peux aussi me reposer sur moi. A minuit, le canon tonne; je cours à l'escalier; rien, personne. Je m'habille à la hâte; j'endosse le sac; j'appelle, je frappe; rien, personne. Le tems presse; je descends à tâtons; la clef est restée sur la porte; ma foi, puisque l'hôte a dit que je pouvais compter sur lui, il peut bien y compter lui-même; fermera qui voudra. Je cours, je traverse la ville, l'esplanade; sans songer aux ressauts de la rampe qui descend au port, je continue à courir; je tombe de 4-5 mètres de hauteur. Je crois que c'est fini du voyage. Non, je suis sur mes pieds; je cours de plus belle. Je suis dans la chaloupe. Le fallot du vapeur nous appelle; nos rames y répondent en faisant jaillir de la mer une foule d'étincelles.

Le pont du vaisseau est un vrai bivouac de guerre; il est couvert de soldats roulés dans des couvertures de campement, et dormant pêle-mêle, entassés à toutes les places que le service de la manœuvre n'occupe pas. Le calme du tems nous permet de ranger de très-près la côte, de sorte que malgré l'obscurité de la nuit, j'en entrevois les formes hautes, abruptes, çà et là entrecoupées par le débouché de quelque rivière, de quelque vallée. Il va sans dire que cette belle nuit a ses étoiles, et qu'elle est suivie d'un beau lever de soleil. Qu'on me fasse grace de la description; j'en ferai grace aussi. Je dirai seulement que, à ce moment, nous approchons de Tennis. Cette ville est petite; elle n'a pas de port; mais sa position, ses vastes bâtiments publics, semblent indiquer qu'elle a de l'importance. Une grande barque vient prendre à notre bord, des munitions de guerre.

A ce moment aussi, je m'approche pour la première fois, du gaillard d'avant, où sont enchaînés par les pieds, six condamnés militaires, et deux Arabes. Les condamnés affectent comme d'ordinaire, l'audace et l'insulte. Quant aux Arabes, à en juger par leurs vêtements, par la dignité de leurs traits et de leur maintien, ils ne doivent pas appartenir à la classe vulgaire: L'un, déjà d'un age mur, a la face fortement caractérisée; il ne dompte que avec effort, l'indignation concentrée que lui inspire la vue, le bruit de ses chaines; à le voir, on croit entendre un rugissement intérieur; l'autre, beau, jeune, doux comme son visage imberbe, fléchit à son sort avec la souplesse de ces plantes rapidement élancées, que la tempête courbe sans les briser. Seuls au milieu d'une foule étrangère et rude, qui ne comprend pas plus leur douleur que leur langage, ils sentent eux, tous les déchirements de la vie à la quelle on les arrache ; habitués à parcourir en liberté les plaines et les montagnes de leurs vastes solitudes, tout se ferme devant eux, excepté la porte d'une prison ! Il n'est pas possible de ne pas lire toutes ces douleurs tracées en caractères profonds dans leurs belles physionomies. Cette scène m'attache, j'y reviens souvent. Vers le milieu du jour, le défaut d'air sous le gaillard, le soleil qui y donne en plein, y produisent une chaleur de four. Le jeune Arabe est plus abattu ; son compagnon, peut-être, son père, roule ses yeux plus crispés, plus brûlants. L'intérêt avec le quel je les regarde, lui inspirant quelque confiance, il me fait signe qu'il a soif. Je m'empresse de le dire à un servant qui regarde et s'en va ! Les deux malheureux se recouchent sur leur douleur ; ils ne se plaignent pas ! Je fais appel à la pitié d'un matelot qui, aussi rude que bon, ne répond pas non plus, mais leur apporte un barillet d'eau. Dire leur joie, et, avant leur joie, la reconnaissance de ces pauvres gens, les regards, les gestes avec les quels ils l'expriment ; et puis l'avidité avec la quelle ils éteignent le feu qui les dévore, et leur reconnaissance encor quand leur soif est apaisée, c'est dire la joie que j'en ai ; c'est dire comme le cœur de ces hommes que l'on croit si bas, est capable de répondre à tout appel qui l'élève.

Près d'eux est un être bien déchu aussi, et qui rappelle une grande déchéance, c'est l'ancien cheval de bataille du duc d'Aumale, récemment acquis par un commandant de chasseurs ; grand, beau, puissant et fier, il ignore les caprices cruels de la fortune, dont son premier maître a été victime ; plus heureux que lui, longtems encor il sera soigné, caressé, flatté ; la vieillesse seule lui apprendra l'ingratitude des hommes !

Sur la côte, les mêmes aspects continuent : Monts escarpés, plongeant dans la mer ; flancs couverts de paturages et de broussailles ; quelques anses, et, çà et là, quelques champs cultivés, révélant seuls l'existence de rares Douairs, qui restent cachés dans les ravins.

Mostaganem avec ses belles constructions, son port actif, ses 10,000 habitants et la riche nature qui l'environne, ranime la vue, et porte la pensée vers des tableaux plus heureux. Là encor, il y a un grand mouvement de départs et d'arrivées à notre bord. Là enfin on débarque la femme d'un officier qui a fait trois fois le trajet entier, sans pouvoir toucher au port, le mauvais tems ayant tout autant de fois empêché le vapeur de s'arrêter.

Voilà les chances que l'on rencontre en Algérie. Souvent elles se combinent d'une manière mistifiante ; témoin un voyageur que nous avons laissé à Cherchell : Voulant quitter cette ville où des affaires l'avaient appelé, huit jours à l'avance il a écrit à Alger, pour qu'on fit ses publications et qu'on lui envoyât son passeport. Le vaisseau venu, il s'y transporte avec ses effets. « Votre passeport — lui demande le comptable. — Mais il est à bord ; c'est vous qui l'apportez. — Pas du tout, mon cher monsieur. S'il était dans le paquet Cherchell, nous n'en savons rien, nous autres. Voilà la barque du port qui l'emporte. Allez voir à la police. D'ailleurs il vous faut son visa, et vous ne l'aurez que demain. Vous avez le tems, puisque nous n'arrètons ici qu'une demi-heure. Nous vous prendrons au premier voyage ! » Huit et huit font seize ; qu'on ajoute à cela, des retards comme ceux que a subis la dame en question, et on trouvera qu'on peut être ainsi retenu sur place pendant un mois entier. Répétons-le : « Allez, faites des affaires, » et vous direz avec nous : « Quand la voie de mer est si bien servie, celle de terre devient inutile. Avec de tels moyens, les Romains eux-mêmes n'eussent pas songé à faire des routes. »

Ce n'est qu'à travers les voiles déjà·épais du soir, que nous apercevons les tours de Mazagran qui, lui aussi, a été vanté, admiré ; qui, lui aussi, est méconnu, oublié ; triste exemple de l'injustice avec la quelle la fortune se joue des hommes, soit pour les élever, soit pour les abattre. Voici ce qui, il y a onze ans, a été proclamé par toutes les voix de la renommée : « Le 3 janvier 1840, 123 hommes de la 10e du 1er bataillon d'Afrique, commandés par le capitaine Lelièvre, sont attaqués par plusieurs milliers d'Arabes, sous les ordres de Ben-Tami, lieutenant d'Abd-el-Kader. Ils soutiennent 4 jours de siége, 2 assauts et tuent un grand nombre d'ennemis. Mais leurs vivres et provisions sont épuisés ; ils vont faire sauter la place et s'ensevelir sous ses ruines, quand on vient à leur secours. » Cela a été proclamé ; cela a été acclamé ; cela est nié ou dédaigné !

Un fait qui n'est pas contesté, triste privilège du malheur, c'est le désastre que les Espagnols ont subi sur le même champ de bataille si glorieux à nos armes : « Il y a 200 ans, 12,000 hommes commandés par le comte d'Alcaudète, viennent attaquer Mostaganem ; ils sont repoussés ; ils se retirent sur Mazagran ; une panique se répand parmi eux ; leur général qui veut les retenir, est écrasé sous les pieds des fuyards ; 800 hommes sont massacrés ; le reste est fait esclave ! »

Nous croisons la rade d'Arzeu pendant la nuit. La grandeur même de cette rade, la meilleure de toute la côte, devient un obstacle à la prospérité de la ville qu'elle baigne. Le détour qu'il faudrait faire pour y toucher, en écarte les vaisseaux, vapeurs et autres. C'est d'autant plus à regretter, que Arzeu est dans une position délicieuse, que tout son territoire est un jardin d'une merveilleuse fécondité. La voie de mer lui manque ; il n'est pas besoin de dire qu'il n'en a guère plus du côté de la terre. Ainsi on l'a vu regorger des produits de son sol, tandis que la disette régnait à Mostaganem qui en est à 13 lieues.

Au lever du jour, nous sommes en vue d'Oran qui se développe pompeusement aux flancs, aux sommets de ses rochers, de ses monts couronnés de donjons, de forts, de bastions.

Cependant Oran n'a pas de port; c'est à Mers-el-Kébir, à 6,000 mètres au nord, qu'il faut en chercher un. Par compensation, la nature en a fait ici largement les frais; elle y a ménagé entre deux montagnes, une anse d'un bon ancrage, qui est complètement abritée; de nombreuses fortifications en défendent les approches. On conçoit l'importance de ce port pour Oran, dont il est la porte, la cave et le grenier. C'est par là que deux fois, en 1505, et 1509, les flottes du cardinal Ximenès ont attaqué et pris cette ville alors libre, indépendante, riche et, comme Alger, mettant a contribution, le commerce maritime des nations européennes. Autrefois, cependant, elle ne communiquait avec son port, que par un chemin de mulets, serpentant sur les rochers qui bordent la côte. De nos jours, une telle voie ne pouvait suffire. Les rochers ont été fendus, tranchés sur une longueur de 2,400 mètres; on a percé une galerie de 50; on y a taillé des corniches; on y a suspendu des terrasses; on en a fait une grande route. Aussi, au débarqué du vaisseau, le quai est chargé de fiacres et d'omnibus; c'est à se croire sur un quai de la Seine. Mais les voix qu'on entend, les costumes qu'on voit, sont presque tous étrangers. Les Espagnols ont occupé Oran pendant 300 ans; leurs traditions y sont restées; et, le peu de distance aidant, un grand nombre d'habitants de l'Andalousie, de Murcie, de Valence, sont venus s'y établir depuis l'occupation Française. Ils forment au moins les 2|3 de la population européenne. Étant ainsi en majorité, ils conservent une grande partie de leurs usages, qui, du reste, ont, sur bien des points, de l'analogie avec ceux des Arabes ou Maures, leurs ancêtres. J'en parlerai selon les occasions. Je me bornerai ici à mentionner le manteau, meuble aussi général, aussi indispensable pour l'Espagnol, que le burnous pour l'Arabe. N'oublions pas de citer aussi la mantille, imitation du voile mauresque. Les couleurs seules sont différentes; les mantilles sont noires; les manteaux sont à petits ou grands carreaux, dans le genre des plaids écossais.

Ce spectacle mouvant et varié m'accompagne sur la belle route qui mène à la ville. Toute mon attention peut à peine suffire à la multitude de scènes qu'elle offre; les rochers, les travaux de sape et de mine dont ils portent encor les traces récentes; la mer, Oran et son rivage; les flots qui roulent, écument et se brisent dans des précipices caverneux, à 30 et 40 mètres au dessous de moi; le tunnel qui pendant quelques instants, voile tout cela de ses ombres et de son silence, pour le redécouvrir plus vif, plus grand, plus beau; le fort de la Moune qui, à quelques pas plus

loin, tient la porte du passage ; celui de St-Grégoire qui le surmonte, et, au dessus encor, sur un sommet aigu et escarpé,
haut de 300 à 400 mètres, le fort de Sainte-Croix, aigu, escarpé
comme les rochers qui le portent ; et, plus grand que tout cela,
Oran étalant près de nous, l'amphithéâtre grandiose de ses nouvelles constructions, Château-neuf, mosquées, églises, hôpitaux,
casernes, rues et remparts, tout appelle et saisit.

Je suis sur le quai de la Marine, dans la rue de la Marine ; mais
cherchez la Marine ; cherchez le port ; où est-il? Dans les cartons
du ministère. Là, il a 200 mètres de côté, il contient 4 hectares,
avec 4 et 6 mètres de profondeur, bon, par conséquent, pour
recevoir des bâtiments de 200 et 300 tonneaux. Ici, il n'y a rien,
pas même de quoi abriter une chaloupe.

Ce quartier de la Marine est entièrement neuf ; il est animé par
l'arrivage des marchandises que des barques et des voitures amènent de Mers-el-Kébir. Ma friandise lorraine y mesure surtout
avec convoitise, des tas d'oranges longs de 5 mètres, hauts de 1 1|2.

La Grande Rue laisse à gauche une petite terrasse plantée d'arbres, d'où on a une très-belle vue ; puis, contournant à droite le
pied d'un bastion, elle pénètre dans Oran par le fond d'un ravin,
le Raz-el-Aïn, qui le partage en deux. A cette entrée de la ville,
règne un mouvement qu'on peut appeler une cohue. C'est par là
que tout arrive à Oran. Le passage est étroit ; néanmoins, il s'y
tient un marché permanent de poissons, fruits, étoffes et quincailles. Marchands, acheteurs, passants, se pressent, se poussent ;
à travers tout cela, circulent les voitures, les bourrikos, les mulets
bariolés, pomponnés à l'Andalouse, les cavaliers au galop. Si on
en sort sans être écrasé, on traverse le fond du ravin, et laissant
à droite un autre marché aux légumes, jolie place plantée d'arbres,
on monte par une rue à rampe raide, difficile aux voitures, mais
très-fréquentée, et par conséquent bordée de magasins et boutiques de toutes sortes. On voit dans cette rue, plusieurs arbres
remarquables par leur grandeur et leur magnifique feuillage. Vers
le milieu de la montée, tournant à gauche, on trouve le Château-
Neuf, immense établissement qui, dans son enceinte puissamment
fortifiée, contient le palais du Gouverneur, de vastes casernes, un
hôpital et toutes les administrations. Grandeur et force plutôt que
beauté, font le caractère de ce château-citadelle, d'autant plus
puissant qu'il domine toute la rade et la ville.

Revenant à la grande rue, et montant jusqu'au sommet, on
arrive à la Place d'Armes, vaste rectangle appuyé d'un côté à
l'enceinte des fortifications. De là, une porte étroite et antique
mène à l'extérieur, où se tient le marché Arabe. Ce marché a le
type Africain plus prononcé qu'à Alger. La position méridionale
d'Oran, son voisinage du Maroc, expliquent cette différence. Les

indigènes y ont le teint plus noir, l'air plus rude, plus négligé, plus sâle; il y a parmi eux beaucoup plus de nègres, et l'alliage des deux races ne donne certes pas de beaux produits. Là aussi, le chameau remplace la plupart des autres bêtes de somme. Il en résulte que son poil sert généralement au tissage. Aussi les burnous sont-ils d'un roux noir, espèce de couleur de suie, qui s'assortit laidement avec celle des figures. A propos de chameaux, j'avouerai naïvement une bonne naïveté de ma façon, c'est que je fus tout étonné, émerveillé, de voir sur ce marché, plusieurs petits tétant leurs mères. Je crois en vérité, que j'avais toujours cru que ces grandes bêtes ne pouvaient avoir que de grands petits. Ajoutons que, à cet âge, le chameau est aussi gracieux qu'il est difforme plus tard.

Au-delà du marché, un village-faubourg occupe le plateau dit de Kerguentah. Là sont les casernes d'artillerie et de cavalerie, avec leurs magasins à fourrages. Les chasseurs d'Afrique, c'est avec un vif intérêt que je vois, que j'entends ces hommes si courageux à conquérir, si actifs à conserver leurs conquêtes. Au lieu de la jactance bravache et blaguache qui est trop souvent le partage du soldat de guérite, ils ont la fierté noble, et en même tems, la modestie, la politesse obligeante du mérite qui mérite tous les jours. Leur uniforme simple et commode, est plein d'élégance, sans être affublé du bariolage dispendieux des revers et des plumets.

Devant ces casernes, règne une terrasse d'où l'on découvre toute la rade, la ville, ses forts et les monts qui y enchaînent Mers-el-Kébir. Derrière, se prolonge à une grande distance, une plaine aride, pierreuse. Des excavations qu'on y voit, sont les carrières d'où on a tiré Oran, plusieurs fois ruiné, plusieurs fois reconstruit. L'une d'elles forme une sorte de vallon. On y a bâti un hôpital qui s'y trouve également à l'abri des émanations de la ville, et des coups de l'ennémi. De plus, digne avant-poste de la civilisation, il semble ainsi se rappocher des Arabes, pour les inviter à s'en rapprocher eux-mêmes. Espérons qu'un jour, ce seront là les seuls liens qui attacheront les deux peuples l'un à l'autre.

Il ne faut pas aller loin pour trouver des gens qui appellent les secours de la bienfaisance; tout près, au village du Fondouk, une population indigène vit dans la plus grande misère. Une partie de ce village est bâtie à la mauresque; cases-rez-de-chaussée sans fenêtres, qui semblent plutôt enclore un cimetière que des habitations. Le reste est un amas informe de gourbis et de tentes noires, déchirées, sous les quels végètent hommes, femmes, enfants, hâves, maigres, demi-nus. Ce sont, me dit-on, des gens des tribus voisines, que la famine a chassés de leur pays. Il est difficile de voir un tableau plus navrant de misère.

Du Fondouk, revenant à la place d'Armes, j'y vois un détachement de Turcos, ou tirailleurs indigènes, manœuvrer l'arme
et le pas avec la précision, l'ensemble de nos soldats. Equipés
comme les Zouaves, sauf la couleur du pantalon qui est noire, ces
hommes ne se contentent pas de cette seule ressemblance avec nos
soldats; plusieurs fois ils se sont montrés leurs émules sur les
champs de bataille. Comme moyen de guerre, un tel corps est
donc très-efficace. Ne pourrait-il pas, ne devrait-il pas l'être
aussi comme moyen d'appatriation? Au lieu de laisser ces soldats
Africains dans leur pays, sous l'influence de toutes les circonstances qui ont créé et qui conservent leur nature étrangère,
pourquoi ne pas leur faire passer en France, au moins le tems de
leur noviciat militaire? Là, tout en apprenant leur métier de soldats, ils se familiariscraient avec notre langue, avec nos usages;
ils connaîtraient la France, sa puissance, sa richesse, ses arts; et
quand ils retourneraient à leurs gourbis, qu'ils y trouveraient
l'absence de tout le bien-être au milieu du quel ils auraient vécu,
ils regretteraient, ils aimeraient le pays qui le possède; ils tâche-
raient de le créer, de l'appeler dans le leur; ils engageraient leurs
compatriotes à y travailler avec eux. La faculté puissante d'imagination et d'éloquence que possèdent généralement les Arabes,
prèterait à leurs tableaux, des formes et un coloris qui seraient
plus séduisantes que des balles et des boulets. Dans cette pensée,
on a fait venir deux ou trois fois en France, quelques chefs Arabes pour la leur montrer. Mais en Afrique aussi bien qu'en Europe,
ce ne sont pas les chefs qui ont les simpathies, la confiance de la
multitude. Et puis, pour inoculer dans ce peuple, la nature d'un
peuple, d'un pays nouveau, est-ce assez qu'une vingtaine d'individus viennent y passer une vingtaine de jours?

Derrière le côté bas de la place, sur la crète du Raz-el-Aïn,
est le quartier Maure qui réunit tout le petit trafic des boutiquiers à
échopes, les bruyantes, les sales industries des cabarets et tout
ce qui en dépend. Sous le régime Turc, un tel quartier était soumis au contrôle d'un agent spécial nommé le Mézouar, qui affer-
mait le produit d'une taxe imposée à la prostitution, à raison de
7 francs par mois. Il avait droit d'infliger cette taxe à toute femme
ou fille qui se compromettait. Son intérêt en faisait ainsi le gardien, la sauve-garde de la morale publique. La police qui a succédé à ces graves fonctions, a conservé la taxe sans se l'appro-
prier; elle n'avait pas besoin de cet appât du lucre, pour être aussi
chaste que son prédécesseur.

Redescendant par la Grande Rue, nous y voyons une mosquée
en réparation. Dans la cour d'entrée, un dôme antique est probablement la koubbah d'où elle tire son origine, ce qui, sous les
Espagnols, ne l'a pas empêchée de devenir un baptistère. Le mi-

naret est haut, orné d'incrustations; la djammah elle-même est grande, à plusieurs voûtes, comme celle que nous avons vue à Alger. Dans un bâtiment voisin, on entend des chants, les voix d'une école; c'est la « Zaouïa » ou séminaire Musulman.

Prenons la rue qui s'ouvre vis-à-vis cette mosquée; allons sur la promenade-terrasse qui contourne à demi-hauteur le rocher du Château. Plantée d'arbres, de buissons et de fleurs, cette terrasse est délicieuse par elle-même; par la vue dont on y jouit; par la fraîcheur que le vent de mer y apporte; par le murmure, quelquefois, le tonnerre des flots qui en battent la base. Ne parlons pas ici non plus de la pompe que le soleil couchant y développe; mais disons qu'on y est en face des masses mutilées de l'ancienne Casbah; en face du pic où elle s'appuie, et au sommet du quel les tours, les bastions du château Sainte-Croix se relèvent comme un panache guerrier. Disons que les teintes pourprées du soir reflétées sur ces ruines et sur a montagne pierreuse qui les porte, semblent donner à leur passé un adieu plein de majesté et de mélancolie; elles semblent nous dire « Que des choses ont fini d'exister là où vous voulez commencer à vivre ! »

Le lendemain, je vais visiter les ruines de la Casbah; elles sont grandes, massives, peu pittoresques. Une montée abrupte, sur un flanc semé de rocs roulants, mène à Sainte-Croix. A cinquante mètres environ au-dessous du sommet, on construit sur un pointe de rocher, une chapelle à Notre-Dame. C'est une véritable koubbah; seulement la voûte est elliptique au lieu d'être ronde. Cette voûte vient de s'écrouler. Est-ce fureur d'Allah ou réprobation de la Vierge? On recommence sur le même modèle; gare le même résultat. Quant au fort, ses bastions saillants sur l'abîme, ses passages étroits, sombres, contournés; ses voûtes, ses murs entrecroisés; ses terrasses, ses donjons, réunissent tout ce qu'on peut voir de plus puissant, de plus élancé, de plus massif, de plus aigu, de plus complexe et inextriquable dans les ruines célèbres de la vallée du Rhin. Entièrement isolé de trois côtés, il serait dominé au sud par un haut plateau qui s'en rapproche, si la nature ne s'était chargée de lui donner là, un fossé comme elle seule sait les mesurer et les faire; elle y a ouvert dans les rochers un ravin large, profond, escarpé. Une koubbah mauresque s'élève seule au bord opposé. Elle n'inquiète pas le fort, le fort ne l'inquiète pas; doit-elle s'inquiéter de la koubbah elliptique?

Tout inattaquable qu'il est, ce fort a été démantelé; mais non par les coups de l'ennemi: Ebranlé d'abord par le « tremoto » qui, en 1790 ruina Oran, deux ans après, les Espagnols abandonnant leurs possessions d'Afrique, l'ont démantelé eux-mêmes. On va, dit-on, le restaurer; de nouveau on occupera cette position qui, de sa hauteur, commande toutes celles qui commandent la place.

Quand ce sera fait, on pourra dire que Oran a été entièrement reconstruit par nous. Ne pourrait-on pas dire aussi, que lorsqu'on est venu s'installer sur ses ruines, avant d'y rebâtir à frais immenses, une ville qui n'existait plus, on aurait dû tenir compte des inconvénients si graves qu'on rencontrait en ce lieu, et des avantages que offrait tout près de là, la situation d'Arzeu?— Oran n'a pas de port; il faut aller chercher Mers-el-Kebir à 6,000 mètres, et nous avons vu à travers quelles difficultés. Bâti dans un ravin, sur des pentes escarpées, le tracé des rues y est difficile; la circulation l'est encore plus. Cette situation montagneuse l'expose plus souvent et plus gravement, aux ravages des tremblements de terre qui, d'un jour à l'autre, peuvent détruire les nouvelles constructions comme ils ont détruit les anciennes. A plusieurs lieues à la ronde, le sol est aride, stérile. Les rochers, il est vrai, offraient des situations avantageuses pour des châteaux-forts. Mais ces sortes de châteaux sont actuellement hors d'âge, et peu propres à prendre rang parmi les fortifications modernes. Le tremoto, du reste, a montré quel cas on en peut faire.—Arzeu, au contraire, avec la meilleure rade de la côte, a un sol d'une fécondité magnifique, arrosé par deux rivières puissantes, l'Habra et le Sig; les constructions, les fortifications s'y seraient développées sans aucune entrave; écartées des montagnes, elles eussent eu moins à craindre des secousses souterraines; les routes auraient rayonné de tous côtés sans rencontrer d'obstacles; c'était une position plus centrale, plus forte, meilleure sous tous les rapports; on eût eu tous ces avantages à moins de frais que n'en a coûté le nouvel Oran; pourquoi les a-t-on refusés, ou pourquoi les a-t-on méconnus?

Descendons vers la Casbah; tournons à gauche pour prendre un chemin qui se suspend à mi-hauteur dans les rochers. C'est un sentier peu confortable pour les promeneurs de ville, mais faisant face à notre promenade d'hier, il lui est supérieur par l'étendue et la variété de ses aspects. Les précipices qu'il franchit y ajoutent le contraste d'une nature sauvage, déchirée, nue, osseuse. L'œil plonge verticalement sur le quartier de la Marine, ses quais, le fort de Moune. Ce sentier remarquable suit une file de cors qui parcourt un espace de 9,000 mètres, pour conduire à Mers-el-Kébir, des eaux vives, bien nécessaires à l'alimentation de son port.

Rejoignant la route au-delà du tunnel, j'y rencontre une scène des plus animées : Deux vapeurs, celui de Cette et celui d'Alger, viennent d'arriver en même tems à Mers-el-Kébir. Une foule de voitures courent chercher, ou amènent les voyageurs; puis viennent à pied de nombreux groupes de soldats tout frais débarqués. La liberté des pieds excite celle de la tête et de la langue;

8

comme des écoliers qui sortent de classe, ils sont bruyants, ils sont joyeux; ils lancent à l'envi les éclats de rire et les lazzis grivois, dont nos soldats ont le type. Je me plais à suivre cette scène mouvante; ce n'est plus l'Afrique, c'est une fête hors barrière à Paris, à Strasbourg. Mais elle n'est pas gaie pour tout le monde; malheur à quiconque peut prêter à la plaisanterie! Or, quand nous approchons du tunnel, qui est-ce qui en débusque? Un vieil Arabe poussant devant lui une mule qui porte sa femme. Il est aussi noir et brun que son manteau; il a une des trognes les plus renfrognées que j'aie vues. A la bruyante approche des soldats, elle se renfrogne plus encor. Le mulet qui, avec un tel maître, ne sait guère ce que c'est que la gaité, s'effarouche et pirouette pour se sauver. L'amazone perd l'équilibre et laisse tomber son voile. L'Arabe furieux bat la bête qui pirouette de plus belle, et fait rire de plus belle nos rieurs. L'amazone toujours plus troublée, se penche pour relever son voile, et montre sa jambe jusqu'au dessus du genou; figure et jambe sont belles. Est-ce par accident qu'on les montre ainsi, ou est-ce par coquetterie? N'en donnons pas le soupçon à son vieux noir et roux.

A propos de cet Arabe roux, il est à dire que cette couleur des cheveux, quoique une exception, se voit assez fréquemment en Afrique. C'est un trait de ressemblance de plus, avec l'ancienne race hébraïque qui n'en manquait pas, puisque sur treize, l'histoire en compte deux, Judas et Jésus. Ainsi, dans la copie, se trouve tout le modèle : Constitution physique, morale, intellectuelle; usages, habitudes domestiques; institutions de la famille; domination absolue du père; pluralité des femmes; concubinage; droit d'aînesse; esclaves; familles puissantes, patriarchales; tribus; rivalités, jalousies, guerres, surprises, pillages « razzias » de ville à ville, de village à village; aversion du travail réglé; contemplativité, rêverie, surexcitation, instabilité; négligence du tems présent, oubli du lendemain; aspiration à monter dans l'éternité pour y chercher, pour y créer des ciels et des dieux; merveillosité, miraculosité; récits, descriptions emphatiques, qui transforment les gourbis en palais, les hameaux en cités, les peuplades en nations, les collines en montagnes, les ruisseaux en fleuves, les lacs en Océans, leurs débordements en déluges, les hommes en prophètes. Lire la Bible, c'est voir la vie Arabe; voir la vie Arabe, c'est lire la Bible.

Nos troupiers, eux, n'ont rien de très-biblique. Revenons avec eux en ville; allons avec ces bons diables, au bureau des passeports, cet enfer des voyageurs, qui eût pu tenir lieu de ceux de la Bible et du Coran. Passons notre après-midi à courir de la police au château, et du château à la police; et demain partons pour Tlemcen.

Le trajet est de 32 lieues, dont la plus grande partie, par des sentiers Arabes; il faut un guide. Ce sera Hamed, jeune, maigre, délicat comme le bon Mohamed de Coléah; mais, loin d'avoir sa loyauté, sa franchise, il a lui, toute la rouerie du métier. Il ne me rappellera que trop le voiturin Italien. Du reste, plein d'intelligence autant que de ruse, il parle assez bien français.

Hamed, Mohamed, on le voit, ce ne sont pas seulement les individus, mais les noms qui se ressemblent. La chose est très-fréquente parmi les Arabes, qui n'admettent que très-peu de noms propres de racines différentes. Ainsi, dans toute l'Algérie, on ne rencontre guère que les suivants : « Mohamed, Mustapha, Kadour, Hassan, Abd-der-Rhaman, Abd-el-Kader, » parmi les hommes; « Fatma, Aïcha, Zobla, Baïa, Guiltoun, Rousa, Nefica,» parmi les femmes. Quant aux Nègres, ils se nomment presque tous Salem, Mesaoud, M'Bareck; les Négresses, Mordjana, M'Bareeka. On particularise ces noms en y joignant ceux du père, de l'aïeul, du bisaïeul, ce qui leur donne une longueur ébouriffante.

Pour sortir d'Oran, nous remontons le fond du Raz-el-Aïn. Autrefois c'était le cloaque général de la ville. L'administration française l'a assaini en y construisant un grand canal-égout, que l'on recouvre de tous les déblais des ruines et démolitions, de sorte qu'en peu de tems, ce foyer de maladies sera transformé en un boulevard planté d'arbres, ayant trente mètres de chaussée entre ses contre-allées. Environ deux tiers des remblais sont terminés. De ce côté, la sortie d'Oran est protégée par le fort Saint-André, qui tient également sous ses canons, la prise d'eaux des fontaines de la ville, et de la file de Mers-el-Kébir. On est à 150 mètres d'altitude, et on monte, on monte encor par une chaussée qui retrace le luxe ds nos grandes voies. Le sol est généralement aride; cependant, de distance en distance, de jolies habitations, des fermes bien installées, s'entourent de champs; des blés drus et vigoureux sont déjà prêts à former leurs épis. A gauche, la vue s'étend sans limite vers la plaine du Sig; à droite, elle s'arrête au rideau boisé du Gamarrah qui, de Mers-el-Kébir et du fort Sainte-Croix, descend au sud vers Misserghin, pour de là, contourner au nord et à l'ouest, la plaine du Sebgha. Sur la route, la circulation est active; ce sont des omnibus et charriots; ce sont des Arabes venant avec ânes, mulets, chameaux, apporter leurs denrées au marché. Un chameau plus richement équipé que les autres, porte une raquette longue et large d'environ deux mètres, à bords relevés, où sont accroupies deux femmes et leurs enfants. Même au pas, l'allure de cette grande bête produit un ballottement effroyable. On ne conçoit pas que femmes ou hommes la supportent un quart d'heure. Les deux femmes en question paraissent bien fatiguées ; non voilées , elles montrent une physionomie intéressante ; espérons que, pour le moment, il n'en est pas de même de leur position matrimoniale.

A une lieue et demie, on franchit un bourrelet du Gamarrah ; il est hérissé de rocs et de broussailles. Déjà, adieu le luxe de la route, adieu la route elle-même. On n'y trouve plus qu'une trace d'ornières qui mène à travers trous et ressauts, jusqu'au dessus de Misserghin. De ce point, la vue court sur une plaine immense et sur les vastes marais du Sebgha ; puis elle revient et s'arrête charmée, sur Misserghin et les riches cultures qui en font le jardin nourricier d'Oran.

Au bas de la descente, de grands bâtiments entourés de plantations et de terres défrichées, servaient de cantonnement aux spahis ; depuis l'occupation de Tlemcen, ils sont inoccupés ; comme le camp de l'Erlon, on vient de les donner aux Jésuites ! Liberté, Egalité , Paternité ! Les bons Pères se trouvent et trouvent partout.

Misserghin lui-même est assez considérable pour mériter le nom de ville ; de belles maisons, de belles rues, de belles places, des eaux magnifiques, du commerce , de l'activité, tout rappele qu'il a été, tout lui promet de redevenir, le Tivoli d'Oran.

Des cultures parsemées de fermes isolées, peuplent les environs; puis commence une plaine de broussailles, longée à droite , par la forêt d'Emsilah qui revêt les pentes sud du Gamarrah, et à gauche, par le Sebgha et ses marais. La route est une simple tranchée sans terrassements, à travers les broussailles. Deux koubbahs à de grandes distances, parlent seules de la vie dans ce désert. Un village-colonie, Bou-Thélis, y montre aussi ses murs blancs ; mais lui encor est inhabité ! Sur la route cependant, il y a du mouvement ; le commerce interrompu depuis plusieurs mois, par la mauvaise saison, se hâte de répondre aux besoins qui l'appellent. A trois lieues de Misserghin, il se joint à ce mouvement, une scène aussi animée que intéressante ; c'est l'arrivée d'un bataillon qui vient avec son matériel de campement, s'installer pour travailler à la route. A peine arrivés, les soldats ont quitté leurs sacs et leurs armes, pour prendre la hache et la pioche ; ils tranchent ; ils nivellent ; en peu d'instants, les tentes sont dressées , et le camp, installé ; demain les chantiers seront ouverts !

Quand on a de tels hommes, et qu'on peut obtenir de tels résultats, que penser du marasme corrupteur et dispendieux des garnisons , du luxe-poupée des parades ? Qu'en penser surtout, lorsqu'on sait que ces travaux, loin de compromettre la santé des soldats, est pour eux une source de bien-être. Alors, en effet, aux résultats salutaires de l'exercice , se joint pour eux , le bénéfice d'une haute-paie, au moyen de la quelle ils peuvent ajouter à la

ration d'ordinaire , des extras qui leur donnent force et gaîté.
L'expérience et ses chiffres prouvent l'avantage de ces travaux,
sous le rapport sanitaire ; ils constatent que, même dans les tems
et les lieux épidémiques, ce sont les corps travailleurs qui comptent le moins de malades.

Une lieue encor, et nous quittons le grand chemin , pour prendre à gauche , un sentier qui se dirigeant vers le Sebgha , traverse
environ une lieue de ses marais déjà desséchés. Ce nom de Sebgha
désigne les lacs non permanents, on pourrait dire périodiques,
qu'on rencontre assez fréquemment en Afrique. Ce sont des
nappes d'eau qui se forment en hiver, dans des plaines basses,
sans issue, et qui se dessèchent en été. Heureusement le sol de ces
Sebghas est imprégné de sel, ce qui les empêche de devenir des
foyers de peste. Quoique très-étendus, ils ont au plus, de 4 à 5
mètres de profondeur. Tel est notre Sebgha ; il y a peu de semaines, long de 10-12 lieues, il s'est déjà retiré de 2, et les
marais que nous traversons, quoique tout recemment découverts,
n'exhalent aucune mauvaise odeur. Ils se terminent à un rameau
assez prononcé descendu du Gamarrah. A l'extrémité de ce rameau, est une ferme isolée qui parait considérable ; nous la laissons à gauche. Puis, c'est de nouveau la plaine , jusqu'à notre
premier gite, nommé en arabe Bou-Rchah , et en français, les
Puits, à cause de ceux qu'on y a fait creuser, pour suppléer aux
sources et ruisseaux qui manquent. En fait d'habitations et hôtelleries, il y a un gourbi corps-de-garde et café, plus un bâtiment
d'exploitation agricole, et une petite maison où le fermier a deux
chambres sans vitres, à offrir aux voyageurs qui ne veulent pas se
contenter comme Hamed, du confort du gourbi. Le colon mon
hôte, est un homme robuste, rude, mais bon et plein d'intelligence. C'est lui qui a construit, constitué la ferme ; voilà 7-8 ans
qu'il y vit. Jamais , me dit-il , il n'a éprouvé ni mauvais traite-
ments, ni inquiétudes de la part des Arabes du voisinage ; même,
au tems de la guerre, ils sont venus plusieurs fois le prévenir des
dangers qu'il pouvait courir. Alors il lui fallut quitter son logis,
pour aller bivouaquer dans les broussailles. « Enfin , ajoute-t-il ;
ça va ; mes récoltes sont belles ; me v'là tiré d'affaire ; si seulement les .... d'encre d'Alger et de Paris étaient forcés de faire
4-5 étapes à pied pendant l'hiver, sur les chemins qu'il nous
donnent ! »

Au dela des Puits, le sol commence à s'onduler. C'est déjà
beaucoup que de n'être plus condamné à la monotonie de la plaine ;
en outre, la population arabe reparait avec ses Douairs, ses cultures, ses troupeaux. Nous sommes au bord d'un ravin profond,
escarpé , au fond duquel coule une rivière déjà très-réduite ; c'est
l'Oued-Malah ou Rio-Salado, barrière qui a été disputée bien des

fois dans les guerres ; ligne de bataille où en 1516, le même comte Alcaudète que nous avons vu périr si malheureusement à Mazagran, mit en déroute, et tua de sa propre main, le fameux Barberousse, Khaïr-Eddin.

A l'autre rive, sur un plateau cultivé, s'élève une belle habitation de chef arabe. Un peu plus loin, par un autre ravin moins profond, mais aussi escarpé que le premier, on entre dans une forêt que l'on traverse par un défilé des plus curieux ; c'est une gorge étroite, tortueuse, où, sous des rochers, sous de grands arbres et des masssifs de lauriers roses et d'aubépines en fleur, coule un torrent bruyant, le Schaabt-el-Ham. Ombrage, fleurs, parfums, fraîcheur, voilà l'œuvre de la nature ; l'homme pour qui elle y avait préparé un repos délicieux, en a fait un lieu de carnage et de danger ; cette vallée est sinistrement célèbre par les brigandages des maraudeurs, par les massacres de la guerre ; on l'appelle la vallée du Sang ! Pour ma part, je n'y vois que des fleurs ; je n'y entends que quelques oiseaux, trop rares en Afrique.

Au sortir de la forêt, de nouveau on traverse des cultures arabes, au milieu des quelles se voit une autre habitation plus grande, plus riche que la première ; puis on atteint Aïn-Temouchen.

Ce village avantageusement situé sur un tertre, à droite de la route, est habité et entouré de champs chargés de moissons ; plusieurs auberges y forment faubourg ; en face se tient un marché très-nombreux ; pour compléter le tableau, un camp de travailleurs s'installe à côté.

Je me hâte de dîner et de repartir, car il y a encore une forte marche de là jusqu'à l'Isser, premier gîte où nous puissions trouver une auberge. Le sol est toujours plus montagneux ; quoique peu cultivé, il paraît d'une grande fécondité ; les parties désertes elles-mêmes produisent de magnifiques fourrages. Malheureusement la plupart de ces beaux produits sont destinés à périr sur pied, les Arabes, comme nous l'avons dit, ne fauchant pas, ne faisant pas de foin.

De nouveau un sentier arabe quitte la route que les accidents du terrain forcent à faire de longs détours. Nous traversons une vallée étroite où, dans l'espace de 5-600 mètres, nous avons à passer sept fois la même rivière repliée sur elle-même comme un serpent. Puis vient une montée de 2-3 kilomètres. Pour hâter la marche, je laisse aller mon cheval en liberté ; mais Hamed monte dessus, et dès ce moment, emploie toutes sortes de ruses pour perdre du tems. Ici son cheval a besoin de boire ou de pâturer ; là, on s'aperçoit, pour la première fois, qu'il manque au bât ou au licou, quelque pièce qui n'y a jamais été ; et on s'arrête pour la remplacer. Le plus lentement possible, nous montons, nous descendons, nous cotoyons des pentes, des sommets. Le pays est parsemé de cultures ; mais c'est le seul indice de population qu'on y aperçoit. En vain l'œil y cherche la tanière noire et informe, tente ou gourbi, des indigènes. La crainte des invasions de la frontière les engage à cacher, à effacer le plus qu'il peuvent, leurs habitations. Comme des nids d'alouettes, on ne voit leurs Douairs, que quand on met le pied dessus ; seulement ici, ce sont les nids qui ont les chiens, et c'est le chasseur qui est chassé.

Plus nous allons lentement, plus le tems va vite. La nuit approche quand nous arrivons au lieu appelé en arabe, Aïn-Takbalet, en français, la fontaine du Figuier. On y trouve une belle fontaine avec une grande auge pour abreuver les bestiaux. A côté, est un poste arabe. Hamed veut y prendre le café, y reposer et rafraîchir son cheval. La nuit tombe cependant ; et nous avons encor deux lieues à faire, presque entièrement par la traverse ; aurait-il quelque mauvais projet ? Je presse ; j'insiste ; nous repartons. Pour mieux parer à tout événement, je juge prudent de laisser Hamed sur son cheval, de le faire marcher devant, et de rester moi, sur mes pieds, tenant prêt tout mon arsenal, qui consiste en mon bâton et mon couteau. La nuit est noire ; le chemin désert. Vers le milieu de notre marche, quelques grandes formes de chameaux passent silencieuses comme des ombres dans l'ombre ; un cri d'hyène gémit après cette proie qu'elle n'ose saisir. Enfin, nous apercevons des lumières dans une vallée profonde ; c'est la station nommée l'Isser, à cause de la rivière de ce nom qui y passe. Dès ce moment je triomphe de mes précautions, qui n'ont peut-être pas été inutiles.

L'Isser, c'est une ville ; il y a des boutiques, des guinguettes, des chants, du mouvement. Un pont de bateaux nous porte à l'autre rive, où sont les auberges. Ce n'est pas sans peine que j'y trouve place ; marchands et soldats les remplissent. Mais aussi c'est grande fête à l'Isser ; c'est jour de prêt ; de plus on a mis le bouquet à un pont de pierre qu'on vient d'y construire. L'hôte qu'on m'a recommandé, Hilaret, n'a plus de place ; son voisin, dont j'ai le tort d'oublier le nom, m'organise complaisamment un lit à la Piétro, dans un hangard où je soupe et couche en société de canards et poulets.

Le lendemain, Hamed a hâte de partir ; il est prêt dès la pointe jour. Je réclame une demi-heure pour aller voir la ville ;... je ne trouve plus que quatre ou cinq barraques en planches, y compris les deux auberges ; cafés et boutiques ont été pliés, roulés, emballés ; tout a disparu. En revanche, le pont, sans doute le plus beau qui existe en Afrique, développe noblement au dessus de la rivière, ses trois arches construites des magnifiques pierres que l'on trouve tout à portée.

De l'Isser à Tlemcen, il y a 5-6 lieues que l'on fait en grande partie sur une chaussée bien établie, mais mal entretenue. Après avoir traversé par le sentier arabe, une montagne assez élevée, nous descendons dans une vallée dont les deux revers se couvrent de cultures. Cela indique qu'il y a de nombreux habitans; mais on n'y voit pas plus d'habitations que ailleurs. Au fond, entre deux haies de bosquets hauts et fleuris, coule légère et pure, la petite rivière Oued-Ameur. — Reprenant le sentier arabe pour gravir une autre côte, nous sommes sur un haut plateau à peu près inculte. Comme les autres lieux inhabités d'Afrique, il est couvert d'oignons, de palmiers nains et broussailles; je pourrais ajouter, d'escargots. Ils chargent la terre; ils chargent les plantes; nos giroflées, nos églantiers n'ont pas plus de fleurs. S'il en est ainsi tous les ans, quand les Arabes auront été afriandés par notre cuisine, ils ne négligeront pas une telle ressource, surtout dans les années de disette. On a beaucoup discuté pour savoir ce que c'était que la manne du désert; pour calmer les têtes et poumons des dissertateurs, ne pourrait-on pas leur proposer cette solution d'escargots?

Indigènes et Européens se succèdent fréquemment sur la route. Un Arabe, après m'avoir adressé un « Salem-Alek » amical, me dit tout aussi amicalement, « Tobago! » Je lui donne un cigarre; il est enchanté et veut à toute force, que je boive du lait qu'il porte dans une petite outre. Un autre fait en riant, la même demande à un petit voltigeur, qui lui répond en riant, par le mot qui à lui seul signifie toute la moitié de la langue arabe, le magique « ma-kan-chi, ne-y-a-rien. » Et ces deux hommes se quittent joyeux comme deux *pays* du même village.

Nous descendons; nous passons sur un second pont de pierre, la rivière de Sikak, plus forte, mais moins coquette que l'Oued-Ameur. Nous remontons au flanc d'un côteau aride, dont les roches calcaires offrent de riches matériaux de construction; sur la droite, un vaste jardin d'oliviers séduit le regard par la fraîcheur des gazons et la vigueur des blés qui le tapissent. Çà et là, des ruines romaines et mauresques attestent que tous les tems lui ont demandé des fruits, sans épuiser sa fécondité.

Au haut de la montée, tout ce qu'on a vu est oublié: ce n'est plus l'Afrique; ce n'est pas l'Europe; c'est ce que l'Afrique et l'Europe peuvent réunir de beau, de riche, de gracieux, de varié, de grand, de délicat. La Suisse et l'Italie n'ont rien d'égal au bassin de Tlemcen, avec son enceinte de monts, de rochers, ses eaux, ses cascades, sa ville, ses villages, ses prés, ses champs, ses bois; le tout éclairé, pénétré, échauffé, fécondé par le soleil du tropique; tempéré, avivé par des irrigations, par l'air des montagnes et une altitude de plus de 500 mètres.

Dès qu'on entre dans ce délicieux bassin, qui a environ deux lieues de diamètre, le regard l'embrasse presque tout entier. En face, à demi hauteur du Djebel-Tierni, se présente Tlemcen, autour du quel se répandent les grands débris de son ancienne splendeur, tandis qu'au dessus, se développe une imposante couronne de rochers. A droite et à gauche, plus bas dans la plaine, les villages français de Bréa, Négrier, Sefsaf, et les villages arabes de Aïn-el-Hout, Bou-Médine, Aïn-Hadjar, Ouzidan, Cheseb; partout, la fécondité, la culture, la richesse.

Au bas de la côte, un pont traverse la rivière de Sefsaf, affluent de l'Isser qui, avec l'Hennaïa, affluent de la Tafna, arrose cette heureuse contrée.

La Tafna! Pourquoi ce nom de fatale mémoire vient-il rappeler ici, ce jour où l'épée d'un de nos plus habiles généraux, scellait notre expulsion de ces lieux, dans lesquels lui-même devait bientôt acquérir tant de gloire, fonder tant de prospérité?

A peu de distance du pont, on trouve le village de Négrier, bien bâti, bien habité, bien cultivé. Puis la route bordée de plantations et d'irrigations, s'élève majestueusement par une pente douce et régulière, vers le plateau qui porte Tlemcen. Sous la double influence de l'humidité et de la chaleur, le sol inépuisable de fécondité, se couvre de doubles et triples récoltes; il n'est pas rare d'y voir des blés hauts, serrés, forts et chargés d'épis, sous des vergers d'oliviers, d'abricotiers et pêchers gigantesques, aux quels des vignes gigantesques comme eux, enlacent leurs puissants rameaux. A chaque pas aussi, on voit de près et de loin, de grandes ruines qui, à travers ce présent si plein de vie, jallonnent•les traces du passé.

Au haut d'une forte côte, à l'entrée même de Tlemcen, ces ruines sont pour ainsi dire entassées; ce sont les murs démantelés du vieux fort dit de Biskerich, bâti en pisé comme toutes les constructions mauresques; il a dû être d'une grande force, à en juger par l'étendue et les formes hardies de ses masses. Son enceinte sert de marché; au delà, c'est la ville. Là encor le sol est jonché, surmonté de ruines, à travers les quelles on a tranché des rues. Quelques unes sont entièrement bâties et habitées; mais dans les autres, on ne trouve que de loin en loin, quelques constructions nouvelles; le reste brisé, tombé, sert d'habitation, ou plutôt de tanière, à 3 — 4,000 Maures et Arabes, qui y vivent dans une profonde misère. Ce sont en grande partie, les débris de la tribu des Beni-Amer, nos plus ardents ennemis, qui réfugiés dans le Maroc avec Abd-el-Kader, y ont péri presque tous. Ces malheureuses gens, 2,000 Européens et 5,000 hommes de garnison, forment la population actuelle de Tlemcen la Sultane, de Tlemcen « Bab-el-Charb » ou Porte de l'Occident, qui au tems de

Léon l'Africain, comptait 200,000 habitants, 12,000 maisons,
cinq hautes écoles avec chaires de droit, de théologie, de mathé-
matiques; mais aussi, de Tlemcen ravagée plusieurs fois par la
guerre et les tremblements de terre; de Tlemcen qui, entrepôt du
commerce du nord et de l'occident d'Afrique, s'en est vue abandonnée, dès que les progrès de la navigation ont ouvert les grandes
voies de la Méditerranée et de l'Océan.

Tlemcen a conservé peu de monuments; ce sont : Au centre,
une Djammah avec un beau minaret; un bâtiment nommé la « Ca-
seria, » bazar dans le quel s'échangent encor, mais en petites
quantités, des cotons, épices, soieries, babouches, burnous,
haïcks, tapis, maroquins, armes, plumes d'autruche, ivoire,
etc. Puis, ce qui est à la fois, une grande construction et un
grand souvenir, le Méchouar ou citadelle, enceinte de 460 mètres
par 280, fermée d'un mur en pisé, sans fossé. Il est au sud de la
ville, seul côté où elle se rapproche des montagnes. C'est là que
pendant deux ans, 1834 et 35, les Turcs et les Coulouglis qui
s'étaient donnés à la France, mais que nous avions abandonnés,
soutinrent un siége qui les réduisit, dans les derniers tems, à vivre
du cuir bouilli de leurs sandales! C'est là qu'en 1836, le modeste
et brillant Cavaignac, jeune et simple capitaine, fut laissé avec
800 hommes, entouré d'ennemis, sans communications ni espoir
de secours; c'est là que pendant onze mois, non seulement il s'est
maintenu avec de si faibles moyens, mais il a protégé la ville, il a
su y faire tant de bien que, quand l'ordre lui vint, d'évacuer la place,
les habitants le suivirent jusqu'à la limite de leur territoire, et lui
témoignèrent par de touchants adieux, leur regret de le voir s'é-
loigner d'eux.

Tlemcen est très-important par la beauté de son climat, par
l'admirable fécondité de son sol et par son commerce. Il est d'autant plus exposé à la convoitise du Maroc, son voisin, qui peut
l'attaquer à tout moment avec des troupes régulières et du canon.
On a fait peu cependant, pour munir ce poste précieux, de fortifications qui soient en rapport avec son importance et le danger
dont il est continuellement menacé.

Passant à travers des ruines et des ruines, je sors par la porte
du sud. Cette porte a conservé tout son caractère Mauresque;
elle parait avoir été construite avec des débris de monuments
Romains. Au dehors, mes pas, mes yeux s'égarent dans un dédale de jardins potagers, couverts des plus beaux légumes et parsemés d'arbres fruitiers, abricotiers, pêchers, cerisiers, amandiers, jujubiers, orangers. Partout circulent des ruisseaux vivi-
fiants, fécondes irrigations empruntées au torrent du Sef-Saf
qui, à quelques pas de là, tombe du haut des rochers du Hadid
et du Lella-Letti. De distance en distance, on retrouve des bassins

anciennement construits pour recueillir ces eaux et les aménager. Les restaurer eût été très-dispendieux; on a obtenu à peu de frais un résultat plus efficace : en barrant dans le haut de la montagne, le débouché du précipice d'une cascade, on a créé un lac comme celui qui est en projet à Marengo. C'est au milieu de ces jardins et dans ces heureuses conditions, qu'est établie la ferme d'Essais, qui, comme tout à Tlemcen, réunit à l'utile, l'agréable, le délicieux.

Je me promène sous ses beaux ombrages, quand une fanfare de trompettes m'appelle dehors; ce n'est rien moins que la petite armée de Tlemcen, qui revient de faire de grandes manœuvres et une marche de guerre dans les montagnes. Etat-major, spahis, chasseurs d'Afrique, infanterie, mulets chargés de cacolets, de munitions, de pièces de montagne, vivandières à cheval, le tout en équipement de marche et de campement; c'est un tableau mouvant, vivant, de notre histoire guerrière d'Afrique, à la quelle ces hommes brunis, amaigris par la chaleur et les fatigues, mais pleins de force et d'énergie, ont fourni de si belles pages.

A quelques pas derrière cette marche militaire, je trouve le lieu où aboutissent tous les pas de la vie, le cimetière. Celui-ci, du moins, est tenu avec ordre, propreté et décence, simboles les plus vénérables de la vénération. Plusieurs tombes y rappellent des souvenirs glorieux; l'une d'elles, aussi simple que noble, associe toutes nos gloires d'Europe à celles d'Afrique ; elle dit : « *Italie*, 1808-9-10; — *Espagne*, 1811-12; — *France*, *Ile d'Elbe*, 1814-15; — *Espagne*, 1826; — *Afrique*, 1852....... 45. *Au chef de bataillon Peiraguey, Officier de la légion d'honneur, Commandant du 1er bataillon des Zouaves; — Mort au champ d'honneur, le 23 septembre 1845, — Ses frères d'armes !* »

Non loin de cette tombe si grave, si solennelle, on en voit une autre, petite et parée de fleurs comme une corbeille de nouveau-né; c'est la tombe, c'est le petit lit, où le gardien du cimetière a déposé lui-mème son enfant. Et cet ancien soldat, durci à toutes les fatigues, à toutes les souffrances de la vie, mais habitué à voir la mort ornée des rayons de la gloire, veut qu'elle soit belle aussi pour son enfant. Il parle de cette petite tombe, comme un autre parlerait d'un berceau; cette douce pensée s'étend à tout ce qui l'entoure; c'est elle qui inspire les soins religieux qu'il donne à ce champ de repos.

Des jardins encor, des ruisseaux, des bosquets; puis un autre cimetière, mais pavé de tombes antiques, et taillé à la mesure de l'ancienne ville, long de 15-1800 mètres, large de 1000. Çà et là s'élèvent des « koubbahs, » des chapelles « mesdjids. » L'une d'elles est ouverte; une trentaine d'Arabes sont à l'entour; ils chantent des obsèques. Chants et cérémonies sont les mêmes qu'à Marengo. Je continue à travers les tombes. Je rencontre de nom-

breux indigènes, hommes et femmes. Tous ont l'air étonnés de
me voir. Moi, sans m'étonner de leur étonnement, je marche, je
suis un chemin qui mène à un groupe considérable d'habitations
mauresques, surmontées d'une djammah et d'un haut minaret, le
tout situé au flanc de la montagne. J'entre dans des rues étroites,
montantes, tortueuses. Les étonnements redoublent; les femmes
et les enfants se sauvent. J'arrive à la djammah; une espèce de
cloitre est à côté; la porte est ouverte; je regarde à l'intérieur;
sept jeunes Arabes aux costumes propres, aux physionomies dis-
tinguées, m'entourent avec curiosité. L'un d'eux, très-affable,
même caressant, me répète plusieurs fois une phrase où je reconnais le mot « asmé, » qui veut dire « le nom. » Je suppose qu'il
me demande comment je m'appelle; je le lui dis. Alors il fait le
geste d'écrire. Je lui crayonne mon nom. Il est enchanté; il prend
et plie avec soin le papier que je lui donne; il m'en demande un
autre; lui-même y écrit son nom, que l'on m'a dit depuis être
« Kadour-Ben-Hamed-Ouled-Larbi; » ensuite ce sont des poignées de mains, presque des embrassements. Quand je veux aller
plus loin, femmes et enfants se sauvent de nouveau; je trouve
du reste, toujours les mêmes ruelles, les mêmes rampes, la même
saleté; je renonce à en voir davantage. Je descends vers un bois
d'oliviers que je vois à peu de distance vers l'est.

Rencontrant un Français, je lui demande le nom du lieu que je
quitte. Alors, comme si ce lieu, son nom, et tout ce qui en dépend, était doué d'une influence magique; comme si tout ce qui
en approche ou en parle, était possédé, voilà mon Français qui ouvre de grands yeux, une grande bouche, et qui me dit : « Mais
c'est Bou-Médine! Vous venez de Bou-Médine! mais ce n'est pas
possible; on ne peut pas y aller sans une permission du général. »
Il me fait presque croire que je ne dois pas m'en croire moi-
même. Enfin, quand il est revenu de son étonnement et que je
l'ai convaincu, moi, que je reviens du mistérieux Bou-Médine-el-
Abbad, il m'apprend que c'est un lieu sanctifié par la koubbah du
saint marabout Bou-Médine; que sa djammah est la plus vénérée
de toute la province d'Oran, et que pour cela, l'entrée en est in-
terdite aux Européens. En effet, Bou-Médine est un lieu saint,
jouissant d'un droit d'asyle qui n'avait jamais été violé avant l'occupation française, et possédant de grands biens obtenus par des
dons pieux, qui y entretiennent une célèbre « Zaouïa, » séminaire.

Mes jeunes amis étaient donc des schahebs ou apprentis hapheds,
thalebs, imans, ulemahs, muphtis. Ces noms comprennent toute
la série des dignités religieuses. Le titre de « Haphed, » Japhet?
appartient à quiconque sait le Koran par cœur. Quant au « Mu-
phti, » évêque, il doit avoir fréquenté une haute école, « Me-
dresse, » pour y apprendre la grammaire, la logique, la rhétorique

ou science des allégories, la théologie, la philosophie, la juris-
prudence, le Koran avec ses commentaires, et la « Sunna » ou
tradition. Il n'y a point de médresse en Algérie ; mais il y en a une
à Fez, dont l'empereur, issu d'une famille réputée sainte ou ma-
raboute, est en même tems chef de l'Etat et de la religion. Ce
pouvoir, ce controle religieux s'étend pour lui, à tout l'Occident, qui
se dit en arabe, Maghreb, dont nous avons fait Maroc. Ceci explique l'influence des marabouts, des prêtres et des confréries, sur
la population de la province d'Oran, qui est beaucoup plus fana-
tique que celle d'Alger, qui, à son tour, l'est plus que celle de
Constantine.

Des « Imans, » prêtres ; « des Marabouts, » hermites ; « des
Kouans, » frères ; « la Mecque, » Rome ; parlons-nous donc de
catholicisme ? Non, mais le mahométisme y a plus de rapports
qu'on ne le suppose. Nous avons vu ce que c'est qu'un « Marabout. » L'Iman passe par « la Zaouia et la Médresse , » petit et
grand séminaire ; « Marabouts et Imans, » saints et prêtres, font
et content des miracles, reçoivent des ex-voto, des offrandes ; per-
çoivent un tribut, « la Zeccat. » « La Mecque, » Rome, prend sa
part, 1|15 de ce tribut, au moyen de ses délégués, ou légats.
N'oublions pas qu'elle a aussi ses pélerinages, dont la seule différence avec les nôtres, est qu'elle les a conservés, tandis que Rome
les a perdus. Quant aux confréries, elles ont un « Kalifah, » père
ou général d'ordre. « Les Kouans, » frères, sont répandus dans
tout le nord de l'Afrique ; des correspondances suivies lient tous
ces « Kouans » entr'eux, et avec leur chef qui tient ainsi sous sa
main, un grand nombre d'hommes aux quels il inspire sa volonté.
Ce qui spécialise chaque confrérie, c'est la manière de dire ses
prières et de réciter certaines formules que le ciel a révélées à son
fondateur ; autre type de nos corporations religieuses. On conçoit
que ces confréries sont des foyers toujours ardents de fanatisme ;
ce sont elles qui conservent les braises de la « Djéhad » ou guerre
sainte, qui, elle aussi, ne rappelle pas mal les croisades ; ce sont
elles qui expliquent les insurrections si fréquentes dans l'ouest de
l'Algérie ; ce sont elles qui expliquent l'influence prestigieuse, le
pouvoir, les succès d'Abd-el-Kader.

Pour achever la comparaison, la similitude, disons que le bois
de Bou-Médine est un paradis terrestre : Fraicheur, ombrages, majesté séculaire des arbres ; sur les racines de ces arbres, sous leurs
feuillages les plus épais, des moissons vigoureuses, prêtes à mu-
rir ; des vignes qui s'élancent d'un seul jet, à quatre et cinq
mètres de hauteur verticale, pour s'accrocher aux branches, ou en-
lacer de leurs cables nerveux, les tiges minées, fendues par le tems ;
gazons arrosés d'eaux vives ; ravins fleuris, cascades, clairières,
pelouses, échappées, perspectives sur le beau bassin qu'on domine ;

parfums dans l'air, repos, calme, silence, flots de lumière et d'ombre, à travers les quels roule et brille le chant du rossignol ; que peut-on espérer, que peut-on promettre de plus beau, de plus délicieux dans le ciel ? Seulement on peut y rêver d'autres Adams et surtout, d'autres Eves, que les Bédouins et Bédouines que l'on y rencontre. Il est difficile de voir une nature animée aussi brute, aussi inerte et morne, à côté d'une nature inanimée aussi vive d'énergie et de beauté.

Je reviens lentement ; je quitte à regret ces beaux lieux. Du haut des remparts, je vois les vapeurs du soir s'élever de terre, pour aller se marier aux ombres de la nuit ; je vois, comme je ne l'ai jamais vu ailleurs, leur double rideau traversé de lames de lumières et de feux.

Dès le matin, sortant par la porte d'Oran, je monte vers les rochers de l'Ouest. De ce côté, le sol est jonché de ruines ; c'est là que s'étendait autrefois la grande, la riche, la puissante Tlemcen, brillante Sultane d'Occident. A une lieue à la ronde, elle couvrait la terre, de ses rues populeuses, de ses palais, de ses mos juées, de ses tours, de ses villas, de ses parcs ; elle montre çà et là ses ossements brisés par les coups de l'adversité et de la barbarie, ses ossements calcinés, rongés par le tems.

A ces débris des travaux de l'homme, les rochers ont mêlé leurs propres ruines. Elles forment à leur pied, un talus escarpé où l'eau de plusieurs cascades entretient de frais gazons. L'une d'elles, d'un volume considérable, a au moins 40 mètres de chute. Le bruit de ces eaux qui tombent, la fraicheur qui règne à l'entour ; leur murmure dans les ruisseaux où elles s'éparpillent ; les plantes rampantes qui pendent aux rochers ; quelques buissons, quelques arbres qui s'y redressent ; tous ces trésors, ces joyaux de la Suisse, réunis sous un ciel africain, au sein des massifs arides de l'Atlas, produisent un charme de surprise et de délice, qui ne peut naitre sous les froids reflets des glaciers des Alpes. De là aussi, le regard embrasse toute la plaine et les monts qui l'entourent, corbeille remplie de moissons, de fruits et de fleurs, que se partagent ses nombreux villages ; contrée élyséenne qui, comme l'Italie, semble n'avoir été comblée des dons du ciel, que pour attirer sur elle les fureurs des hommes ; contrée « cui feò la sorte dono infelice di bellezze, ond'à tanti guai ! »

Aux confins de la civilisation et de la barbarie, de la fécondité du Nord et de la stérilité du Sud, de la vie et de la mort, les deux forces qui se disputent le monde, ont trop souvent choisi ce champ-clos, pour s'y livrer leurs combats. Aujourdui, la vie se relève ; hier, la mort triomphait. Je suis entouré de ses tristes trophées ; elle les étale sous mes pieds ; elle les dresse au loin dans la campagne. Des remparts déchirés d'où ressortent de trente en trente mètres, des tours carrées, hautes de vingt, coupées en deux dans toute leur hauteur, de manière à ne conserver que leur face extérieure, marquent les contours de plusieurs enceintes qui ont avancé ou reculé, selon que l'une ou l'autre des deux rivales avait la victoire. Une de ces enceintes montre encor deux puissants forts d'angles et vingt tours, sur une seule de ses faces; à l'intérieur, tout a péri. On a ramassé quelques débris pour en construire le village de Bréa, dont le nom écrit en lettres de sang dans nos annales parisiennes, rappelle, lui aussi, une grande lutte entre la vie et la mort.

Au-delà, une autre enceinte également vide, mais entièrement close, marque la place d'une mosquée, dont le minaret, aussi solide que léger, a conservé ses huit étages, quoique, comme les tours dont je parlais tout à l'heure, il ait perdu toute sa moitié intérieure. La façade, incrustée d'émaux brillants, est d'une belle architecture; elle s'appuie sur un portique en plein-ceintre, sans pied-droit, élégamment ornementé de croissants entrelacés. Au-dessus, se projettent les consoles d'un balcon.

Ces traces d'enceintes, ces débris de mosquée, connus sous le nom de Mansourah, sont, dit-on, les restes d'une ville que le Sultan noir, empereur de Maroc, bâtit pendant qu'il faisait le siège de Tlemcen. A la vérité ce siège, frère cadet de celui de Troie et de Véies, a duré sept ans, dit-on aussi. On ne peut que approuver le conquérant qui, tout noir qu'il soit, avant de détruire une ville, songe d'abord à en bâtir une autre. S'il était permis de révoquer en doute, un fait constaté par tant d'autorités historiqueuses, je dirais qu'il semble plus probable que ces constructions avancées à l'Ouest, comme celles de Bou-Médine le sont à l'Est, existaient lorsque le Sultan est venu attaquer Tlemcen; qu'il se sera d'abord emparé de ce poste avantageux; qu'il s'y sera établi et s'y sera maintenu pendant sept ans, plus ou moins.

Cependant l'air devient brûlant, même brûlé. C'est un air de four que apporte le vent du désert « Khamsin, ou Sirocco. » Les montagnes qui abritent Tlemcen au sud, atténuent l'effet de ce vent; cependant il y est tel encor, qu'il faut l'avoir éprouvé, pour se faire une idée de l'accablement qu'il cause dès les premiers souffles. Sous son influence, le corps et l'esprit s'abattent; la langue semble une feuille sèche; les poumons semblent des éponges sans eau. Je reviens mollement à travers les ruines qui, de ce côté, forment l'avenue de la ville. C'est une suite presque continue de débris de tours, de remparts, d'aqueducs, de temples, de palais, parmi les quels se distingue un portique, espèce d'arc-de-triomphe en briques, d'une belle construction et bien conservé. Plusieurs fois je me repose à l'ombre de ces ruines ou des

grands arbres qui y entremèlent leurs branchages, mais il est
peu de repos contre l'étouffant, le brûlant Khamsin.

De halte en halte, de ruine en ruine, j'arrive au bassin
Cavaignac, espèce de cirque carré-long, en.t ouré d'une terrasse plantée d'arbres, qui domine tout le voisinage et la plaine.
Ce bassin destiné à recueillir les eaux du Lalassi, devait servir à
l'agrément, à la salubrité de la ville, et de plus, fournir des irrigations pendant les sécheresses; grandeur, beauté, utilité, c'était
une conception digne de celui qui y a laissé son nom; mais l'œuvre n'a pas été achevée; le bassin reste à sec.

Une chose qui n'est pas tarie, c'est la reconnaissance des habitants, pour les bienfaits que l'administrateur paternel et éclairé,
que l'homme intègre et juste, que l'habile général a répandus dans
le pays. Il est touchant d'entendre le respect et l'estime avec les
quels colons, habitants et soldats, parlent de celui-là qui les soi-
gnait comme un père soigne ses enfants. « Il ne gouaillait pas
comme Bugeaud avec le troupier, — me disait un brigadier de
chasseurs d'Afrique que j'avais rencontré sur la terrasse, — mais
le cœur sur la main, je vous dirai; et qu'il ne boudait pas; sans
compter qu'il pensait à tout, d'abord. V'là, par exemple, notre
campagne du désert, en 47; que c'était des endroits que le bon
Dieu ne sait pas où est-ce qu'i sont; et que pendant deux mois
nous y avons eu du chaud et du froid, tout le tremblement; que
nous avons eu combien d'hommes qui sont devenus aveugles pour
plusieurs jours. Hé bien, ça n'empêche pas, tenez, nous avions
avec nous un bataillon du cinquième; ça arrivait de France; c'était
courageux, n'y a pas de doute; mais c'était tout neuf, pas décati.
Avec un autre, ça aurait été tout démoli; hé bien, il n'y en a pas
eu un de décousu; par les maladies, s'entend. Aussi, en revenant,
que c'était donc fini et que nous en avions descendu des Mauricots !
il fallait nous voir; tenez, c'est là, à Mansourah, que nous avons
passé la revue; et il n'y a pas à dire, il manquait bien quelques
hommes à l'appel, que les Bédouins les avaient interloqués; mais
n'ayez pas peur, le fourniment tout complet.»

Je prenais plaisir à entendre cet homme rude et ingénu rendre,
au nom de tant de braves gens, justice à notre grand citoyen, si
ingratement, si fatalement méconnu en France. Cependant le jour
baisse; tambours et clairons appellent la retraite; une chaude
poignée de mains termine notre entretien. Je reste quelque tems
encor à reposer mes pensées, les laissant délicieusement s'em-
preindre de l'image de ces lieux que je ne reverrai plus, mais sur
les quels je reporterai souvent les regards du souvenir.

Il fait nuit quand je pars; j'ai renoncé à Hamed, à ses détours
et tours de métier qui allongent la route beaucoup plus que ses
sentiers ne l'abrègent. Je suis dans la diligence d'Oran. — Quoi,

une diligence va courir à travers marais, broussailles, montagnes sans routes et rivières sans ponts ! — Oui, elle courra, et elle fera 34 lieues en 15 heures ! Mais aussi elle est légère, la diligence de Tlemcen ! Vieille citadine de remise, elle est tellement disloquée, qu'elle ne peut plus casser. Les bancs sont pour deux ; on s'y met trois. A ce compte, on se porte les uns les autres. Dans ce cas, à quoi bon des coussins ? Aussi il n'y en a pas ; c'est plus léger. En outre, la caisse étant remplie comme une tonne, le vent ne peut y passer. A quoi bon des vitres ? Seconde économie. Et puis, si on verse, c'est le plus sûr moyen de ne pas se couper le nez ou crever les yeux. « Çà y est ! — dit le facteur ; — Ça va ! — dit le conducteur. » Et on part, on court, sans s'inquiéter de la nuit, des Bédouins, des craquements. La vérité est que nos six corps étant à peu près réduits à l'état d'un seul bloc, qu'on tombe, qu'on roule, nous sommes sûrs de ne pas bouger. Pendant l'heure de nuit que nous courons ainsi, je saisis les moindres lueurs de la lanterne, pour tâcher de connaître qui sont les cinq bourreaux-victimes qui m'écrasent, que j'écrase. Mais je ne distingue rien qu'un grand burnous blanc qui est immobile vis-à-vis de moi. J'en fais un chaïk, caïd ou calif ; je suis impatient de lier conversation avec lui, ne dût-il pas savoir plus de français que je ne sais d'arabe. Dès la première aube, premier étonnement, le caïd n'a pas de barbe ; puis il a le teint très-blanc ; puis il a des traits fins et délicats ; puis c'est une dame jeune, belle, à physionomie riche d'intelligence et de pensée ; c'est la femme d'un officier supérieur, qui habite l'Afrique depuis plusieurs années. Née en Italie, elle parle avec une égale facilité, sa langue natale et le français ; elle en brode une foule de récits intéressants. Elle a pour camariste, une petite Espagnole qui embrouille le mieux du monde son idiome et le nôtre. Les trois autres voyageurs sont deux marchands et un énorme boucher alsacien, bon enfant, mais qui m'écrase, qui m'étouffe ; que j'écrase, que j'étouffe.

On arrive ainsi à l'Isser, où, avec deux chevaux de renfort et un postillon à l'avant, on se relance de plus belle à travers monts et broussailles. A peu de distance du Figuier, nous voyons une voiture de roulier qui s'est brisée dans une fondrière. Depuis l'automne, c'est la première qui ait essayé de venir d'Oran à Tlemcen. L'essai est encourageant ; d'autres charrois s'empresseront de suivre. Aïn-Menouchen, la vallée de Sang, le Rio Salado, les Puits, le Sebgha, Misserghin passent presque inaperçus, tant on presse la course des chevaux ; tant nous sommes pressés nous-mêmes dans notre craquante machine.

Dès le matin, je cours à la Marine chercher une partance pour Gibraltar. Il n'y en a pas de directe ; mais une goëlette française,

les *Deux-Cousins*, part le soir même pour Alméria, d'où j'aurai
toute facilité de gagner mon but. De cette manière même, je
verrai mieux et plus; la chose est convenue, arrangée, arrhée.
« Oui, — dit la police, — mais cela ne m'arrange pas, moi; il
me faut les publications et le délai de trois jours. » En vain j'en
appelle à mon passeport visé et revisé à Alger, Marengo, Cherchell; en vain j'exhibe des lettres tout amicales du directeur de
Marengo; en vain je recours à un de ses amis, M. le capitaine du
génie, D., chef du bureau de la colonisation à Oran, qui me prête
l'appui le plus bienveillant; la police ne connaît rien ni personne.
Je perdrai mes arrhes; je perdrai plus, car si je manque les
Deux-Cousins, il faudra que j'attende 15 jours, avant de trouver
un autre départ pour Gibraltar ou Alméria. Tout cela est enjolivé
par des courses sans fin, de la mairie à la préfecture et de la préfecture au consulat. On paie l'une 4 francs, l'autre 5, mais l'agrément de voir ces Messieurs, indemnise de la dépense. Du reste,
tous ces frais de tems, d'argent, de patience, ont pour but de
protéger le commerce. Aussi, allez là pour faire des affaires; et si
vous vous étonnez qu'on n'en fasse pas, vous m'étonnerez bien
plus si vous en faites. Il est vrai encor que, pendant les longues
heures que vous passez aux portes municipio-préfecto-consulaires,
pendant les longues courses que vous faites de l'une à l'autre, vous
avez pour vous distraire et vous reconforter, la satisfaction de lire
sur tous les bouts de murs, et de méditer la noble devise des Français : Liberté, Egalité, Fraternité. Pour ma part, chaque fois
que mes yeux rencontrent ces mots magiques, je plains les Arabes
de ne pas pouvoir les comprendre comme nous, dans leur texte
originel, illustré par les commentateurs de la police ; je les plains
surtout, de n'avoir pas comme nous des murs, fussent-ils des
murs de prisons, pour les y pendre, les mots, non les commentateurs.

L'exiguité de ma bourse ne me permettant pas de prolonger
mon séjour dans le paradis terrestre, où cette Trinité nouvelle révèle ainsi partout sa présence, il faut renoncer à mes plans, prendre place sur la première barque, quelle qu'elle soit, qui m'arrache à tant de séductions.

Je suis à bord de la balancelle espagnole « Las-Almas, les
Ames, » capitaine Gonzalez, en partance pour Santa-Pola, six
lieues Sud d'Alicante. Et vraiment c'est bien une balancelle, « Las-
Almas : » Longue à peine de dix mètres, large à peine de quatre,
avec un pont aussi rond que ses flancs, elle roule comme un tonneau; les matelots eux-mêmes, quoique à pieds nûs, ne peuvent y
marcher sans se tenir à quelque agrès. Dessus, dessous le pont,
tout est encombré de meubles, de couchages, de femmes et d'enfants. Ce sont deux familles qui retournent en Espagne, où les

rappelle un héritage. Il y a des cris, mais aussi des chants, de la gaîté. On va, on vient, on roule, on tombe, on rit. Petit à petit, on arrange couchages et meubles ; on s'arrange soi-même.

La nuit venue, tout ce peuple-Diogène entre dans son tonneau et s'endort, en attendant le capitaine qui est resté à terre, pour régler ses comptes, ou pour se dérégler lui-même. A onze heures, il arrive. C'est juste le moment où le vent de terre a cessé. Mais quand on commande à deux mousses et trois matelots ; quand on a passé sa soirée à prendre des libertés, on peut bien se donner celle de lever son ancre et d'envoyer à l'avant, sa chaloupe et trois rameurs, pour tirer le vaisseau, surtout si le dit vaisseau est un tonneau. C'est ce que fait Sa Grace Gonzalez. Et nous allons, nous allons, je ne sais où ni comment. Au lever du jour, nous sommes à la même place.

Dans la matinée, il vient un peu de vent ; on louvoie, mais toujours en vue de Mers-el-Kébir. Nous ballottons tout le jour sans avancer. Les femmes et enfants sont malades ; les hommes boivent, mangent ou dorment. Je me suis retranché dans la petite chaloupe que l'on a retirée à bord, et où j'établis mon bivouac, avec une natte pour paillasse et une autre pour couverture. Ce n'est ni très-tendre ni très-chaud ; si le jour m'a apporté peu de distraction, la nuit m'apporte peu de sommeil. C'est le cas de ruminer mes souvenirs d'Algérie, et d'en tirer quelques conclusions ; gare qu'elles ne se ressentent du malaise sous l'impression du quel je les résume.

On ne peut se dissimuler que les résultats utiles, efficients, obtenus en Algérie, ne sont pas en rapport avec les sacrifices qu'ils ont coûtés, avec le tems qu'on y a consacré. Aussi, depuis 1830 jusqu'en 45, on a marché sans but, on a bâti sans plans, sans fondements. L'administration comme l'armée, s'est fatiguée, épuisée en marches et contre-marches. A mesure que notre élan physique et moral s'affaiblissait, l'ennemi instruit par nos fautes et par ses propres défaites, est devenu plus habile, plus redoutable. Pendant quinze ans, on a dépensé chaque année, sans rien gagner, sans rien garder, moitié de ce qu'il eût fallu pour prendre et garder tout. Alors seulement, voyant que chaque année aussi, cette moitié grandissait, et qu'on dépenserait sans résultat, dix fois, quinze fois, ce qui eût achevé l'œuvre dès l'origine, chambres et gouvernement se sont dit : « Il faut en finir. » Pour parler juste, ils devaient dire : « Il faut commencer. » Comme dans toutes les grandes nécessités, au lieu d'écouter les discoureurs, on est revenu aux faits et aux hommes efficaces, aux hommes d'action ; on a appelé à la création, à l'organisation de l'Algérie française, l'action, le fait incarné, Bugeaud, instruit, lui aussi, par des succès et des revers ; Bugeaud, soldat-laboureur et laboureur-soldat ; on lui a donné pour outils, 100,000 hommes commandés par Lamoricière, Cavaignac, Changarnier, Mac-Mahon, Pélissier, Bedeau et leurs frères d'armes, glorieux fils des armées d'Afrique; et il a conquis, il a travaillé, il a fondé. Arabes, colons, soldats diront depuis combien d'années la France africaine existe; ils diront si c'est avec la langue et la plume qu'on conquiert et qu'on fonde. Avant eux, les quinze ans, dont chaque jour a été marqué par de graves sacrifices d'hommes et d'argent, si non par des désastres, ces quinze ans avaient dit ce qu'on pouvait faire avec une épée sans poignée, avec une pioche sans manche.

Les secousses, les phases politiques de l'Europe, ont eu aussi leurs contre-coups, leurs reflets en Afrique. Les partis, les coteries ont oublié là comme ailleurs, mais avec des conséquences plus fatales, l'appréciation des mérites spéciaux, si essentiels pour cette existence, cette création toute spéciale. De là, le défaut de plan, le défaut d'ensemble et de suite, première condition de toute vie nouvelle.

Répétons-le encor, la plupart des chefs militaires qui ont administré l'Algérie, ont trop méconnu les traditions des conquêtes Romaines; ils ont trop méconnu ce qui, cependant, s'était fait sous leurs yeux, en Vendée et en Bretagne. N'était-ce pas en Afrique surtout, qu'il fallait appliquer ces règles de l'expérience si bien résumées par l'habile et illustre général Lamarque, dans le rapport que le 12 mars 1812, il adressait de Catalogne, au ministre de la guerre : « Il faut, disait-il, occuper les points d'où l'ennemi tire ses principales ressources; commander par des fortins les passages difficiles; élargir les sentiers, réparer les routes, pour que la cavalérie et l'artillerie puissent aller sans obstacle sur tous les points, et dans quelques mois, nous aurons terminé à coups de pioches, une guerre où les coups de fusils ont très-peu de résultats. »

Le principal avantage des troupes Européennes sur les hordes Arabes, c'est, avec la tactique, leur matériel de guerre; hé bien, jusqu'aujourdui, on a laissé nos régiments dans des conditions de marche telles, que ce matériel même, si bien nommé *Impedimentum* par les anciens, fait tout leur désavantage. Et puis aussi, si les voitures nécessitent des routes, les routes nécessitent les voitures. Or les voitures, c'est le commerce, c'est-à-dire l'échange, la fusion des intérêts et des besoins. Depuis près de quarante ans; malgré les éruptions volcaniques de 1830 et 48, qui est-ce qui a sauvé l'Europe occidentale des horreurs de la guerre, si non les liens par les quels le commerce, grâce aux nouvelles routes, aux steamers et aux waggons, avait indissolublement enchaîné tous ces peuples auparavant ennemis? Faites des routes, et l'Arabe fera des voitures, et dès cet instant il sera arraché à ses traditions, à ses habitudes, à sa nature; chaque pas qu'il fera sur ces routes, sera un pas fait vers la civilisation. Tenant ces routes, vous tiendrez tout. Alors aussi, offrant aux colons, sécurité et commerce, ils viendront d'eux-mêmes. — Au lieu de cela, bâtissez-leur des villages dans des lieux d'un accès difficile, souvent impossible; dans des lieux où ils ne peuvent amener qu'à grands frais, les nécessités de la vie, tandis qu'ils ne peuvent qu'à grands frais aussi, exporter leurs produits; mettez-les dans des positions où, tous les jours, l'attaque de l'ennemi sera aussi prompte à venir les frapper, que le secours sera lent à venir les défendre; dans ce pays sans chemins, faites des règlements de police capables de faire déserter les plus belles routes; dans le but d'écarter quelques vagabonds, traitez comme tels, tous les honnêtes gens qui viennent à vous, — de quoi se peuplera votre colonie, si elle se peuple?

Courage, constance, instruction militaire, notre armée possède au plus haut degré, ces qualités essentielles du soldat. Mais en Algérie plus que ailleurs, on ressent les fâcheux effets de notre système d'éducation nationale. Là, plus que ailleurs, on reconnaît le contre-sens fatal de l'enseignement des colléges. Là plus que ailleurs, les officiers sentent et montrent le vide, la vanité de leur instruction. Ils ont appris du latin et du grec, juste assez pour ne pouvoir pas apprendre des langues, des sciences pratiques, agréables dans la paix, indispensables dans la guerre. Hygiène, chirurgie élémentaire, construction, mécanique, géognomie, langues vivantes, sont des choses sans les quelles on ne peut pas concevoir un officier instruit; presque tous les ignorent! Par elles, tout leur serait utile; ils seraient utiles à tout et à tous. Avec l'estime d'eux-mêmes, de la société qui réclame et paie leurs services, ils auraient la confiance, l'affection de leurs soldats, désormais empressés à reconnaître, à honorer une supériorité d'instruction, dont tous les jours ils recueilleraient les fruits. Et ce peuple Arabe qu'ils sont appelés à combattre et à dominer, lui aussi, apprendrait à leur donner son estime et sa confiance; à ceux qui parleraient sa langue, il ferait bientôt comprendre, qu'il mérite d'inspirer autre chose que l'inimitié et le dédain, sentiments qui ne sont que trop répandus dans l'armée.

Depuis longtems, cette inutilité, cet abus des langues mortes est passé à l'état de vérité triviale. Il n'est pas un père qui ne gémisse d'être forcé d'y sacrifier la jeunesse de ses fils; le pays en souffre; il faut qu'il s'épuise pour nourrir ces existences creuses qu'il crée péniblement; légères et orageuses comme les outres d'Éole, ce sont elles qui, à tout moment, y déchaînent les tempêtes. Combien de tems cela durera-t-il encore? — Tant que, pour trouver le remède, on chargera de le chercher, ceux qui n'auront pas appris autre chose.

L'élément le plus actif de notre vieille société, celui dont les composants subtils pénètrent partout, l'élément prêtre ne s'est pas fait défaut en Afrique. Depuis quelque tems surtout, profitant de la propension politico-religieuse des gouvernants, il obtient les concessions les plus avantageuses ; Pères, Frères, Sœurs, venus là comme serviteurs, deviennent rapidement propriétaires et maîtres. Ils n'ont pas besoin de routes, eux, pour faire leur chemin ; et ils vont vite, trop vite. En effet, ce déploiement rapide du pouvoir d'un sacerdoce étranger, est éminemment propre à inquiéter la conscience des indigènes, à éveiller les craintes, à provoquer l'opposition des marabouts et prêtres Musulmans.

Il est vrai que, dans leurs allocutions publiques, les chefs recommandent à leurs ouailles, une grande réserve. Mais plusieurs faits donnent à penser que, à ces enseignements si sages, succèdent des instructions particulières, dictées dans un autre esprit ; en voici un exemple : Un chef d'ordre vient visiter un établissement tenu par des Sœurs. Devant de nombreux témoins, il leur rappelle qu'elles doivent s'abstenir de toute démarche de prosélytisme autre que la bienfaisance. « La seule manière innocente et efficace, — dit-il avec justice, — de prêcher aux Mahométans la supériorité de notre religion, c'est de leur montrer que nous sommes meilleurs qu'eux. » C'était beau ; c'était juste ; c'était honorable et sage. Quelques jours après, une des Sœurs allant visiter une famille Arabe du voisinage, emporte deux bouteilles pleines, l'une d'eau sucrée, l'autre d'eau pure. Avec l'eau sucrée, elle allèche les enfants ; avec l'eau pure, elle les baptise, dès que les parents les perdent de vue. Je ne suis pas assez casuiste pour prononcer si l'acte était bien canonique ; mais il n'était certes ni loyal ni prudent. Il est difficile de croire que Dieu sanctifie de telles surprises faites à la confiance, à l'hospitalité ; il est même difficile de croire que, quand il jugera les petits Bédouins et Bédouines, à leur arrivée dans l'autre monde, il leur tiendra compte du plus ou moins de pureté de l'eau dont on les aura ainsi aspergés ; que par exemple, il les frappera de son courroux si, dans le trouble de son empressement à escamoter cette opération tant soit traîtresse, la bonne Sœur vient à se tromper de bouteille.

L'incompréhensible de telles choses ne peut trouver foi que avec l'appui des miracles ; aussi les miracles ne manquent pas. Ici, un dignitaire de l'église, dans son exaltation de reconnaissance, pour les services qu'un gouverneur-général a rendus à la foi, conte le suivant : « Ce général, au tems de la guerre d'Espagne, se trouva dans un danger tel, que aucune force humaine n'eût pu l'en tirer. Alors, pour la première fois de sa vie, lui qui n'avait jamais été dévot, leva les yeux au ciel, et il y vit sous la forme d'une ange, une sœur qu'il avait perdue depuis plusieurs années ; et il fut sauvé ! Le général vit encor ; donc le miracle est bien réel.» — Ailleurs, un autre dignitaire également haut placé, raconte un miracle qui est encor plus authentique, puisque c'est lui-même qui en a été l'objet, tout indigne qu'il était de la faveur divine, ajoute-t-il humblement. — « Il traversait une forêt, accompagné de quelques spahis d'escorte. Dans cette forêt, il y avait un pont, — ce qui déjà peut compter pour un miracle en Afrique. — A peine avait-il passé ce pont, que 150 Arabes armés de fusils sortirent de dessous. — Ceci grandit le miracle ; car, pour loger cette troupe, il fallait que le pont fût passablement grand.— Les 150 Arabes couchent en joue, mais ne tirent pas.—C'est Dieu qui a fait le pont ; c'est Dieu qui y a caché les 150 Arabes ; c'est Dieu qui les a empêchés de tirer ; c'est lui aussi qui en a dit le nombre à son protégé ; car le dit protégé avoue lui-même que, au lieu de s'arrêter pour les compter et remercier Dieu, il se sauva à toutes brides avec son escorte ; ce qui, par parenthèse, semble prouver que, pour le moment, il n'avait pas plus de confiance au miracle, que ses spahis.

Est-ce par des moyens comme ceux-là, qu'on élèvera le Christianisme au-dessus du Mahométisme ; les Chrétiens, au-dessus des Musulmans ? Les grands miracles de la création ne viennent-ils donc pas tous les jours et partout, appeler l'admiration, la religion de l'homme ? Et ces Sœurs, ces filles vertueuses, habiles, dévouées, pourquoi les laisser croire, leur faire croire, qu'il peut y avoir sur la terre, des actes plus agréables à Dieu, des œuvres plus célestes que celles de la bienfaisance, de la charité ? Pourquoi les laisser croire, leur faire croire, que Dieu approuve et glorifie des actes que l'on « cache sous le boisseau ; » qu'il punit ou récompense ceux qui n'ont mérité ni châtiment ni faveur ? Est-ce dans ces voies là, vers ce but là qu'on les dirige ? »

Telles étaient, avec de nombreuses piqûres de puces, les distractions que m'apportaient mes impressions de voyage, dans mes fréquents intervalles de sommeil. De toutes manières, j'aurais mieux fait de dormir.

Après la deuxième nuit, nous ne sommes encor qu'à quelques lieues d'Oran, en vue de rochers qui sortent droits de la mer. Ils bordent le rivage comme un mur ; ils sont nûs, déchirés ; leurs sommets forment une longue crête ou lame tranchante. Un bloc pyramidal, une aiguille qui est devant, comme un phare, donne à ce lieu le nom de « Punta de la Aiga *ou* Aguja. » C'est déjà quelque chose que d'avoir à observer cette scène pittoresque. Ce qui est plus, c'est un vent d'est qui vient nous pousser vivement au large.

L'animation de la barque se communique aux passagers : Une grosse femme boit et mange, rit avec son gros homme. Leur fille,

la jolie Josefa, qui allaite un enfant, rumine un chant Hispano-
Mauresque, à la fois doux et rude; son mari l'accompagne d'une
guitare, qu'il râcle de ses cinq ongles, qu'il bat de ses cinq doigts.
Un petit homme, d'un âge mûr, qui s'enveloppe d'un air de
grande importance, entame avec le capitaine, une discussion
d'hydro-géographie, à savoir si on peut faire par terre le tour de
la Méditerranée. Le petit homme prétend que oui; le capitaine
prétend que non. Comme on m'a vu en main ma carte d'Algérie,
on me prend pour arbitre « ya que el cavalier entiende las cartas.»
— puisque le chevalier comprend les cartes; » dit le petit grand
personnage. Je donne une haute opinion de ma science en traçant
sur le pont, avec de la craie, la Méditerranée elle-même, et énu-
mérant le vocabulaire topographique de ses rives. Le petit homme
grandit d'un dixième de sa taille; le capitaine triomphe et le défie
de passer à pied le détroit de Gibraltar; tout l'auditoire m'admire, les admire.

Parmi mes auditeurs, le plus attentif, le plus constamment
approbateur, avait été un jeune homme, grand, beau, de figure
martiale, mais dégradé par la misère. Ancien Cristino, peut-être
Carlisto, peut-être alternativement l'un et l'autre, il semble dédaigné de tout le monde. Il reste continuellement seul avec une
caniche aussi propre, aussi soignée, qu'il est lui-même négligé et
sâle. Moi, en vrai barbet, touché de voir cet homme donner à
son chien, des soins qu'il se refuse à lui-même, je me persuade
que, puisqu'il est si bon, il ne peut être mauvais. Je lie conversation avec lui; il me raconte ses campagnes, ses guerrillas; sa
fuite d'Espagne; sa misère en France; sa misère en Angleterre.
« Enfin, — ajoute-t-il, — il va rejoindre sa famille à Alicante, et
il remercie Dieu, parce que « no hay mal que por bien no venga,
y el gato escaldao del agua fria huye. » Et voyant l'intérêt que je
prends à son chien, il le caresse, il le vante; il souffrira plutôt la
faim que de l'abandonner. Avec cela, il souffre atrocement du mal
de mer. Je lui donne les secours dont je crois qu'il a besoin

ESPAGNE.

Le troisième jour, aux premières lueurs du matin, nous apercevons à distance, la côte d'Espagne. Le vent tourne au nord; ce n'est qu'en louvoyant, que nous avançons. Nous doublons le cap Palos, derrière le quel le golfe de Carthagène se perd dans la brume. Nous longeons une rive plate, qui se relève à une chaîne, il faudrait pouvoir dire comme en Espagnol, une scie, *una sierra*, de montagnes aux sommets déchirés.

Dix lieues plus loin, ces montagnes projettent vers la mer, des bourrelets qui, avec les deux petites îles de Plana et Tabarca, embrassent et protègent la rade de Santa Pola. Cette rade est grande, bien encadrée; mais terre, montagnes et îles, tout y est d'une aridité, d'une nudité qui blesse, qui attriste la vue. Nulle part il n'y a trace de verdure. J'aperçois çà et là quelques taches noires; je les prends pour des cavités dans des rochers; ce sont des oliviers dont le pâle feuillage a été noirci, charbonné par la sécheresse. Cette sécheresse, me dit-on, dure depuis cinq ans, dans les environs d'Alicante, qu'elle frappe de désolation.

A peine entrés dans la rade, nous sommes abordés par le Commandant du port. Sa chaloupe est manœuvrée par quatre hommes que je prends d'abord pour des forçats, tant ils sont mal vêtus; ce sont des matelots de la marine royale. Quant au Commandant, c'est un homme de bonne mine; il serait difficile d'avoir plus grand air, fût-ce même du haut d'un vaisseau à trois ponts; et lorsque, en partant, il nous dénonce une quarantaine de cinq jours, ce serait à croire que c'est le « nutus » d'un Neptune, s'il était possible de mettre un dieu dans une pareille coquille. Du reste, cette quarantaine est motivée par l'existence du choléra en Afrique. La vérité est que, pendant mon séjour à Oran et à Tlemcen, il y avait compté plusieurs victimes. Le commandant laisse sur la balancelle, deux de ses tritons, pour la garder et en répondre. La garnison est digne de la place, surtout quand une autre barque nous a amené un « Carabinero » de la douane, tout aussi royal que les « Marineros reales. »

On nous fait jeter l'ancre à l'écart; on hisse le pavillon jaune;

et pendant cinq nuits et quatre jours, nous restons là à rouler sur notre tonneau. Le moyen est admirable : 1° pour nous guérir du choléra, s'il est dans nos entrailles ; 2° pour en préserver le carabinero et les marineros reales, s'il est à bord ; 3° pour les empêcher d'en porter le germe aux autres sujets de la reine de toutes les Espagnes ; 4° pour faciliter, stimuler le commerce. Quant à éventer les meubles, couchages et marchandises, on se garde bien de le faire ; c'est le comble de la prudence.

Qu'elles seront longues, ces cinq nuits ; qu'ils furent longs, ces quatre jours de captivité ! Le gros homme et la grosse femme continuent à manger, boire et rire ; Josefa chantonne sa romance ; son mari râcle et bat furieusement sa guitare ; l'enfant crie ; le petit-grand-homme parle science et histoire. Il me dit qu'il se fait un délice des lectures instructives, et il m'offre de lire un livre que, dit-il, il porte toujours sur lui ; c'est l'histoire de Clovis et de son baptême miraculeux. J'y trouve entr'autres, les lignes suivantes, dignes d'être mises dans le répertoire de nos dignitaires d'Algérie : « *Cuando le bautizaron con la Santa Crisma, como lo mandava la Santa Iglesia, milagrosamente vieron los que presentes estaban, una paloma que decendia del cielo, con una redoma piena de crisma en el pico, y a vista de todos la dejò caer, y de ella fuè primieramente unto el rey Clovis por el gran Santo Remigio.* » A ce miracle et à d'autres tout aussi sacro-saints, se mêlent les enchantements, les prodiges des Paladins et des Maures.

Mon ami le Cristino redressé sur ses pieds, ne s'oublie pas non plus ; il est toujours plus reconnaissant pour moi, plus soigneux, plus caressant pour son chien. « Il veut faire route avec moi, de Pola à Alicante ; il portera mon sac ; il se rappellera toujours les bontés que j'ai eues pour lui ; il.... n'en a plus qu'une à me demander, c'est de lui prêter deux francs qui lui manquent pour payer son passage, et sans lesquels il va être mis en prison.» Je lui donne les deux francs.

Le cinquième jour se lève enfin. Avec lui, doit venir le médecin du port. On se lave, on se brosse ; on met en avant, le couple rebondi, puis la jeune famille de Josefa ; on donne à chacun, un *trago* d'Alicante ; et quand arrive le médecin, vieux Sangrado au manteau noir, roussi par le tems, au grand chapeau rabattu, épais, plissé, cassé, crassé comme sa figure et ses traits, dès le premier regard, il prononce le désiré « *esta bien*, » et on débarque.

Pendant qu'on visite les bagages, quel est mon étonnement de voir « l'ami malheureux mais fidèle et dévoué » de la caniche, lui mettre une corde au cou, et chercher à la vendre aux curieux qui sont venus sur la jetée ! Quelle est mon indignation, ma confusion d'apprendre que mon protégé, ce noble débri de la guerre, est un vagabond ; que la chienne, son amie, a été volée par lui à Oran ! Ainsi ses affections caniches, mes émotions barbettes, l'argent qu'elles m'ont soutiré, tout cela c'est une scène à la Gil-Blas, dont je suis le Gille.

Santa Pola, quoique petit, n'est pas sans interèt. Près du port, s'élève un château-fort, carré-long, à deux bastions du côté de la mer. Un mur crénelé forme l'avancée de la porte. Pour toute garde, sous cette porte, est suspendu à un clou, un vieux fusil rouillé, enveloppé dans son étui. À l'intérieur, une grande cour est entourée de logements occupés par les douaniers et leurs familles. A l'un des angles du fond, est une chapelle assez grande, mais sans ornement, où on conserve, dit-on, nne relique de Notre-Dame-de-Lorette. Quand j'y entre, deux jeunes filles y sont seules avec deux enfants, agenouillées devant l'autel. Leurs quatre voix fraiches, limpides, chantent une prière qui doit être candide, innocente comme elles. Un tel tableau, de tels accents, s'ils n'abaissent pas Dieu vers les créatures, sont faits pour les élever vers lui.

Les rues du bourg sont larges, droites, bordées de maisons blanches ; mais ces maisons, la plupart imitées du mauresque, n'ont pas de fenètres. Par compensation, les portes sont hautes et larges, et permettent de voir grande partie de l'intérieur. Cet intérieur, aussi mauresque que le dehors, est simple, presque sans meubles. Mais ce qui n'est pas du tout mauresque, c'est que l'air et le jour attirent sur le devant des maisons, et jusque dans les rues, la plupart des familles qui s'y occupent à coudre, broder ou tresser des pailles. Or là, comme dans presque tous les autres lieux que j'ai vus en Espagne, femmes et filles ont une délicatesse, une correction de traits, une distinction de physionomie et de te-nue, qu'il est très-rare de voir comme type général, dans d'autres pays. Santa Pola, tout petit et écarté qu'il est, ne le céde pas, à cet égard, même à Barcelonne.

Hors de sa petite enceinte, sans aucun intermédiaire de jardins ou vergers, règnent des côteaux rocailleux où la vigne même expire flétrie par la sécheresse. Quelques ruines, parmi les quelles se voit le cadre encor distinct d'une maison mauresque ou ro-maine, parlent d'anciennes richesses. De l'autre côté, vers le Sud, la plage est plus étendue. On y voit aussi des ruines. L'une, grande et élevée, surmonte trois caves voutées, revètues de stuc intérieurement, et communiquant entr'elles par des ouvertures pratiquées dans les murs de séparation ; c'est la construction, la disposition ordinairement donnée par les anciens à leurs réservoirs d'eaux. L'aridité du sol indique l'importance qu'ils ont dú atta-cher aux établissements de ce genre ; elle accuse et punit cruellement la négligence des habitants actuels. Du reste , c'est en vain qu'on cherche des routes autour de Santa Pola ; pas une seule ne vient y appeler le commerce que lui offre la bonté de sa rade.

Revenons à la posada. Selon la mode hôtelière d'Espagne, c'est une auberge à peu près dénuée de tout ; mais elle est tenue par des hôtes comme j'y en ai trop peu rencontré. Antonio Perez, le chef de la famille , est le type de l'honnêteté froide , réservée, peu conteuse. Sa femme est le type de la bonté d'instinct, confiante ; causeuse ; mère d'une nombreuse famille, elle anime tout de son activité, de son affection. Sa fille ainée, Henriquita, est plus sérieuse ; un seul sentiment la domine ; elle doit bientôt être l'épouse d'un marin dont on attend le retour. Je crois même reconnaître en elle, une des jeunes filles de la chapelle. Elle est rêveuse. Est-ce la joie ou le chagrin qui est dans son cœur? Respectons son silence. En revanche, sa petite sœur Marieta, charmante enfant de 4 à 5 ans, aux traits délicats et fins, aux yeux déjà espagnols, a toute la gaité naïve de son âge. Elle cause, elle rit ; elle veut que je lui apprenne le français ; elle m'amuse de ses jeux jusqu'au moment du souper. Alors je suis à table avec cette bonne et belle famille, qui s'est augmentée de deux jeunes frères. Le père est moins sérieux ; Henriquita est moins rêveuse ; la mère et Marieta ne causent, ne rient pas moins. Après le souper, ma petite sœur grimpe sur mes genoux ; et la soirée se prolonge jusqu'à dix heures, avec le plaisir, la confiance de parents ou d'amis qui se reverraient pour la première fois, après une longue absence. Le bon Perez, qui fait tous les jours comme commissionnaire, le trajet d'Alicante , prononce enfin qu'il est tems d'aller dormir. C'est en amis aussi qu'on me dit adieu, qu'on me souhaite un heureux retour en France ; et que, me serrant la main, on me dit : « Semos pobres gentes , mas lo hacemos sincera y cordialmente. —Nous sommes de pauvres gens, mais nous agissons franchement et de bon cœur. »

Dans l'isolement, le vide du voyage ; au milieu des aspérités, des répulsions qu'on y rencontre, avec quel charme le cœur s'ouvre à des voix amies ! Longtems refoulé sur lui-même, avec quel élan il y répond ! Des mois, des années passées ensemble, n'appelleraient pas plus de confiance. Quelques années, quelques mois, quelques jours d'attelage au même joug de la vie, montreraient là peut-être, comme ailleurs, dans les détails de l'existence, les petites et grandes misères qui s'y attachent. Hâtons-nous d'emporter telle que nous l'avons vue, l'image heureuse de l'excellente famille Perez.

Dès quatre heures, les grelots de la mule annoncent le départ. Elle est belle , bien équipée, soignée comme tout le reste de la maison. Elle tire d'un pas vigoureux, sa charette, où ont pris place trois habitants du lieu, qui sont pour moi d'une obligeante politesse. Leur conversation est pleine d'intérêt. Ils me donnent de nombreux renseignements sur leur pays. Malheureusement, c'est un sujet où la question de sécheresse et de disette affecte, absorbe toutes les autres. Pour Santa Pola, les arrivages de la mer compensent en partie le mal. Comme l'intérieur manque de routes, que les transports ne s'y font qu'à dos de mulets, et que, faute de fourrage, on a été obligé de tuer ou vendre à vil prix, la plupart de ces animaux, il en résulte qu'à quelques lieues de la côte, on éprouve toutes les rigueurs d'un dénûment absolu.

Le pays que nous traversons est cultivé ; mais à peine le grain y a développé son germe, qu'on voit sa tige s'arrêter et se flétrir. Çà et là, à de grandes distances, sont des maisons isolées, tanières mauresques, sans jours extérieurs, où tout annonce la méfiance, où rien ne s'ouvre à l'hospitalité. Quant à la route, les roues seules de la charette l'ont tracée sur des croûtes rocheuses où elles ressautent et se déchirent; à travers des fondrières où elles plongent.

Après deux heures de marche, cependant, nous traversons des lieux moins arides, grâce à quelques filets d'eau descendus des montagnes dont nous nous rapprochons. Nous sommes aux confins du territoire d'Elche, justement renommé pour sa fécondité, qu'il doit à ses irrigations et à sa température tropicale. Nous côtoyons, à petite distance, ses forêts bien tropicales aussi, forêts de palmiers, rivales de celles d'Afrique et d'Asie, mais bien inférieures aux nôtres, pour la variété, la richesse des teintes et des formes.

Bientôt la vue est appelée par l'aspect du fort d'Alicante. Mes compagnons de voyage s'empressent de me le montrer, et, pour preuve qu'il est imprenable, ils ne manquent pas d'ajouter que les Français n'ont pas pu le prendre, « a tempo de la gran guerra. »

La trace que nous suivons revient au rivage. Elle serpente à travers les sables, les fanges, les galets ; elle y croise les embouchures de plusieurs torrents complétement desséchés. Des navires s'approchent de la côte, d'autres s'en écartent, d'autres sont à l'ancre ; c'est la rade, c'est le port d'Alicante.

Nous longeons un bois de palmiers, puis un édifice accompagné de nombreuses et vastes dépendances. C'est un hôtel des monnaies récemment construit. On y a donné le luxe et l'étendue qui conviendraient au « Mint » de Londres ; tout y est prêt pour y frapper des monts de monnaies d'argent et d'or ; il n'y manque, dit-on, que deux choses, l'or et l'argent.

Une longue rue bien bâtie, bordée de trottoirs, mais peu large et mal pavée, est encombrée de gens et de voitures. Ce mouvement me conduit à la posada de la Battolla, où je suis loin de trouver le calme, l'accueil, la vie de famille de la posada Perez. Cette maison, toute grande qu'elle est, semble avoir été bâtie par des Maures pour des morts : Autour de sa vaste cour, règnent des galeries sur les quelles ouvrent toutes les chambres. Ces chambres ont pour toute fenêtre, un soupirail à deux mètres de hauteur, le quel a pour toute vitre, un volet de bois. Un lit, deux chaises massives, en forment tout l'ameublement. Cellule ou cachot, je m'en échappe bientôt pour aller au dehors, chercher air et lumière.

A mesure que j'avance, le mouvement augmente, les édifices grandissent. Cependant Alicante étant resserré entre ses forts, ses rochers et la mer, les rues y sont étroites, les places y sont rares et petites. L'une d'elles, à arcades, forme un triangle irrégulier devant l'Hôtel-de-Ville, édifice surmonté de dômes, qui a la dignité de l'âge et de la grandeur. Une autre, nommée, je crois, la Rambla, consiste en une seule allée plantée d'arbres et flanquée de deux rues. Enfin, un carré d'une quarantaine de mètres, également planté d'arbres, renferme des corbeilles de fleurs sans fleurs, et des fontaines sans eau.

Cette dernière place n'est pas loin du port; allons-y pour voir Alicante tel que sa réputation le fait, tel qu'il a fait sa réputation. Là nous trouvons activité, richesses. Une jetée magnifique que l'on prolonge encor par de nouveaux travaux, embrasse un vaste bassin où sont amarrés plus de deux cents vaisseaux. Un phare mobile, d'une charpente à jours aussi délicate que hardie, surmonte la tête des travaux que l'on continue avec énergie. Ce phare est au foyer d'un magnifique amphithéâtre. L'arène, c'est la mer bleue, pavoisée de vaisseaux, sillonnée en tous sens par des barques légères; les gradins, ce sont les rues et les édifices supperposés, les dômes des palais et des églises; le couronnement, ce sont les monts, les rochers avec leurs bastions, leurs remparts, leurs tours.

De retour à la posada, tandis que je prends mon souper espagnol, de ris à l'huile, j'entends dans la rue, le tintement d'une clochette, puis des chants funèbres. Tous les gens courent aux portes et s'agenouillent. Bientôt je vois venir, à la lueur de cierges nombreux, un cortége de prêtres en surplis et étoles. Ils précèdent un dais entouré de soldats dont les schakos renversés en arrière, restent suspendus au cou par les gourmettes. A voir la splendeur de cette pompe religieuse, je crois que c'est une cérémonie qui se rattache à la solennisation de la semaine sainte où nous sommes; c'est le viatique qu'on porte à un malade.

Le lendemain, de bonne heure, je monte aux rochers de la citadelle. Des rues étroites, tortueuses, grimpantes, taillées en escaliers, y conduisent; puis ce sont les rochers eux-mêmes, escarpés, presque droits, mais d'un grain tendre, crayeux. En cas de guerre, l'ennemi qui pourrait en atteindre le pied ou le flanc, protégé qu'il serait par l'escarpement lui-même, pourrait facilement y percer des galeries de mines. Donc, n'en déplaise à mes compagnons de la carretela, croyons que les Français n'ont pas pris cette citadelle parce qu'ils ne l'ont pas assiégée; non qu'ils ne l'ont pas assiégée parce qu'ils ne pouvaient la prendre; Sarragoze, Tarragone, Murviedro le prouvent.

Du haut des rochers, le regard plonge sur le port et la ville; on peut en compter les vaisseaux, les rues, les dômes émaillés de métaux brillants et de cristaux de couleur.

Au bas, du côté du port, dans un quartier qui semble peuplé par la classe la plus misérable de la ville, est une église dite de Santa Maria. Comme architecture, l'extérieur ni l'intérieur n'ont rien de remarquable; mais le grand autel est surchargé des plus riches sculptures. La cathédrale, qui est à peu de distance, n'a rien de ditingué non plus dans sa construction, si ce n'est, comme les autres que j'ai vues depuis en Espagne, sa ressemblance avec les djammahs mauresques, dont on y retrouve les dômes, les arcades, les doubles et triples collatérales. L'extérieur est lourd; l'intérieur est sombre. La nef large et sans longueur, sans perspective, est encor raccourcie, presque coupée en deux, par une enceinte de hautes boiseries, qui entourent et ferment complétement à la vue, les stalles du chœur et du chapitre. Le grand autel est presque une montagne de sculptures; un hémicycle d'arcades qui l'entourent par derrière, serait digne de faire partie d'une œuvre de génie. Dans la collatérale de gauche, un autel surchargé d'argent, est l'objet d'une vénération, d'un culte, d'un soin tout particulier. De grandes harmonies de voix et d'instruments s'élèvent de l'enceinte du chœur; trois ou quatre cents femmes, quelques hommes sont en prière. Vers le milieu de la nef, une jeune fille, belle d'âme autant que de taille et de visage, reste pendant plus d'une demi-heure, les genoux sur le marbre, le regard fixe, le corps immobile, comme si toute sa vie était enchainée à une seule pensée, à un seul sentiment. Enfin elle se lève presque sans se mouvoir; une femme vêtue de noir, sa mère ou sa duègne, s'approche d'elle; elles disparaissent dans l'ombre des arcades. Tout semble dire que, à cette ombre, succèdera pour la jeune fille, celle de la tombe, ou d'un couvent, ou d'un mariage qui lui tue le cœur.

Je sors par la porte du Nord; je monte aux pentes d'une montagne qui est couronnée par l'enceinte d'un camp retranché. De là encor la vue se reporte sur la ville, la citadelle, l'horizon bleu du ciel et de la mer; mais aussi, sur des campagnes nues, stériles.

Redescendant par l'autre pente, vers la route d'Elche, j'y

trouve quelques jardins vivifiés par un ruisseau. Un petit bois de palmiers y donne un peu d'ombre. Je m'y arrête à me reposer et à regarder un bataillon qui manœuvre dans la plaine voisine. Les commandements sont brusques ; la *jota*, *J*, et la *équis*, *X*, y donnent leur âpre guttural ; les mouvements sont précipités, forcés ; le pas est plus rapide que notre pas accéléré, à peu près, dans le rapport de 4 à 3. A raison de son climat brûlant, l'Espagne devait, plus que bien d'autres pays, apprécier les avantages du ceinturon. Elle l'a adopté ; mais, le croirait-on ? elle n'a pas renoncé pour cela, aux entraves des baudriers en sautoir. Un large ceinturon lui sert à compléter l'étui de buffle dans le quel elle fourre ses malheureux soldats. On conçoit qu'ils n'y peuvent vivre longtems, soit qu'ils y étouffent, soit qu'ils s'en échappent à toute occasion. Aussi, excepté les officiers, du reste très-nombreux, ce bataillon est entièrement composé de jeunes gens.

Rentré en ville, il faut faire viser le passeport pour partir demain. Heureusement, il n'en est pas d'Alicante, comme de Marseille, d'Alger, Oran et tant d'autres officines du peuple souverain. Ici, les bureaux ouverts de huit heures jusqu'à cinq, sauf deux heures de sieste dans le milieu du jour, se rouvrent de neuf à dix du soir, pour expédier les affaires qui ont été attardées. C'est à cette heure que j'y vais, et malgré mon costume et mon air bédouinés, j'y trouve, en fait d'obligeance et politesse, le contraire de ce qu'on rencontre trop souvent dans nos bureaux-égalitaires.

Confiant dans de si bons auspices, je pars pour Valence, malgré les doutes que l'on m'exprime à la Posada, sur la sécurité du trajet, vû que la misère qui règne dans le pays, a forcé beaucoup d'honnêtes gens à « echar por los caminos, » honnêtement parlant. « se mettre en route ; » mais mot à mot, « travailler sur les routes. » En ce cas, comme en bien d'autres, je compte sur ma bonne fortune, qui consiste à n'en avoir pas. Il est à peine jour quand je passe la porte. J'y revois avec étonnement une chose que, la veille, j'avais crue momentanée ou fortuite ; ce sont les factionnaires se tenant de nuit comme de jour, fixes sur leurs deux talons, l'arme au pied. En y réfléchissant, je trouve que cela explique pourquoi on met de tels hommes dans des étuis.

La circulation est déjà active sur la route. Cela est naturel ; entre Alicante, l'un des grands ports de l'Espagne, et Valence, capitale de province, capitale de royaume, il doit y avoir foule de relations commerciales et autres. Un faubourg garni de boutiques et de guinguettes, semble être la tête active d'une grande route ; cette route elle-même est large, en assez bon état ; c'est grand, c'est beau ; allons. Voilà une caserne de cavalerie ; voilà une avenue qui mène à une église, but d'un fréquent pélerinage ;

voilà la route qui tourne à droite; la voilà.... qui cesse; il n'y en a plus. Le « camino real » d'Alicante à Valence, sera dès lors, comme le chemin de Santa Pola, une trace d'ornières allant à travers champs. Ces champs sont bien cultivés; on y reconnaît l'industrie justement renommée des Valençais; mais terre et cultures sont frappées d'aridité, de stérilité; ça et là seulement, quelques oliviers, quelques figuiers étendent leurs rameaux, leurs feuillages aux teintes charbonnées; plusieurs même se flétrissent et périssent.

Le sol s'abaisse; il forme un bassin autour du quel se relèvent des collines; c'est « la Huerta, » le jardin, d'Alicante, autrefois, l'une de ces oasis qui font la richesse et les délices de l'Espagne. Ici même, toute fécondité est tarie; il y a plus de population, plus de misère. Une petite ville s'appuie aux côteaux de droite; le chemin passe près d'une avenue de palmiers mutilés, qui mène à un couvent en ruines; puis il traverse un lieu nommé Palmito, sans doute à cause de ce voisinage. C'est un grand village blanc, propre, chétif comme Santa Pola. En revanche, son église est splendidement décorée à l'intérieur. Pour toute enseigne d'hospitalité, je ne vois que quelques misérables bouchons. La chaleur est brûlante; je marche depuis plus de deux heures; ce serait le cas de déjeûner. Mais ma carte m'indique près de là, sur ma route, la ville de Muchamiel (abondante en miel); un tel nom est fait pour allécher. Je passe dédaigneusement les humbles posadas du village; je veux me donner le confortable de la ville.

Je marche, je marche; chaleur, sécheresse, ornières, continuent, redoublent; de ville ou d'auberge, point. Adieu l'Huerta! Il faut franchir un plateau crayeux, rocheux, où le chemin se tord en tout sens, à travers les fentes et les blocs. La faim, la soif, crient dans mon coffre creux. Je rencontre un muletier; je lui demande où donc est Muchamiel? Il me le montre à une lieue derrière moi! C'est la petite ville que j'ai laissée à droite de Palmito. Une erreur de ma carte m'a ainsi justement, mais cruellement puni de mes prétentions citadines. Et qu'on juge de ma componction, quand le même muletier m'apprend que j'ai encor deux heures à marcher, avant de trouver une « venta, » auberge!

J'approche des montagnes que de loin j'avais vues dresser leurs flancs caverneux et nûs, leurs têtes déchirées, leurs dents aigües. Les villages disparaissent; les métairies deviennent plus rares; elles s'écartent dans les ravins qui sillonnent le sol. Malgré mon affaissement, j'admire dans ces ravins, l'art avec le quel les habitans en soutiennent les terres, par des murs de terrasses. Leur travail s'attache à tout; mais les bas-fonds eux-mêmes sont arides. Une chose aussi frappe mon attention; c'est la ressemblance de configuration et de composition de ce sol, avec celui de la côte

10

d'Afrique : Masses argileuses, marneuses, à grands éboulements, aux flancs arrachés, déchirés, fendus par les torrents. Plusieurs fois je traverse ces fossés, profonds de 20 à 50 mètres, larges d'autant. Ils sont à sec, et, pour ma part, je ne le regrette pas ; car, ressemblance de plus avec ceux de l'Atlas, il n'y a pas un seul pont. L'un d'eux, cependant, est arrosé par un ruisseau qui donne vie à quelques champs, à quelques arbres. J'y aperçois une maison ! Sans doute, c'est la venta promise ! Je savoure d'avance toutes les délices de la souffrance ; lassitude, faim et soif crient de joie. Mais « No hay acà venta, » me répond rudement le métayer. En vain je lui expose mon mécompte, l'épuisement où je me trouve ; en vain, l'argent en main, je lui offre de payer au prix qu'il voudra, un peu de pain et de vin ; il reste de la plus sauvage inhospitalité.

Quand on ne peut plus aller des pieds, il faut aller de la tête ; l'indignation contre ce mauvais homme m'excite. J'en ai besoin. car une lieue encor, et par une montée continue, sur un sol blanc, poudreux, qui réverbère l'ardeur d'un soleil du midi, à midi. Point d'ombre sur la terre, point de souffle dans l'air ; jamais, je crois, je n'ai été si à bout de forces. Enfin, dans un retrait de montagne, voilà une cabane ! J'ose à peine la regarder, de peur d'y reconnaître une métairie, sœur inhospitalière de celle du ravin, C'est la venta ! Chétive qu'elle est, quel palais a jamais promis, a jamais donné tant de délices ° Sur son banc de pierre, sous son toit de roseaux, en un instant je hume, j'aspire, ombre, fraîcheur, repos, pain, vin, œufs, café, oranges ; et, tout cela est assaisonné par la bonté, l'affabilité de mes hôtes ! Non, il n'y a que la souffrance qui puisse donner de telles jouissances. Ce n'est pas sans peine que je m'arrache à ce lieu fortuné. En le quittant, je veux y prolonger du moins le bien-être que j'y ai trouvé ; j'ajoute à mon écot, quelques « cuartos » destinés à payer celui du premier malheureux qui y passera.

Je continue gaiment, vivement ma route. Je suis dans les montagnes, je remonte par des pentes rapides une vallée étroite ; les ravins sont plus profonds, ils deviennent des précipices ; çà et là se montre quelque verdure, mais toujours un aspect général d'aridité, de dénûment. Je rencontre bien des gens qui ont l'air d'avoir besoin et envie, de se procurer d'une manière quelconque, ce qui leur manque pour vivre. Probablement que je ne leur fais pas l'effet d'être chargé par la Providence, de le leur fournir ; aucun ne me dit : « Senor pasagero, sirvase de echarme alcunos reales, que Dios se lo pagarà en el otro mundo. »

Le jour commence à baisser, quand je vois de belles ruines se dresser au sommet d'une montagne ; ce sont les restes de la citadelle de Xixona. Bientôt j'approche de la petite ville de même

nom, qui est au-dessous, pittoresquement suspendue au flanc
même de la montagne. Des ruisseaux qui en descendent, entretiennent à l'entour, de la fraîcheur et de la verdure. A l'entrée de
la ville, un pont franchit un ravin escarpé; de là on voit avantageusement cette vallée vraiment alpestre. Les eaux, soutenues
par des banquettes, conduites par des canaux, vont partout stimuler la végétation; la ville, les ruines du fort complètent le
tableau.

A la « Posta real », qui est une poste comme le « Camino real, »
est une route, je trouve bon accueil et propreté. L'hôte, petit
homme déjà âgé, a voyagé lui-même; il en est plus bienveillant
pour les voyageurs. Il est causeur; il me raconte les arrangements
de sa maison, qui est grande, belle, bien tenue. Cependant, malgré ses voyages, il est resté, pour les mêts et les meubles, fidèle
aux usages Valençais, on pourrait presque dire Mauresques, tant
il y a de ressemblance : Tables et chaises sont si petites et si
basses, que c'est à peu près comme si on n'en avait pas; on
mange du riz à l'huile, qui est cousin tout proche du cousse-
coussou, d'autant plus qu'on n'a pour le prendre au plat, qu'une
palette de bois tout arabe. Quant à la viande, elle est rôtie comme
chez Bou-Allem; il est entendu qu'on a ses doigts pour fourchette. Je dirai cependant que, quand j'en demande une autre,
malgré l'étonnement qu'on en a, on m'apporte une.... petite fourche de bois.

Quant aux costumes, les femmes Valençaises conservent toutes
la gracieuse mantille, ou voile mauresque. Les hommes, eux-
mêmes, figureraient mieux dans une mosquée, que dans une cathédrale : Un manteau qui, comme le burnous arabe, ne quitte pas
leurs épaules, et leur sert contre le chaud, la pluie, le froid; un
bonnet rouge, non pas diminutif, mais augmentatif de la toque
musulmane; une veste, des sandales « espadrillas, » une culotte
capable de tromper l'œil même de Mahomet, tel est, dans cette
province, le costume très-peu chrétien, des sujets de sa Majesté
très-catholique.

La culotte Valençaise est la perfection des culottes, surtout,
pour un pays aussi chaud : Courte, large, flottante, légère, elle
a l'ampleur du pantalon turc, sans former comme lui entre les
genoux, un paquet lourd et difforme. La tunique Romaine ou
l'Ecossaise pourrait seule y être préférée. Combien de maladies,
combien de morts auront été causées par les gênes, les tortures
de notre costume européen. Supposez que les soldats de Scipion
ou de César sortent de terre; fourrez ces conquérants du monde
dans des pantalons étriqués; serrez leurs cous dans le carcan des
cols; coiffez les d'un schako ciré, et dites leur de courir à la conquête du monde. Bon nombre ne marcheront pas trois étapes.

Tandis que j'admire et envie cette culotte valençaise, que bien
des gens et gentes auront admirée avant moi, mon hôte accourt
en me disant : « Vegna, vegna Usted; vegna a ver ! » et il re-
court vers la porte. La nuit est obscure; au haut de la rue, brillent deux longues files de cierges; des chants psalmodiés se font
entendre, et déjà passe une nuée de gamins, avant-garde obligée
de toute solennité. Les cierges sont tenus par des hommes portant tous de grandes perruques à marteaux, et des robes à queues
traînantes, à larges manches, comme des robes de docteurs. Ils
sont plus de trois cents. Comment, trois cents docteurs dans une
ville si petite ? C'est difficile à comprendre. On m'apprend que
toute la science du doctorat qui figure ici, consiste à savoir que,
en s'affublant de ce costume, en balayant de sa queue, les pavés,
et brûlant force cire, on fait acte de haute dévotion. Les frais
sont grands sans doute, car ces cérémonies nocturnes se renou-
vellent souvent dans l'année; mais peut-on employer son tems et
son argent, de manière à en retirer plus de profit dans le ciel, si
non sur la terre? Aussi de simples artisans n'hésitent pas à s'imposer à eux et à leurs familles, de sévères privations, pour se
mettre à même de figurer plus tard au paradis, n'importe dans
quel costume. Là aussi, des enfants en surplis représentent des
anges. Or, comme il a été décidé, je ne sais où, ni par qui, que
tous les anges doivent être blonds, et qu'en Espagne les cheve-
lures sont noires, ces enfants portent de grandes perruques de
lin, qui leur vont plus ou moins divinement. De distance en distance, on porte sur des brancards à épaules, des statues du Christ
figurant plusieurs scènes de sa vie. La procession se termine par
une Marie pleureuse, tenant à la main un mouchoir de poche. Ce
dernier fait est notable, car il prouve que cette utile invention
date de plus de dix-huit siècles, et qu'on s'en sert, qu'on s'en ser-
servira éternellement au ciel

Mon lit est bon; la fatigue le rend délicieux. J'y dors à faire
envie aux anges sans perruques qui, je crois, ne dorment pas.

Partant dès le premier point du jour, je rencontre dans les rues,
un grand nombre de femmes en grand costume noir, qui déjà
commencent leurs stations du Jeudi-Saint. Partout brillent des
foules de cierges. Que de tems, que d'argent perdus pour la terre!
Est-ce ainsi qu'il faut semer pour récolter dans le ciel?

Xixona est comme accroché à une pente. Quelques jardins,
quelques vignes, mais la plupart brûlés de sécheresse, occupent
une sorte de plateau à hauteur des ruines qui, de ce côté encor,
sont d'un bel effet; puis commence la rampe qui franchit la
« Sierra » de séparation, entre le bassin d'Alicante et celui de
Valence. Un petit chemin de voitures sans voitures, y monte
en serpentant; un sentier de mulets l'aborde directement. Il

est raide, aride, pierreux. On m'a promis que je trouverais à mi-hauteur, un « Venterillo; » diminutif de Venta. Effectivement, il est là; mais démantelé, abandonné. Sera-ce aujourdui le même mécompte que hier? La chaleur est aussi ardente, l'air aussi accablant, le chemin plus difficile. Espérons pour nos frères de Xixona, que ce n'est pas par ce chemin là, qu'ils monteront en Paradis avec leurs grandes perruques et leurs grandes robes. Je fais de fréquentes haltes qui, outre l'attrait du repos, ont celui d'une perspective étendue sur les montagnes et les vallées. Celles-ci sont parsemées d'habitations, couvertes de cultures, mais tout est sans vie. Les deux chemins se rejoignent pour s'élever par une longue corniche, à un flanc escarpé où la culture cesse, où seulement quelques chèvres errent parmi les rochers, pour y chercher leur rare pâture.

Enfin on tourne à gauche, on monte encor; et, dans un repli rocheux, je vois un Venterillo. Je ne suis pas fatigué, épuisé comme hier; au lieu de mes bons hôtes de la Venta, je ne trouve ici, dans une misérable cahutte enfumée, qu'un vieillard sale, qui semble hébété par l'isolement dans le quel il vit; mais le jardin des Hespérides n'a jamais produit des oranges meilleures que celles qn'il me donne.

Ce qui n'est pas moins rafraichissant, ce Venterillo est au sommet de la montée. A partir de là, une demi-heure de marche sur un plateau nu, désert, mène à la pente qui descend au Nord. Quand j'y arrive, un sentiment subit de surprise, presque de frayeur, m'arrête comme si j'avais mis le pied au bord du cratère d'un volcan. En effet, le bassin d'Alcoy, qui s'ouvre devant moi, ne me parait pas moins cinéreux, moins calciné que l'intérieur du Vésuve. Profond de cinq à six cents mètres, large de dix à douze mille, vallée, ravins, montagnes, tout est brûlé, tout semble couvert de cendres. Comme à Pola aussi, des arbres au feuillage charbonné, sont noirs comme des bouches de cavernes. Le chemin, cependant, est devenu meilleur; c'est presque une route. Il fait à la descente, de longs détours qui me donnent lieu de voir à tous ses aspects, cette grande scène désolée.

Alcoj lui-même reste caché derrière un monticule au quel il s'appuie. Je ne le vois presque que quand j'y entre. Une porte y figure un souvenir de fortification. A l'intérieur, s'ouvre une grande rue blanche, droite, populeuse, qui continue à descendre. Vers le milieu, à gauche, est une promenade publique plantée d'orangers, citronniers, grenadiers, ornée de fleurs remarquables par leur éclat, leurs formes, leur grandeur. Il y aurait trop de délices à s'y promener en tems d'abstinence; elle reste fermée pendant la semaine sainte. Sans doute que, par le même motif, on interdit aux grands et aux riches, de se promener dans leurs jardins. Je n'ai pu vérifier le fait. Par contre, grands et petits peuvent lazaronner dans les rues et sur les places, l'oisiveté étant une condition essentielle de sanctification.

Malgré l'interdiction de se distraire d'une si édifiante adoration, on peut penser que l'apparition de mon air et costume de bédouin-français, au milieu des « sombreros » et des « capas » noirs, attire bien des regards. Cela même ne s'arrête pas là ; passant près d'un groupe d'enfants et manants qui célèbrent la grande fête, par le « far-niente » le plus saint, l'un d'eux me reconnaît pour Français, et aussitôt, lui et les autres, de crier : « Ah, el Frances, el Frances ! » En même tems des pierres tombent près de moi. Je me retourne, je marche à eux sans mot dire ; ils se retirent ; les cris cessent.

Arrivé à la posada, on me conseille d'attendre la nuit pour sortir, parce que, me dit-on, « En esos dias dedicados, se halla tanta gente de mala crianza en las calles ! — Dans ces jours consacrés, il y a tant de mauvaises gens dans les rues ! » Fort peu édifié de cette manière dont un peuple dévot, célèbre la grande fête d'une fraternisation divine, je caractérise comme elle le mérite, cette violation barbare du droit des gens. Quelques Espagnols, gens d'honneur qui m'entendent, déplorent un tel état de choses ; mais aucun n'oserait s'y opposer. La police seule peut me protéger ; si je le demande ; elle me fournira un alguacil pour m'accompagner. Ce serait le cornac ajouté à la bête curieuse. Je suis peu curieux d'en jouer le rôle. Par compensation, l'hôtesse, bonne vieille, connue dans le pays, sous le nom de « La Viuda,—La Veuve, » me promet que le soir, je verrai la plus belle procession de toute l'Espagne ; de plus, elle me donne une chambre propre, éclairée par une assez grande fenêtre. Quoique sans vitre, c'est un progrès sur ma cave d'Alicante. Je m'y installe ; je prends des notes ; j'écris à des amis.

Le soir venu, grace à son voile, je puis sortir sans provoquer de nouvelles insultes.

Les apprêts de la cérémonie ayant attiré tout le monde vers un seul point, les rues, les places sont désertes ; j'en profite pour les parcourir. La ville paraît bien bâtie ; elle est beaucoup plus grande que Xixona ; elle contient, me dit-on, de 15 à 20,000 habitans, dont une grande partie sont occupés à la fabrication des draps et papiers. — Allons à la procession. On peut le penser, elle est en proportion de l'importance du lieu. Aussi il y figure au moins 1,200 cierges et robes noires ; c'est un défilé qui dure près de deux heures. On y a multiplié les perruques de lin, les brancards et les statues. A cause de la pente rapide du sol, les entrées des églises étant au haut de perrons fort élevés, il en résulte pour ces statues, une manœuvre très disgracieuse. Alors elles sont penchées, secouées, en avant, en arrière, selon qu'on monte ou qu'on descend. Encor ici une Vierge porte un mouchoir de poche. Un Christ à la colonne est affublé d'un petit manteau crispin! Est-ce honorer la divinité, que de la ravaler ainsi aux trivialités humaines? Est-ce pour enchaîner ainsi aux imperfections de la matière, la divinisation abstraite du christianisme, que le fanatisme religieux a fait couler des torrents de sang en Espagne; qu'il a énervé toutes ses énergies créatrices; qu'il a épuisé toutes ses richesses et celles du Nouveau-Monde?

En vain on a dit et on répète tous les jours, que l'Espagne a été épuisée par ses colonies, c'est-à-dire, appauvrie par ses richesses, affaiblie par sa puissance. N'a-t-on pas vu partout et toujours, l'exubérance des richesses, quand elle est stimulée par l'industrie, produire l'exubérance de la population et de la force? Au lieu d'entrepôts, de fabriques, de chantiers de constructions, couvrez votre pays de chapelles et de couvents. Au lieu d'y appeler les hommes à l'action, au développement des énergies du du corps et de l'esprit. Au lieu de les y appeler à la vie de famille, et de les stimuler ainsi à l'activité, en multipliant autour d'eux, les besoins les plus honorables, les plus profitables à l'humanité. Au lieu d'affranchir le corps et l'intelligence de ceux que vous aurez conquis, et de leur dire : Marchez avec nous! Au lieu de porter parmi eux le flambeau de la lumière, et de vous en éclairer vous-même, —Portez-y la torche de l'incendie et du bûcher; pillez et tuez. Brûlez sur les autels d'un Dieu d'amour et de paix, une partie de votre sanglant butin, et, avec l'autre, enfermez-vous dans des cloîtres. N'en sortez que pour répandre autour de vous, erreurs et ténèbres. A ceux que vous égarerez, montrez d'une main, le ciel, tandis que de l'autre, vous attirerez à vous, le peu qui leur reste sur cette terre. Sur cette terre, comme dans les champs de la raison, brisez les routes par où ils pourraient échapper à vos chaînes. En un mot, faites ce que des intelligences perfides ont traitreusement fait au nom d'une religion sublime. Et vous aurez ce qu'on a eu, ce qui laisse encor des traces si profondes, en Espagne, en Italie, partout où l'esprit monacal a dominé. Faites le contraire, et vous aurez ce qu'on a vu à Tyr, à Carthage, à Rome, en Hollande, à Venise; ce qu'on voit grandir tous les jours, en Angleterre et aux Etats-Unis.

Les chiffres suivants justifieront ce que je viens d'exposer : Avant et pendant la domination éclairée, intelligente, active, des Maures, l'Espagne éclairée par les sciences, enrichie par les arts, l'industrie et le commerce, compte plus de trente millions d'habitants; l'agriculture y féconde dix-huit millions d'hectares; les manufactures et les arts marchent de front avec cette science nourricière. Dès la fin du 15e siècle, la lutte entre la race musulmane et la race chrétienne, brise pour un tems cette prospérité, décime la population. Mais en même tems, la découverte de l'Amérique donne au pays, quoi qu'on en dise, une nouvelle vie, excite ses forces créatrices. De nouveau, industrie, commerce, richesses, population, grandissent. En un demi-siècle, ce développement est tel que, malgré le torrent qui court vers l'Occident, malgré les guerres de l'Orient et les luttes contre le Nord, tous les désastres sont effacés; tous les vides sont remplis; quatre villes, Tolède, Séville, Valence, Grenade, comptent ensemble un million et demi d'habitants.

Mais bientôt naissent aussi et grandissent, les existences parasytes de la noblesse et du double clergé, régulier et séculier. Déjà sous Charles Quint, les communes de Castille se plaignent que, dans une étendue de cent lieues, de Saint-Jacques-de-Compostelle à Valladolid, tout le pays, excepté trois villages, appartient aux nobles et aux prêtres, qui en tirent les produits, sans payer eux-mêmes aucun impôt. La noblesse alors comprend 1,436,000 individus. Un duc d'Ossuna a 1,200,000 francs de revenus; un duc d'Albe en a 2,000,000 ! Autour de ces gens, vivent à l'état de valetaille, des nuées de fainéants; un duc d'Arcos en entretient 300 dans sa seule résidence de Madrid. Quant au double clergé, en 1788, quoique déjà réduit de ce qu'il était en 1700, il compte encor 86,500 séculiers; 86,000 inquisiteurs, 69,664 moines, 38,429 religieuses, et une foule de subalternes, tels que les Familiers de l'inquisition, la sainte Hermandad, les confréries, etc.; de sorte que cet ordre absorbe à lui seul, le quart de la population mâle adulte. De ses possessions, qui embrassent 3|4 du territoire, il tire un revenu annuel de 125,000,000. Il perçoit en outre, 84,000,000 pour dîmes; 20,000,000 pour loyer de propriétés urbaines et pour vente de bétail; 12,000,000 pour messes spéciales; 2,000,000 pour sermons; 500,000 pour rosaires et exorcismes; 8,000,000 pour droits d'étole; 9,000,000 pour quêtes, images, besaces. Son revenu fixe absorbe donc en tout, 277,500,000 francs, c'est-à-dire, moitié du revenu foncier de toute l'Espagne. A cela se joignaient continuellement des dons et legs, sous les noms de « Memorias et Cofradias, » et puis le casuel qui, dans ce pays bigotisé, montait à des taux énormes.

Cette absorption de tant de richesse et de vitalité, voilà ce qui explique l'épuisement de l'Espagne. On le comprend surtout, quand on se rappelle que trop longtems, l'œuvre d'anéantissement fut aidée des persécutions qui exterminèrent ou expulsèrent des peuples entiers; quand on se rappelle qu'un seul inquisiteur, Torquemada, a prononcé en 18 ans, 107,541 condamnations, dont 10,200 à mort !

Pour reconnaître l'évidence de l'action délétère de ces deux corps parasites, sur le grand corps national, s'il ne suffit pas de l'avoir suivie dans ses progrès, qu'on l'observe dans sa décroissance : Depuis l'époque où le volcan de 1789 a jeté dans la vie des peuples, de nouvelles lumières, de nouveaux feux ; depuis cette époque où, dit Moncada, l'Espagne comptait 3,000,000 de ses enfants, qui n'avaient pas de chemises, les données sont changées : Les existences factices, absorbantes, ont fléchi, rétrogradé ; les existences normales, fécondantes, ont grandi. En un demi-siècle, malgré les destructions de la guerre étrangère, malgré les déchirements prolongés de la guerre civile, la population s'est doublée. En même tems elle a doublé son travail, son industrie, sa richesse. Ce peuple qui ne cultivait pas trois millions d'hectares, c'est-à-dire, le sixième de son territoire, en sorte qu'il était réduit à tirer de l'étranger, une partie de ses aliments, le même peuple en cultive aujourdui le double, et, cultivant mieux, il obtient un produit qui dépasse sa consommation. Il vend au lieu d'acheter. Or, pendant le même tems, le rapport numérique de la noblesse à la totalité de la population, est passé du 21e au 31e ; celui du clergé est descendu du 15e au 91e. Ici donc encore, la richesse, l'influence, le pouvoir des classes privilégiées, ont suivi la même progression inverse de la prospérité nationale.

Revenu à la posada, on m'engage à rester jusqu'au mardi suivant, « a ver la mas bella y nombrada cosa de todo el mundo, y aun, de Espana ; — pour voir la chose la plus belle, la plus fameuse du monde, même de l'Espagne, » savoir, le simulacre de de la défaite et de la fuite des Maures, qui se célèbre tous les ans en ce jour, anniversaire de l'évènement. La chose, ou du moins, sa description, est des plus séduisantes ; mais en tel jour d'humeur guerrière, « el Frances » pourrait fort bien devenir « el Moro, » et la fête, peu plaisante pour lui. Je remercie de l'invitation, et je pars.

La porte de sortie qui est au point le plus bas de la ville, a comme l'autre, des murs crénelés qui ne seraient pas d'une grande résistance. Elle domine le ravin profond du Galapajar. Des grèves, des blocs roulés, des rives déchirées à une assez grande hauteur, des canaux destinés aux irrigations, indiquent que cette rivière est ordinairement puissante ; depuis longtems tout est à sec. De ce point, il est curieux de voir la ville déployer au-dessus des rochers, sa couronne de murs et de tours, dignes décors de la scène qu'on y prépare ; il est curieux de voir les jardins qui descendent en terrasses, aux deux revers du ravin ; il est triste de les voir dénués de toute végétation.

Une montée rapide gagne la hauteur opposée. Pendant quelque tems, la route est bordée de « quintas, » bastides et posadas ; partout elle est couverte de gens de la campagne, qui viennent avec leurs mulets chargés de provisions pour les grands jours. Les hommes sont généralement bien faits ; ils portent avantageusement leur costume pittoresque ; les femmes ne le leur cèdent pas en élégance de taille, de démarche et de physionomie. Là aussi, pour la première fois, je trouve une œuvre digne de la nouvelle vie qui naît pour l'Espagne : A côté de l'ancien chemin muletier, s'ouvre une route dont la grandeur et la belle exécution font honneur à la nation qui les crée, à l'art qui les conduit. Mais ces beaux travaux ne sont pas étendus ; l'argent manque, dit-on. Nous avons vu qu'il y a d'autres dépenses bien plus urgentes que celle-là.

Le pays, cependant, semble plus riche ; il est moins montagneux que celui que j'ai traversé hier. Même, à l'approche de Concentayna, je vois une chose surprenante en tout tems, et prodigieuse alors, c'est, devant un grand bâtiment qui semble un couvent abandonné, une fontaine à dix-sept coulants, donnant tous la plus belle eau. Il n'est pas besoin de dire que ce trésor est utilisé, et prête aux environs, une fraîcheur malheureusement trop rare. Quant à la ville elle-même, bâtie de pierres brutes sans enduit, son aspect extérieur est celui d'une masure. L'intérieur n'est guère plus avantageux ; maisons la plupart sans fenêtres ; rues étroites, tortueuses et sales. La posada où j'entre, est en rapport avec le reste ; je n'y trouve pas même du chocolat, ce déjeuner le plus rudimental d'Espagne. Il faut que l'hôtesse aille me chercher une à une, les pièces qui lui manquent. Une heure se passe avant que tout ne soit prêt. C'est un tems précieux de perdu, qu'une heure du matin, dans ce pays brûlant ; mais à l'avenir, ce sera l'ordinaire des posadas. Comme il y a peu de voyageurs ; que presque tous ont, sur le dos de leur mulet, la « talega d'arroz » et le « pellejo de vino » le sac de riz, et l'outre de vin, on conçoit que tant que cet usage durera, les aubergistes n'ont nulle occasion de s'approvisionner ; de même que, tant qu'ils n'auront rien de plus à offrir aux voyageurs, ceux-ci seront obligés de se mettre en mesure de ne rien leur demander, ce qui fait que les choses pourront rester indéfiniment sur le même pied. Quand je demande combien coûte mon petit et long déjeuner, l'hôtesse me répond : dix cuartos. Je donne une pièce qui en vaut quatorze. Elle l'empoche comme son dû. Je réclame les quatre cuartos de retour ; autre épisode de Gil Blas ; elle me répond : « Oh senôr cavalier, estan esos por el trabajo ! — Oh, Monsieur le chevalier, ceux-ci sont pour mon travail ! »

Chevalier sans cheval, me revoilà en marche. Pendant environ quatre kilomètres, je suis avec intérêt les travaux de la route. Au-delà, c'est de nouveau un chemin creux, rocailleux, raviné, souvent réduit au sentier des mulets. On traverse alors un bassin étendu, entouré de montagnes qui en font une espèce de braisière ; de nouveau encor, tout y est nù, sec, brûlé. Le chemin monte à gauche ; il s'approche de rochers qui ne promettent pas grandes délices à la marche. Avant de les aborder, voyant une petite grotte, je vais y chercher repos et fraicheur ; que l'on juge de mon ravissement, quand j'y trouve tout l'attirail d'un venterillo, pain, vin et oranges ! Se reposer avec fatigue ; manger avec faim ; boire avec soif ; savourer des fruits succulents ! Le piéton seul a le privilège de telles jouissances ; seul aussi, il a celui de parler cœur à cœur, avec des hommes chez qui le cœur est tout. Tel est mon hôte du rocher : Beau, robuste, rudé, mais intelligent et bon, il a lui, bien des questions à me faire sur l'Algérie, où plusieurs de ses parents ont été chassés par la famine ; il a à dire, il a à demander bien des choses sur la France, où son père a été prisonnier de guerre pendant trois ans.

Le cœur et les pieds rafraichis, je monte vivement les rochers. Les travaux de la route reprennent dans ce passage difficile ; les tranchées, les murs de terrasses s'y succèdent en étages ; l'ancien chemin serpente tantôt au fond, tantôt au-dessus des précipices. De tels fossés, de tels remparts ont mieux protégé Alicante que ses forts et ses canons. A partir du sommet, la route entièrement neuve, suit par une pente douce, une vallée assez évasée. A cet aspect du Nord, la température est moins ardente ; le sol plus poreux, tient en réserve quelque humidité qui aide la végétation ; les flancs et même les sommets des montagnes, se tapissent de gazons et de clairières de pins et chênes-lièges. Vers le bas, les aspects s'enrichissent ; des vallées transversales y apportent le tribut de leurs eaux. Une cascade peu copieuse, mais gracieuse, légère, suspend au côteau de droite, son écharpe d'argent, et fait entendre sa voix humble et fraîche ; heureuse si un jour, le commerce appelé par la nouvelle route, ne vient pas saisir cette chaste fille des montagnes, et dans le brisement de ses rouages, froisser, flétrir sa pureté virginale.

A quelques cents mètres au-dessous, les travaux grandissent ; une longue et haute chaussée traverse l'embouchure d'une vallée ; de nombreux ouvriers y achèvent un pont aussi beau que hardi ; on se croirait à une des avenues du mont Cenis ou du Simplon.

Les travaux cessent ; l'ancien chemin s'enfonce, monte, descend, tourne par saccades. En revanche, grace aux eaux des montagnes, le pays a perdu son aridité ; un bourg assez considérable s'y entoure de champs, de vignes, de vergers. En vain j'y cherche à diner dans plusieurs posadas ; toutes me refusent, soit à cause du dénûment habituel de ces hôtelleries espagnoles, soit plutôt, parce que l'hospitalité citadine ne se mesure pas à celle des montagnes. J'achette du pain dans une boutique ; du fromage dans une autre ; et je m'installe sur un banc dans la rue. Après mon déjeuner du rocher, un tel diner est amer, si non à la bouche, du moins au cœur. Une pauvre femme, jeune, malade, portant avec peine son petit enfant, vient à passer ; je lui donne moitié de ma rude pittance ; elle me donne moitié de sa joie.

La vallée reste large, ouverte, cultivée, peuplée. Bientôt je vois une haute chaine qui se jette à travers. Elle sera rude à franchir. A la fin d'une journée assez longue, cette vue ne charme pas beaucoup. Il faut dire courage à mes pieds. Non, ce bassin a été comme tant d'autres, la cuve d'un grand lac dont la Sierra était la digue. Or cette digue a été fendue, évidemment pour me dispenser de passer par-dessus. Un jolie rivière glisse dans la fente ; le chemin réduit à un simple sentier, s'y glisse par sa gauche. Les hauts rochers qui le bordent, sont troués de nombreuses cavernes, réservoirs de sources abondantes. Ces sources recueillies dans un aqueduc couvert, vont à deux lieues de là, abreuver et embellir la ville de San Felipe. Des puits d'échappement pour éviter le trop plein ou la surcharge, sont ménagés de distance en distance. Comme j'approche de l'un d'eux, une famille espagnole se repose à l'entour ; une jeune fille s'efforce d'y puiser de l'eau dans le creux de sa main ; je lui en offre dans mon gobelet de voyage ; ses beaux yeux courent vers sa mère, comme pour lui demander si elle doit accepter ; elle court elle-même lui porter à boire, ainsi qu'à ses sœurs ; et ses beaux yeux ne sont pas les seuls qui me remercient.

Les rochers restent escarpés, resserrant le passage ; leurs sommets sont hérissés de pics ; en plusieurs places, des arêtes droites comme des murs, les traversent ; c'est à comparer à ceux que j'ai vus en Styrie, dans la vallée qui mène d'Aflenz à Kalfenberg. Les forêts manquent ici ; en revanche, les guerilleros n'y auront pas manqué. Combien de fils de notre France, combien de fils de l'Espagne s'y seront égorgés.... pour qui ? pour quoi ? Un pont long, étroit, porte à la fois, le chemin et l'aqueduc, à travers une vallée transversale. Puis la rivière plongeant à droite entre des rochers verticaux, on la quitte pour franchir par une rampe, le massif qui occasionne ce détour des eaux. Du haut du massif, je vois au-delà de la vallée, et à une grande hauteur, des tours, des remparts mauresques et féodaux, qui couronnent un double sommet. A cette vue, et encor comme en Styrie, devant Annaberg, je m'étonne qu'on ait jamais bâti si haut ; je plains celui qui serait obligé d'aller y chercher le gîte du soir ; j'en demande le nom à un muletier qui passe ; il m'apprend que c'est la citadelle de San Felipe, et que la ville est de l'autre côté de la montagne. Allons, mes pieds ; descendons ; montons ; redescendons.

Montons, nous en serons récompensés. Il est peu de tableaux

aussi grands, aussi riches, que celui qui s'offre à la vue, depuis le haut de la côte de San Felipe. Au bord du vaste entassement de montagnes que nous venons de traverser, mes regards, jusque alors arrêtés, heurtés par des formes âpres, nues, déchirées, par des teintes sombres, monotones, parcourent avec une voluptueuse surprise, une de ces contrées où l'Espagne puise sa plus grande richesse, récolte ses plus beaux fruits; c'est « l'Huerta, » le Jardin, de Valence! De l'autre côté du vallon vogien où je descends, s'élève une église richement construite, où l'on monte par de grandes terrasses; elle semble un lieu de pèlerinage, sans doute consacré à San Felipe, patron du lieu. Quant à la ville, elle reste masquée en grande partie au pied de la montagne, mais elle se relie à sa citadelle, par des fortifications en étages, qui datant de la même époque, en ont tout l'élancé, le saccadé, le pittoresque. La porte d'entrée est enclavée dans de hauts murs à meurtrières et à créneaux, comme ceux d'un donjon chevaleresque ou d'une casbah.

La rue d'Alcoy était grande; celle de San Felipe l'est plus encore. Large de cinq à six mètres, elle est bien bâtie, toute blanche, bordée de trottoirs, mais sans pavé. Il y circule une population nombreuse, de bonne tenue, aussi polie et affable, que celle d'Alcoy était grossière et agressive. Là, en effet, l'activité des esprits semble participer de celle du mouvement commercial et de circulation qui s'y prononce. A cette issue des montagnes et de l'enceinte infranchissable, où la superstition s'est retranchée avec les préjugés du passé, je retrouve les simboles mouvants de la marche du tems, les diligences, les omnibus. Et ce n'est pas tout; il y a à San Felipe « une fonda, » ou hôtel tenu à la française. J'y ai un bon souper; mais là encor, fenêtre sans vitre, et lit sans couchages.

Excepté la grande rue, qui contourne le pied de la montagne, il n'y a rien à remarquer sous ce rapport, à San Felipe. Les églises où, dès la pointe du jour, affluent de nombreuses matrônes et duênas en grand gala, n'ont rien de distingué non plus, malgré leur luxe d'or et d'argent. Des fontaines avec des lions qui crachent, font contraster la petitesse de l'art et le ridicule de l'invention citadine, avec la grandeur sauvage et sévère de la vallée qui leur fournit ses eaux. Une vaste charpente portant l'inscription « Anfiteatro de los toros, » accouple avec les processions et leurs adorations, les spectacles où hommes, femmes, enfants, soldats et prêtres, abreuvent leurs regards, de la vue du sang que des animaux, que des hommes, perdent à flots; de la vue d'agonies, de morts, qui sont d'autant plus belles, d'autant plus applaudies, qu'elles sont plus déchirées, plus pantelantes!

Je suis dans l'Huerta. Je marche sous une avenue de mûriers, à travers une forêt d'arbres fruitiers de toutes sortes, au pied desquels, comme à Tlemcen, la terre se charge des plus beaux produits du jardinage et de l'agriculture. Les eaux de notre aqueduc habilement dirigées dans de nombreux canaux, portent partout des torrents de sève. Là aussi commence la culture qui fait la richesse céréale du pays de Valence, la culture du riz. Les champs qui y servent, présentent une surface parfaitement unie et horizontale, entourée d'un bourrelet de 12 à 15 centimètres, de manière qu'on puisse les couvrir d'une couche d'eau de cette profondeur. C'est dans ce bain, que le riz germe et se développe. Celui que je vois, s'élève déjà de quelques centimètres au-dessus de l'eau.

Au milieu de ces champs si riches, et pour desservir une circulation très-active de mulets et de voitures, on ne trouve cependant qu'un chemin brut, sans aucun règlement, sans fondations, sans entretien, sans ponts. A sept ou huit kilomètres de la ville, s'étale une rivière qui doit souvent être large et profonde, à en juger par les bancs de grève qui la bordent de chaque côté. Hé bien, là comme à l'Oued-Jer, on serait obligé de se mettre dans l'eau jusqu'aux reins, si un pauvre diable du voisinage, n'avait imaginé d'y dresser quelques perches en chevalets, et d'étendre dessus, des branchages et broussailles, moyennant quoi, quiconque peut tirer un cuarto de sa poche, passe à pieds secs. Nécessairement, à chaque crûe des eaux, chevalets et fascinages sont emportés, et il faut recommencer le travail, ce qui fait qu'on est privé de ce soi-disant pont, juste dans les temps où il serait le plus indispensable. Achetez robes et perruques; brûlez des cierges; c'est bien plus urgent que de faire des routes et des ponts.

L'autre rive est moins riche. Bientôt même on s'élève sur un côteau rocheux, où la culture cesse. Des gazons, un petit bois la remplacent. De là, je vois tout le bassin que je viens de traverser; je vois la chaîne des montagnes où il s'appuie; çà et là, je vois surgir de sa surface unie, des pics élevés portant des quintas, des églises ou chapelles solitaires. A l'autre pente, où un sentier descend par un ravin étroit et profond, on trouve un second torrent, au lit encor plus étendu que le premier; heureusement il est à sec, car il n'y a pas de fascinage, et un pont de pierre qui le traversait autrefois, est à demi ruiné. Ce pont était grand, d'une belle construction, à cinq ou six arches. Quant à la solidité, on peut en juger par un fait singulier : Une des arches, enlevée sans doute par l'explosion de la poudre, est retombée sens dessus dessous, sans se briser. Détruire de telles œuvres de la paix, voilà un des trophées de la guerre!

Après cela, c'est de nouveau l'Huerta. Les villages se rapprochent, se touchent presque. Carcajente, assez jolie petite ville, , est animée de la foule, du mouvement, des chants, de la musique, de la pompe d'une procession. Musiciens et gardes ont le schako renversé, pendant au cou par ses gourmettes, comme nous l'avons vu à Alicante. C'est règle générale en Espagne, pour toutes les cérémonies religieuses. Moïse l'a-t-il ainsi ordonné dans sa loi? Le schako était-il connu de son tems? Ou le prophète, du haut du Sinaï, a-t-il entrevu à travers les siècles, cette laide et incommode coiffure? A-t-il réprouvé comme profane, ce fils disgracieux de nos révolutions, le seul, je crois, qui leur ait survécu?

J'admirais la fécondité des lieux que j'ai traversés depuis San Felipe; elle n'est rien, comparée à la beauté de ceux que je trouve à partir de Carcagente: C'est une suite continue de bosquets, une forêt d'orangers, de dattiers, grenadiers. Comme à Blidah, les orangers sont chargés de leurs fruits mûrs; c'est le moment de la récolte. Je demande à en acheter dans un ces jardins; on m'en donne quatre magnifiques pour un cuarto, moins d'un sou. Elles sont aussi succulentes que belles. C'est une charmante petite fille qui me les apporte; elle a la finesse de traits, d'esprit, de sentiment, les yeux noirs de sa nation; elle a les cheveux blonds d'une Bernoise. Parents et petite fille causent gaiment, vivement; l'ombre est fraîche, parfumée de fleurs et de fruits. Sous prétexte d'emporter une petite provision de leurs belles oranges, je laisse quelques cuartos à ma petite Dorada. Oh! puisse-t-elle être toujours aussi belle, aussi candide, aussi heureuse!

La même forêt d'orangers, la même moisson d'oranges, conduit sur un espace de deux lieues, jusqu'à Alcira, ville longue de deux kilomètres, occupant les deux rives et une île du Xucar, rivière assez considérable que l'on passe sur deux ponts. Ces ponts, de chétive construction; des rues étroites, tortillées; des restes de fortifications de tous les âges, donnent à cette ville, un aspect intérieur, qui figure bien peu avantageusement à côté de ce qui l'entoure. En effet, au-delà comme en deçà, c'est la continuation du même jardin que nous venons de traverser. Aussi, à la vue de tant de fécondité et de richesse, je comprends que, moyennant quelques grains d'orgueil national, un Alcirien avec qui j'ai lié conversation, me dise d'un ton plein de gravité et de conviction : « Sin el reino de Valencia, el de Francia no podria viver;—Sans le royaume de Valence, celui de France ne pourrait pas subsister. »

Je marche longtems dans ce jardin féerique; puis vient une forêt de mûriers, et, au milieu, le bourg d'Algemesi, où la nuit m'arrête. Ma posada méritera son nom; on y a tout, mais il n'y a rien. On va chercher viande chez le boucher; pain chez le boulanger; on fait cuire; je soupe. Après le souper, une vieille voi-

sine vient causer avec mon hôte et mon hôtesse, qui sont jeunes
et très-causants. On m'invite à prendre place au petit cercle; on
questionne, on raconte. La vieille parle magie, horoscopie; elle
ne désire qu'une chose au monde, c'est de pouvoir aller en France,
pour y chercher « el segundo libro de Mambrino, que se halla en
el, toda la ciencia de los Magos ! » Avant d'aller coucher, on me
mène voir une chambre de vers-à-soie. C'est une vraie fourmil-
lière; ils sont par milliers et milliers, sur des tables superposées.
Un tel entassement de chenilles me semble hideux; il charme les
yeux de mon hôte, qui le regarde au point de vue de l'art et du
produit, comme un fermier admire ses cochons, ses fumiers.
Nuit et jour ces vers dévorent; de trois en trois heures, il faut
renouveler leur pâture, de crainte qu'elle ne s'échauffe et ne se
mette elle-même à vivre et tuer. Pour coucher, j'ai dans la remise,
un lit Bou-Allem, y compris les puces qui, elles aussi, pâturent
sans repos. Je dors peu; un orage éclate; le tonnerre ronfle pour
moi. Ce bruit, les éclairs, et, de trois en trois heures, la lampe
de mes hôtes qui vont porter la provision à leurs vers, me distraient de mes tortures. Enfin le jour vient et je pars.

Le chemin terreux, détrempé par la pluie, est d'autant plus
difficile à la marche, que la température toujours à l'orage, est
accablante. A une lieue environ, commencent des sables mouvants, qui ne sont guères plus faciles. Ainsi, aux portes de Valence, entre cette capitale et la contrée d'où elle tire ses principales richesses, point de route encor. Dans ces sables, je rencontre
un omnibus chargé seulement d'une dixaine de personnes sans
bagage; six chevaux ont peine à le tirer; conducteur et postillon
ont mis pied à terre pour alléger la charge! C'est par de telles
routes, dit-on aux bons Espagnols, qu'on monte au ciel. S'ils y
montent en omnibus, le voyage sera long. Quant à y marcher, il
y a de quoi se damner à chaque pas.

Enfin, un gros village ou bourg, nommé Alginète, me promet repos et déjeûner. J'entre dans une grande posada, où
sont attablés une douzaine d'individus, muletiers et autres, buvant,
mangeant. Je demande à l'hôtesse, de me donner ce qu'elle peut
avoir, chocolat ou viande. D'un regard dédaigneux, et d'un ton
plus dédaigneux encor, elle me répond : « No hay aqui ninguna
cosa de comer. » Alors je demande du vin. « Cuantos cuartos ?
—Cinco.—Deme los de prisa. » Je donne mes cuartos, déjà piqué
au vif, de voir qu'elle me jette le soupçon au visage, et cela,
en présence de nombreux témoins. Ces témoins m'observent d'autant plus; j'entends le mot « Frances » faire le tour des tables,
avec un ton et des regards qui font écho à ceux de l'hôtesse. Celle-
ci, avec une lenteur affectée, et toujours le même dédain, m'apporte une « medida »; mais sans pain. Je réclame; et de rechef,

« De me antes los cuartos. » Cette fois, c'était trop ; je vois plusieurs des assistants sourire entr'eux, satisfaits qu'ils sont, de voir qu'on traite ainsi « el Frances. » Ce nom me rappelle qui je représente devant ces malhonnêtes gens. Je saute debout, et, pour lui rendre, pour leur rendre son insulte, je lui jette une « pezeta » par dessus la tête. C'était à me faire échiner. Au contraire, mon transport d'indignation réveillant chez ceux que je défie ainsi, le sentiment de la justice, ils me regardent étonnés, et l'un d'eux ramassant la pezeta, me la rapporte avec politesse. Elle m'a trop bien servi, pour que je veuille m'en servir encore ; je la donne à quelques malheureux qui sont à la porte, et qui bénissent « el generosisimo cavalier Frances. »

Tout cela cependant, pas même la medida, ne m'a guères rafraîchi. Le soleil est toujours plus ardent ; le pays est plat, monotone ; rien n'y stimule la marche. Vers trois heures après midi, j'arrive à la « posada de Ferer, » isolée, mais grande, propre, et dans une belle position, près du lac d'Albuféra. Ce sera mon gîte. Après un premier repos, je vais me promener à travers d'immenses risières, sur les bords du lac. Ces bords sont presque au niveau de l'eau ; ils sont plats comme elle ; et l'Albuféra, long de six lieues, large de deux, ne paraît que comme une ligne sur un horizon sans forme, sans relief ; dans toute cette étendue, pas une voile, pas une rame ne dit qu'il y ait de la vie. Qui reconnaîtrait là, une des pages sur les quelles notre grande histoire avait écrit un de ses grands noms de conquêtes et de gloire ?

Pour passer « la buena noche, » que me souhaite mon hôte, j'ai une petite chambre sans vitre ni volet, sans table, sans chaise, mais un lit, une paillasse et un drap qui, plié en deux, en fait deux. J'y récupère ma nuit d'Algemesi.

Un pays toujours plat, une chaleur toujours plus brûlante, un chemin toujours plus mauvais, mènent à Catarroja, bourg populeux, bien bâti, où l'on rencontre la grande route de Valence à Madrid. Cette route est une véritable avenue de capitale ; chaussée haute, large, macadamée, bordée de grands arbres ; une foule de voitures de toutes sortes y trottent et courent. Le sol, coupé en tous sens par de profonds canaux d'irrigations, se couvre de cultures et plantations variées, parsemées de maisons blanches, aux toits aigus de chaume. A mesure que j'avance, ces habitations se multiplient ; la route se garnit d'une longue file de buvettes. Elle se partage en deux, pour embrasser un portique à quatre faces, qui couronne une croix de pierre ; puis traversant un vaste village-faubourg, on est à l'entrée de la ville.

En ce moment, il serait difficile d'y pénétrer : Une foule immense se presse aux abords de la porte. Une fois encor, j'entends des chants, de la musique ; une fois encor, je vois une procession.

Celle-ci est aux autres, ce que Valence est aux petites villes où je les ai vues ; nombre, splendeur, or, argent, pompe militaire, tout y est. Suivant à petits pas, la marche lente de ce cortége, je me trouve en quelque sorte en faire partie. Et si je suis le personnage le moins brillant, je ne suis pas le moins regardé, grâce à mou air et à mon équipement, étranges autant que étrangers. Je vois ainsi une foule de charmants visages se tourner vers moi, et je me félicite de la circonstance, sans leur demander ce qu'ils pensent du mien.

J'ai été bénit plusieurs fois dans le trajet ; aussi, une bonne étoile me conduit à un excellent hôtel, « la Fonda de la Esperanza, » où je trouve bonnes gens, bonne table, bonne chambre et bon lit.

Il est midi. Le vapeur de Barcelonne partira demain à la même heure ; hâtons-nous d'utiliser notre tems ; voyons : La grande rue par où nous sommes entrés, et qui traverse presque tout Valence, est étroite ; elle a l'aspect moins propre que celles que nous avons vues ailleurs ; mais, après le passage de la procession, après que les masses de monde qui l'obstruaient, se sont portées ailleurs, tout y paraît actif. Des maisons neuves, ou en construction, y jalonnent de nouveaux alignements ; les magasins sont richement garnis ; des ateliers nombreux travaillent. La plupart des autres rues sont étroites et tortueuses ; à part la hauteur des maisons, c'est encor la ville mauresque. Les places y sont rares et petites ; les églises nombreuses et riches ; mais la cathédrale seule se distingue par son architecture : Vaste, belle à l'intérieur, elle tient beaucoup d'une mosquée, par ses doubles et triples arcades, qui forment de chaque côté de la nef, de somptueuses colonnades. Des chapelles d'or, d'argent, sont garnies de tableaux, dont un bon nombre révèlent la touche des maîtres de l'art. La nef elle-même serait d'une beauté remarquable, si un enclos de boiseries, hautes de 5-6 mètres ne la coupait et masquait comme celle d'Alicante. La grand-autel est une montagne de magnifiques sculptures surchargées d'or ; au-dessus, s'élève un dôme dont le pied-droit forme une double couronne à jours, d'un effet d'autant plus heureux, qu'ils donnent ici, la lumière qu'on regrette généralement, de ne pas trouver dans les églises espagnoles.

Une rue assez large, bordée des hôtels des grandeurs et de l'opulence, mène à une place carrée-longue, plantée de jeunes arbres ; c'est la place de la Constitution, au bout de la quelle se rangent en équerre, la place et le jardin public de la Glorieta. Cette élégante équerre contourne l'édifice le plus grand, le plus beau, le plus architectural de Valence. Aussi, ce n'est pas le palais d'une haute cour de justice, d'une assemblée législative ; non, tout cela est indigne de l'occuper ; c'est..... la Fabrique nationale et royale, non des porcelaines, des tapis, des armes, des.... non,

non, indignes, indignes ; c'est la Fabrique nationale et royale des.... cigares ! Est-ce en ce genre, la merveille de l'Espagne ? Je l'ignore. En tout cas, l'Espagne est la merveille des pays, pour son culte à la fumée.

La Glorieta est un grand parterre de fleurs et arbustes. Une serre y abrite pendant l'hiver, des plantes équatoriales que, grâce à la chaleur extraordinaire qui règne depuis quelque tems, on a déjà mises à leurs postes d'été. A voir leur air pâmé, on croirait qu'elles ont plus besoin d'ombrelles que de vitraux ; une fontaine avec rochers-croquandes, est plus pâmée encor, car il n'y roule que des flots de poussière.

Au nord de cette place, s'ouvre la belle porte de ville par où on va au Grao, port de Valence. L'avenue de 5-6 kilomètres qui y mène, est grandiose, plantée d'arbres, avec contre-allée pour les piétons. A peu de distance de la porte, un pont de dix arches, portant dans le milieu de sa longueur, deux statues colossales de Saints, traverse le Guadalaviar. Bien différent de ce qu'il était en 1812, alors qu'il augmenta tant les difficultés du siège, ce fleuve est entièrement à sec ; pas une goutte d'eau n'en humecte les grèves devenues le rendez-vous de tous les gamins de la ville. Comme les enfants arabes, leur jeu favori est le cerf-volant. Nous avons déjà rencontré d'autres ressemblances ; sans doute une observation moins rapide pourrait en reconnaître davantage.

Des trompettes appellent mon attention vers la route ; ce sont des dragons et des soldats du train, qui reviennent de la manœuvre. Les chevaux des uns, les mulets des autres, sont beaux et bien tenus ; c'est, du reste, ce qu'on voit partout en Espagne, dans les troupes, comme chez les particuliers. Rarement aussi, ils sont maltraités, et disons-le à notre honte, c'est une différence de plus avec nous, une ressemblance de plus avec les Arabes. Quant aux hommes, la taille est médiocre ; l'air, peu martial.

Les boulevards extérieurs forment promenade. En les suivant, j'arrive à un terrain que l'on nivelle, pour y établir la station d'un chemin de fer projeté, de Valence à San Felipe. Nous avons vu s'il sera opportun, même nécessaire. A raison de l'état de ses routes, l'Espagne a plus besoin de rail-ways, et leur promet plus de bénéfice, que bien d'autres pays ; qu'elle change donc en rails quelques-uns de ses cierges.

Ce sont des forçats qui font ces travaux de nivellement ; ils sortent d'un pénitencier qui en est voisin. Etabli dans les vastes locaux d'un ancien couvent, ce pénitencier est un modèle du genre. Des ateliers de toutes sortes, conservent à ceux qui ont un état, l'habitude du travail, et la donnent à ceux qui ne l'ont pas. C'est une amélioration immense dans le régime des prisons de ce pays, où, autrefois, on ne savait lutter contre les mauvaises propensions du cœur, que par les tortures du corps, et l'écrasement de l'intelligence.

Après la longue vacance du carême, les théâtres sont ouverts aujourdui pour la première fois ; profitons de l'occasion. Le théâtre est de nouvelle construction. La façade à peine commencée, aura le portique obligé ; mais rien n'y promet beaucoup de grandeur. L'intérieur est parfaitement disposé pour montrer non-seulement la scène, mais aussi les loges, qui étalent à l'envi, élégance et beauté. Quant à la pièce qu'on représente, elle n'a ni distinction, ni intérêt ; acteurs et actrices n'ont ni sentiment, ni noblesse ; les mouvements sont raides ou brusques ; les voix rauques ou criardes. Aussi n'est-ce pas là ce qui fait réellement le spectacle ; il consiste bien plus dans les intermèdes de danses, de tours de force et de souplesse. Les danses sont exécutées par une trentaine d'hommes et femmes, en costumes nationaux très-pittoresques, très-élégants, surtout très-légers, qualité qui semble être appréciée par le public espagnol, tout autant que la légèreté même des jambes qui les portent et emportent, dans le tourbillon des voltiges et pirouettes. Parmi ces danses d'ensemble, se distingue d'ordinaire, un couple plus beau, plus agile, plus élégant que les autres, qui tournoie entre les groupes, ou s'en sépare, pour exécuter des poses, des pas aussi gracieux que difficiles. A cela vient se joindre, ce soir, la scène la plus inattendue : Le danseur du couple-maître, exalté par de nombreux applaudissements, veut se surpasser ; il s'élance si haut, qu'il perd son équilibre et retombe au beau milieu de la scène, sur ses deux ...... coussins. Heureusement la nature les lui a donnés très-épais, voire même très élastiques ; ce qui fait qu'au même instant, il rebondit sur ses pieds et recommence de plus belle. Toutes ces danses, toutes ces poses, non la dernière, s'exécutent au son des castagnettes, qui y prêtent à la fois, mesure et grace. Les tours de force et d'adresse méritent ce nom ; mais rien de plus. Du reste, c'est tout ce qu'on leur demande. Plus ils sont hasardeux, plus les membres semblent disloqués, plus on applaudit ; témoin un malheureux enfant qui se tortillant bras et jambes, de manière à imiter le crapaud, fait ainsi le tour de la scène, au bruit d'ardents bravos !

Le spectacle ne finit qu'à minuit. Pour regagner mon hôtel, j'ai à parcourir de grandes et de petites rues ; partout règne le plus grand calme. Des « Sereneros, » gardes de nuit, y maintiennent une police exacte ; de plus, le gaz, ce fanal de lumière et de progrès, y répand à profusion sa clarté.

A onze heures, je pars pour le Grao. Sa longue avenue est chargée de carrosses et charettes qui y portent voyageurs et marchandises. Le Grao lui-même n'est pas très-considérable ; la côte plate, droite, n'offre aucun abri naturel ; deux jetées qui s'en détachent au Nord et au Sud, n'y suppléent que imparfaitement; il reste ouvert à la pleine mer; son peu de profondeur n'admet que les vaisseaux d'un faible tonnage. La jetée du Nord est la plus longue; c'est à son extrémité que nous attend ' ‑‑‑‑ur. Il est grand, bien tenu; il a un pont magnifique, presque plat; les passagers sont nombreux, sans encombre; le tems très-beau; le vent en poupe.

En moins de deux heures, nous sommes en face d'un autre Grao « Grève, plage; » c'est celui de Murviedro, l'ancienne Sagonte. Je vois la forteresse moderne relever fièrement les fronts de ses bastions. Combien de fois, comme sa mère, elle se redressa sur leurs ruines, pour repousser les assauts d'ennemis invincibles! Combien de nobles cœurs se sont élancés alors, et ont péri, à l'attaque ou à la défense de ces brèches fraîchement restaurées! Que d'efforts, que de courage, que d'art et de science, ont été épuisés là, par l'élite de grandes nations, pour ...... s'entre-détruire; pour mourir ou pouvoir dire : « J'ai tué! » pour laisser des trophées de destruction qui, quelques années plus tard, sont effacés par la brouette et la truelle du maçon!

Au-delà de Murviedro, le long de cette côte parfumée de fleurs, chargée de grains et de fruits, que de fureurs encor, que de carnages! Chaque tertre, chaque roche, était un rempart; chaque ravin était un fossé, était une fosse, où roulaient pèle-mèle Espagnols, Français, Italiens, Polonais!—Italie, Pologne, c'était pour déchirer l'Espagne, qu'on arrachait vos fils, de votre sein tant de fois déchiré par l'étranger! Vos fils, que deux ans plus tard, leurs mères profanées ne pouvaient plus appeler à leur secours!

Oropeza, ses murs, ses tours, ses rochers, reflètent à travers les brumes du soir, les rayons empourprés du soleil couchant, qui semblent redire leur page glorieuse, sanglante.

Le vent fraîchit; la nuit est sans lune; c'est le moment de descendre à la chambre. J'écris à un ami; je prends des notes. Tous dorment ou gémissent des secousses de la mer qui est devenue houleuse. Elle ne me berce pas longtems sans m'endormir.

Au lever du jour, nous avons dépassé les bouches de l'Ebre. L'espèce de cap que forment ses alluvions, nous a écartés de la côte. Ce n'est qu'à la distance de 5-6 lieues, que nous voyons la chaîne des montagnes qui la bordent, et, parmi leurs sommets, le fort, le col de Balaguer, digne avenue de Murviedro; puis les forts de Tarragone, sa digne sœur; et puis encor, Torré den Barra, Cubellas, Villa-Nueva, Sitjas, dont chacune a été le théâtre de grandes luttes, de grands exploits, de grandes ruines. Avivées par le voisinage de Barcelonne, cœur de l'industrie de l'Espagne, elles ont voilé leurs désastres par de nombreuses constructions, au-dessus des quelles, s'élèvent des cheminées à vapeur, obélisques de la science, de l'industrie, de l'affranchissement des peuples.

La vue se porte de là, sur le dôme imposant du mont Jouich, ce fort imprenable, sans le quel on ne peut prendre Barcelonne. Il est silencieusement tapi sur ses rochers, comme un lion qui veille, prêt à bondir rugissant et terrible. La rade est sous son pied, sous sa griffe, sous sa gueule.

En face, presque à fleur d'eau, s'étendent de longues lignes droites de bâtiments réguliers modernes, devant les quels règne une esplanade plantée d'arbres, et appuyée à des quais de 5-600 mètres ; c'est Barcelonnette, ou la petite Barcelonne. Au fond, derrière une foule de vaisseaux, se relève la grande ville, avec ses quais aussi, ses remparts, ses forts, ses palais, ses églises, ses fabriques. Au-delà et au-dessus du premier plan, se développe majestueusement, à distance d'une lieue, un amphithéâtre de montagnes, aux sommets boisés, aux flancs couverts de cultures, émaillés de bastides et de villages.

Barcelonnette où nous abordons, est bâti tout géométriquement ; rues droites se croisant en équerre ; façades simétriques, dont la seule variété consiste dans celle des peintures qui en enjolivent ou mascaradent les panneaux. C'est le long de son quai, que sont rangés tous les vaisseaux ; par conséquent, c'est dans ses rues, que vit toute la population maritime et ses accessoires. Aucune fortification ne protège cette ville cadette, qui contient au moins 7-8,000 habitants et de riches magasins ; mais la plage extérieure est si plate, que nulle embarcation ne peut en approcher ; de plus, les feux de son aînée s'y croiseraient de toute part, avec ceux du Mont-Jouich. Près du glacis qui sépare les deux villes, se trouve une chose qui dit bien haut, comme Barcelonne marche rapidement dans la voie du progrès ; c'est la tête d'un chemin de fer de 12 lieues, qui relie cette ville à sa succursale industrielle et commerçante, Mataro. Ainsi, en ce lieu, chemins de fer, machines, fabriques, marine, montrent à l'envi, ce qu'on pourrait faire de l'Espagne ; comme ses déserts sans routes, montrent ce qu'on en a fait.

L'entrée de Barcelonne par la « Puerta de la mar, » est digne d'une capitale. Cette porte, à deux portiques, ouvre sur une place encadrée de grands édifices. L'un, le Palais du gouverneur, ne se recommande par aucune beauté d'art, mais il est ennobli par son âge et son étendue ; un autre qui y fait face, est plus grand encor, plus moderne, plus régulier, plus beau ; là sont réunies la police, la bourse et la douane ; un troisième est occupé par des constructions particulières, hautes, uniformes et à arcades. Malheureusement, ces arcades aussi, ont emprunté les formes massives de nos piliers parisiens. Quant au quatrième côté, il reste ouvert sur une pelouse à la quelle la « Ciudadela, » Citadelle, fait perspective. Allant de ce côté, on trouve à gauche, l'entrée du Jardin botanique, petite promenade dans le genre de la Glorieta de Valence, mais plus ornée, et contenant en outre, quelques cages d'oiseaux, un bassin d'eau vive, où se promènent des oies en guise de cygnes, un autre au-dessus du quel se bercent et se mirent les calices éclatants de plantes aquatiques. Ici déjà, l'influence du Nord réprime l'énergie des fils du Sud ; les orangers osent à peine y élever leurs tiges, y étendre leur branchage ; ce ne sont plus les futaies de la forêt d'Alcira ; ce sont les arbustes de nos serres. En revanche, on trouve à côté, des bosquets de noisetiers. Je revois avec plaisir, mais non avec fierté, ces rudes enfants de nos forêts, substituer leur terne feuillage, leurs fruits arides, au feuillage éclatant, aux fruits succulents d'Afrique et de Valence.

Près de ce jardin, commence une triple avenue qui suit intérieurement le rempart, sur une longueur de 6-700 mètres. A la fraîcheur de ses ombrages, se joint celle de plusieurs fontaines ; des bancs nombreux et commodes y invitent au repos. Partout règne un soin parfait. A l'autre extrémité, se trouve la porte du Sud, dite de Saint-Antoine, à cause d'une statue de ce saint, que l'on voit à l'angle d'un carrefour voisin. Cette porte est la plus antique de Barcelonne ; elle est aussi à proximité des quartiers les plus vieux, les plus populeux, les plus pauvres. Parlant de toute autre ville, il faudrait ajouter, que ce sont ceux de la population la plus dégradée, la plus sale ; mais à Barcelonne, il règne un ton général de bonne tenue, qui ne fait défaut nulle part. Les femmes surtout, même celles qui appartiennent aux plus humbles conditions, savent conserver dans leur vêtement, dans leur air et maintien, la distinction de délicatesse et d'élégance, dont leur belles physionomies sont des types gracieux.

Errant à l'aventure, dans de petites rues tournantes, montantes, descendantes, où je suis souvent rappelé de mon admiration des jolies Barcelonnaises, par mes glissades sur un pavé par trop poli, je viens à une église grande, noire au dehors, sombre au dedans, presque aussi déserte qu'un cloître abandonné qui est à côté. Les arcades de ce cloître sont hautes, légères, mais ses dalles disloquées se couvrent de mousses, les herbes, les orties ont envahi la cour. Cette mort d'un cloître, au milieu de tant de vigueur sociale et industrielle, comme, en d'autres lieux, la mort sociale et industrielle à côté du luxe des cloîtres, ne dit-elle pas que ces deux existences sont la négation l'une de l'autre ?

Regardant, glissant, suivant la foule, j'arrive sur une place peu grande, mais encadrée de constructions nouvelles, régulières, ornementées ; au fond est le Palais d'Etat de la province ; c'est la place de la Constitution. Une large rue bordée de trottoirs et de riches magasins en descend ; elle débouche sur la Rambla. Cette promenade intérieure occupe le milieu d'un espace long de 8-900 mètres, large de 50-60. Elle est flanquée de deux rues bordées de constructions élégantes, de somptueux magasins, de cafés, théâtres, etc. C'est le rendez-vous des gens d'affaires et de plaisirs. A son extrémité, du côté du port, sont les anciens bâtiments de l'Université convertis en caserne. Lourds et sombres, ils semblent plutôt avoir été destinés à servir de prison à la pensée, qu'à fomenter un de ces foyers d'où elle s'élance dans les régions supérieures, pour éclairer le monde. Leur destination actuelle leur convient mieux, à en juger du moins, par la manière dont on y donne l'instruction militaire ; voici : Un détachement revient de l'exercice ; il marche par quatre. Un jeune officier qui tient la gauche d'un rang, voyant je ne sais quelle inadvertance d'un de ses hommes, allonge le bras sans mot dire, et lui assène, de toute sa force, un coup de plat de sabre sur la tête. Nous avons vu comment en France, on traduit les mots Liberté, Egalité, Fraternité; sans doute, c'est d'après une copie de cette traduction, qu'on applique ainsi en Espagne, les principes de la Constitution.

Du seuil de l'Université, une rampe monte sur une terrasse longue de 5-600 mètres, haute de 12-15, qui ferme le fond du port. C'est donc à la fois une promenade, un quai et un rempart. On conçoit la beauté de la perspective que domine cette terrasse : Sur le devant, le port avec ses barques, ses vaisseaux, sa population variée, mobile ; au-delà, la mer avec ses mouvements, ses reflets, ses lointains ; à gauche, Barcelonnette, son esplanade, ses quais, sa douane, son phare; à droite, le Mont-Jouich, ses flancs déchirés, ses batteries qui promettent de tout protéger, qui menacent de tout déchirer autour d'elles.

Le soir, au théâtre, je ne vois rien de plus, rien de moins, qu'à Valence.

Le lendemain, réglons d'abord l'affaire du visa ; rappelons à l'ordre en passant, l'impertinence du petit commis de notre consul républicain, qui sans doute ne l'est guères; je parle du commis ; et allons courir les environs.

Sortant par la porte de France, je longe les glacis de la ville, puis ceux de la citadelle qui, avec le Mont-Jouich, s'en partage la défense. Une chaussée plantée de grands arbres me mène à un gros village, nommé, je crois, Orta, situé au pied des montagnes qui forment le riche amphithéâtre de Barcelonne. Sur cette route, il y a un grand mouvement de voitures et de mulets. Les conducteurs portent dans toute son énergie, le type Catalan; taille haute et robuste, air résolu, au quel la ceinture et la « Gorra, » long bonnet rouge, prêtent un caractère dramatique. Ils ont la rudesse, et aussi, l'entrain de l'énergie. L'un d'eux, avec qui je marche et cause depuis un quart d'heure, me donne avec brusquerie, mais avec précision, tous les renseignements que je lui demande. Quand je le quitte, il faut que je prenne moitié de son orange. C'est une communion d'hospitalité.

Je monte par un petit chemin à gauche. Chaque pas en varie les aspects; de nombreuses habitations se les partagent. Je fais ainsi près d'une lieue à mi-côte; puis je redescends par un chemin creux, lit de torrent que des digues coupent en palliers, pour briser l'entraînement des eaux. Une pauvre cantine est là; j'y prends quelques oranges. En payant, je me trompe et donne trois cuartos de trop. La bonne femme me les rend; je veux les lui laisser; elle refuse; elle a trois enfants; je leur distribue les trois cuartos; ils sont, je suis heureux.

Une lieue de jardins me ramène à la ville. De nouveau je traverse son vieux Quartier; puis la Rambla; puis le Quartier-Neuf, tout bruyant de métiers, de machines, tout hérissé de cheminées. Je suis au pied du Mont-Jouich; je le tourne par la gauche, du côté où il plonge dans la mer; un sentier y monte par les rochers; c'est là qu'il faut en mesurer l'escarpement, la hauteur. Quelques cabanes de pécheurs sont nichées au bas, comme des nids de mouettes; une rampe, ou plutôt, une coulisse en planches, monte à des carrières, d'où on tire des enrochements pour les quais et le môle du port. De là, déjà, on domine la ville et ses environs; on découvre une grande étendue de mer; mais de là aussi, pour gagner le pied du fort, il n'y a plus qu'un sentier de chèvres, qui grimpe, se glisse de rocher en rocher; et, à ce flanc escarpé de promontoire, il souffle un vent violent, très-capable de compromettre l'équilibre du promeneur. Tant que je suis cramponné à ce sentier, j'ai assez à faire, de regarder où poser le pied; il faut donc oublier les perspectives de terre et de mer, pour ne pas avoir celle de me casser le cou. Enfin, j'atteins le glacis, le pied du fort, la tête de la montagne. Du regard, je trace autour de moi, le cercle qu'il peut tracer lui, avec ses boulets et ses bombes; du regard, je suis la trace de ceux qu'un jour, au nom d'un despotisme agonisant, il lança contre Barcelonne, pour y éteindre dans les flammes du canon et de l'incendie, l'éclair qui y jaillissait au nom de science, raison et liberté. Avec quelle rapidité ces trois filles du ciel ont réparé tant de désastres! Non, le nouveau monde n'est plus au-delà des mers; l'émancipation, l'industrie des peuples le crée partout; ses trésors ne sont plus dans les mines de métaux d'apparat qui amollissent, énervent le corps et l'esprit, mais dans les profondeurs de la science, dans les nobles aspirations et inspirations du cœur qui, animant, stimulant corps et âme, leur donnent l'éclat, la trempe, le ressort, l'étincelle de l'acier.

Le soleil se couche sur cette grande scène; c'est l'image du tems, de la vie, de l'humanité, qui elle aussi, a ses brumes, ses ombres, ses nuits, ses réveils. Je descends lentement le chemin sinueux qui mène à la ville. Les milliers de lumières qui y brillent, vues à travers les ténèbres, dans ce lointain profond, semblent des lampes de mineurs, sondant de tous côtés, la mine de l'industrie, ou y suivant des filons, dont ils se hâtent de porter au jour les produits.

Il est à peine quatre heures quand je pars. La porte de la ville est encor fermée; on ne peut entrer ni sortir, que par un petit guichet haut d'un mètre, près du quel se tiennent deux hommes de garde. Une telle crainte, de telles précautions en pleine paix, étonnent; mais elles se justifient par l'histoire qui rappelle à l'Espagne, l'escamotage de Gibraltar par les Anglais, en 1784, et plus tard, celui de ses principales forteresses, de Barcelonne elle-même, par Napoléon, alors que, violant la foi des traités, il donna à ses généraux, des ordres qu'ils exécutèrent comme soldats, mais que, comme gens d'honneur, ils qualifiaient de *mauvaises choses*. L'histoire dit si elles ont produit de bons fruits. Heureusement, le nom Français a laissé là d'autres souvenirs : Sous le commandement habile, juste et paternel de Suchet, nos armées ont prouvé qu'elles avaient d'autres armes pour vaincre, que la perfidie. On n'a pas oublié non plus à Barcelonne, les services héroïques que nos médecins et nos Sœurs hospitalières y ont rendus pendant la peste de 1821, ni l'énergie courageuse de notre consul Lesseps, qui plus tard, sauvait cette ville malheureuse, de la ruine à la quelle l'avait condamnée son roi, et dont ses propres forts avaient commencé l'œuvre parricide.

Ma route tourne à gauche; comme celle que j'ai suivie hier, c'est une chaussée élevée, plantée d'arbres, et bordée de maisons, posadas et ventas; de plus, elle est couverte de gens et mulets qui portent des denrées à la ville. On le voit, tout très-catholiques que sont les Espagnols, ils ne se font nullement scrupule de tenir leurs marchés le dimanche. Cependant, comme en bien d'autres lieux, ce jour est peu favorable au voyageur piéton. En effet, outre la solennité de l'église, il y a alors celle de la parure, du gala de la maison et des habits. Or celui qui vient y mêler la poussière ou la boue de la route; celui qui, si humble lui-même, vient rappeler à des gens fièrement endimanchés, leur humilité mercenaire de la semaine, est bien exposé à rencontrer dédain et répulsion. A cet égard, je n'aurai pas encor été mis à si rude épreuve : Dix fois je veux entrer dans des posadas ou ventas toutes grandes ouvertes, étalant aux yeux les séductions de l'ombre, du repos, de tables chargées de comestibles et de bouteilles; dix fois on me répond : « No hay aca nada de comer; vaya arriba. — Il n'y a

rien à manger ici ; allez plus loin. » D'arriba en arriba, je traverse
plusieurs villages, un pays montueux qui, à la beauté de ses tableaux, joint l'intérêt de ses souvenirs. Mais, je l'avoue, la chaleur, la faim, la soif qui me torturent, et aussi, ma mauvaise
humeur contre les « arriba, » du dimanche, ne me permettent pas
de m'attacher beaucoup à en observer les détails. Ce n'est qu'à
Molins-del-Rey, à plus de trois lieues de Barcelonne, qu'enfin une
pauvre femme m'admet dans sa petite cantine. Je n'y trouve que
du pain et du vin ; mais son honnète hospitalité, le plaisir que j'en
ai, celui qne j'y ajoute, de donner quelques cuartos à sa petite
Angelina, m'en font un repas délicieux.

Près de Molins-del-Rey, coule dans un lit profondément en-
caissé, le Llobregat, dont le cours, depuis sa sourse jusqu'à son
embouchure, a été si souvent teint du sang français et espagnol.
La vallée que je remonte, est riche de formes hardies et gracieuses.
Deux chaines de montagnes la bordent ; celle du Nord y plonge
en précipices ; celle du Sud où s'appuie la route, est moins escarpée, mais accidentée de bourrelets et de ravins entremêlés de bouquets d'arbres, de maisons et de cultures qui charmeraient la vue,
si elle n'était attristée par la pensée que, pendant de trop longues
années, chaque trait de ces beaux paysages, était une ligne de
combat.

Au milieu de ces traces, de ces souvenirs de guerre, une ville
au nom guerrier, Martorell, dresse ses remparts. La ville est
petite ; elle a une petite garnison. Mais ce n'est pas peu de chose
que d'y entrer et de la traverser cet après-midi de fête. La chaleur,
le beau tems a appelé dans la grande rue, toute la population ; les
hommes se promènent au milieu ; femmes et filles sont assises au
seuil des maisons. Ce sont de tous côtés, des feux croisés d'yeux
aussi vifs que beaux. Leurs regards sans doute ne me cherchent
pas ; — mais i's me regardent tout de même ; sensé le bazar que
j'ai dessus le dos. Et moi, je m'aligne, je balance le pas, et je
défile crânement. Si bien que je dépasse d'une file de droite, cinq
troupiers de la garnison, qui flanent comme qui dirait les nôtres,
qu'on ne sait quoi faire pour tuer le tems. Vlà donc que je les
passe. Les v'là qui disent comme les pions d'Alcoy, et du même
ton tout de même, « Oh, el Frances ! el Frances ! » Hé bien,
oui, que j'en tiens, et je m'en flatte. Mais quand j'suis à distance
de poloton, çà n'est p'us çà. Eux qui prennent mon sac, enco' ma
capotte grise, pour du troupier, ils se disent, « C'en est un de Rome. »
Et i's se mettent à m'appeler « Soldao del Papa ! » Alors moi, ça
me pique ; pas pour moi, puisque je n'en ai pas l'honneur d'être
du troupier, mais pour les braves qui en ont. C'est égal, je dissi-
mule tout de même que j'en suis ; je fais, une ! deusse ! mi-tour !
j'avance là, de front, et que je leur dis en bon français, à hauteur

de l'œil : « *Y esta acà, el Frances ! Quien le llama ? Aqui estoy io a responder.* » Et, a pas peure, tous les beaux yeux qui nous regardaient ; i' n'y avait pas à rechigner. Si bien qu'i's me disent, les troupiers, s'entend, que c'est pas le Français ; que c'est sa ré-publique, sensé, son gouvernement, qui est soldat du pape ; que le Français est toujours bon là ; a preuve qu'i's me donnent des poignées de mains indéfiniment, et qu'i's veulent boire ensemble un « *brindis.* » Mais, suffit ; ça m'a remué la coloquinte ; que je croyais qu'i's m'avaient marché su' le pied, à nos troupiers, et que çà avait chauffé pou' le moment. Partant de là ; autant ! que je me dis ; une ! deusse ! je refais mi-tour, et je redéfile insensiblement.

J'ai besoin de rafraîchissement ; je ne tarde pas à le trouver : Martorell est sur le bord de la Noya, rivière assez considérable, qui se jette près de là, dans le Llobregat. La rivière traverse la route, et, par une juste réciprocité, la route traverse la rivière. Il y a bien un peu plus bas, un pont qui, dit-on, a été construit par les Romains ; mais ses arches brisées ne sont plus là que comme souvenir et comme tableau. En passant à côté, on les voit bien mieux que si on passait dessus. On ne peut donc pas dire que la Reine de Toutes les Espagnes n'a pas, ne cultive pas, le sentiment du beau. Pour ma part, je l'en remercie ; seulement, l'eau pas mal rapide qui me vient jusqu'aux reins, me donne assez à faire, de son-ger à ne pas trop enfoncer mes pieds, et à relever mes poches. En bon soldat du pape, je bénis les eaux de la Noya, ainsi que la reine qui en fait si large part aux étrangers, comme à ses Amés sujets. C'est à ces bénédictions que je dois de ne pas justifier le mauvais augure dn nom de la rivière.

A peine une demi-heure de marche a-t-elle égoutté mes vête-ments, que survient une ondée, vraie rivière d'en haut. Aussi, pendant qu'elle tombe, rencontrant une seconde rivière qu'il faut traverser comme la première, je ne distingue ses eaux de celles qui me baignent, qu'à la teinte rouge dont elles impreignent mon pantalon, sans doute pour compléter le costume qui m'a valu tout à l'heure, de si beaux compliments.

Je trouve à Esparraguera, une vaste posada, propre, bien tenue, mais qui, pour le confort du voyageur, n'a rien de plus que d'au-tres. — Vous êtes trempé ? — Il n'y a pas de feu autre que quelques charbons dans un potager. — Vous êtes fatigué ? — Il n'y a ni bancs ni chaises. — Vous avez faim ? — On va aller acheter ce qu'on pourra trouver, et on vous le fera cuire. Du reste, soyez sans inquiétude ; car personne ne s'inquiète de vous, ne sait que vous êtes là.—Enfin le souper vient ; il est chaud, et le vin a du feu. On me donne pour la nuit, dans une chambre sans aucun jour, une paillasse et sa couverture. C'est un délice de s'y reposer, de s'y réchauffer, de dormir. Le lendemain, le fourniment est encor mouillé ; mais il fait beau ; le soleil et la marche ont bientôt effacé toute trace de la Noya et de sa sœur.

Au sortir d'Esparraguera, un spectacle extraordinaire frappe la vue ; c'est le Mont-Serrat, Mont-Scié, on devrait dire, Mont-Dentu, vaste et haut massif de rochers, ainsi nommé à cause des pointes innombrables, obélisques effilés, qui surmontent son sommet. Impossible de comparer cette forêt de tiges de pierre, à rien que je connaisse, à moins que de supposer qu'une voute de 12-15 lieues carrées, s'est tapissée dans toute son étendue, de franges et faisceaux de stalactites, et que une main d'Atlas l'a retournée sens dessus dessous, « quasi comme une omelette, » diraient des gens peu poétiques. Si je l'étais plus moi-même, je dirais que ce mont, avec ses hachures, ses pointes, ses teintes mattes, grises et blanches, pourrait se prendre pour une dent molaire de Saturne. L'histoire des Dieux dit, il est vrai, que, quand il quitta le ciel, il se retira en Italie. Mais elle dit aussi, qu'il ne restait pas très assidument sous le toit conjugal ; que, comme bien d'autres maris, il dut plusieurs fois redouter la ..... passion de la fidèle Rhéa. Il fallut se cacher ; il fallut fuir ; il fallut même emprunter la forme et les quatre pieds d'un cheval. Tout est donc, si non probable, du moins très-possible. Qu'en pensent les maris ? Cela vaut-il la peine qu'on se sauve jusque-là ? Peut-on supposer que le Dieu de l'age d'or avait une pareille dent contre sa divine épouse ? S'il en est ainsi, que penser de l'âge d'or ? — Y sommes-nous encor ?

Forteresse immense, imprenable, indestructible, le Mont-Serrat pendant nos guerres, fut cent fois attaqué et défendu. Alors aussi, comme au tems de Deucalion, chaque pierre s'animait, s'armait, lançait le feu, frappait du glaive ou du poignard. Nos aigles seules purent atteindre son sommet ; mais sans cesse les obstacles se dressaient, se multipliaient autour d'elles.

Le pays que je traverse, relevé à la base du Mont, devient rocheux. Rebelle à la culture, il est en partie couvert de pins Silvestres et de chênes-liéges. Les gens que j'y rencontre, n'ont pas mal l'air rocailleux ; sans doute ils en pensent autant de moi ; ce qui fait qu'on se contente réciproquement de cette bonne opinion, et d'un « Buénos dias » plus ou moins rauque. La route est chétive, quoique ce soit la plus belle de la province qui passe pour avoir les plus belles routes d'Espagne. Hier nous avons vu ses ponts. Des murs de terrasses la soutiennent à travers les ravins qu'elle remonte ; l'eau des torrents passe par-dessus, et en retombe en cascades. Je l'ai dit, la Reine des Espagnes aime l'art, le paysage.

On arrive ainsi à un village, ou bourg d'assez pauvre apparence, mais entouré de vergers, vignes et jardins, et pittoresquement situé au bord d'un ravin profond qui échancre la base du

Mont-Serrat. Là commence une rampe rapide et longue, qui parvenue à demi-hauteur, se bifurque. En longeant un plateau à gauche, on prend la direction de Saragoze; en continuant de monter a droite, on prend celle de Manresa qui est la mienne.

La route qui y mène, n'est plus qu'un petit chemin qui, suspendu à un flanc rocheux, monte longtems. Enfin j'atteins le col, passage étroit, espèce d'isthme, seul chaînon qui relie le Mont-Serrat à la chaîne qui y aboutit, vers le Nord-Ouest. Ce passage se nomme Brúch, nom qui n'a pas, que je sache, de signification en espagnol, mais qui semble avoir été emprunté tout exprès, de l'allemand « *brücke*, pont, » pour désigner la nature du lieu. Il y a là une maison dite « Casa-Masans, » dont les murs sont percés de meurtrières. Elle est occupée par un poste de dix hommes, qui eux-mêmes ne sont guères occupés à autre chose, qu'à se chauffer au soleil. Je trouve à leur cantine, le plus mauvais vin que j'aie bu en Espagne. Sur la hauteur de gauche, des restes considérables de fortifications, indiquent l'importance que avait autrefois ce poste, maintenant si misérable. En montant, j'avais pu voir le Mont et tous ses aspects du Sud et de l'Ouest; en descendant, je le vois avec non moins d'admiration, continuer au nord, sa couronne de précipices, de rochers, d'aiguilles-obélisques. En dehors de ce massif étrange, tout le champ de la vue est occupé par un entassement de collines et de sierras, qui le sillonnent de leurs vallées, tandis que leurs sommets s'élèvent graduellement vers les Pyrénées, qui déjà ferment l'horizon. Au loin, sous un rayon isolé de soleil qui semble dire, la voilà, j'aperçois une petite ville, c'est Manresa.

Le chemin s'abaisse par d'immenses détours, à travers une belle forêt; puis, à la manière arabe, et sans doute par le même motif, il suit une crête de côteaux pierreux, couverts de vignes qui produisent de très-bon vin. Je puis l'apprécier moi-même dans une petite posada isolée, où un bon vieillard me fait l'accueil de l'hospitalité montagnarde. Quand j'entre, il va dîner; il partage avec moi, son ris, son mouton. Il a été lui, « guerillero, somatène; » il était lui, au Mont-Serrat, en juillet 1811, quand les Français ont escaladé cette montagne de tours, malgré, me dit-il, le feu qui sortait de toutes les pierres. « Mas esos excomulgados Franceses peleaban como demonios. » Et puis, pour me prouver qu'il est bon diable lui-même, il va chercher une bouteille de « dolce; » et nous buvons à la santé des braves qui, dans tous les pays, ont combattu et péri pour leur patrie.

Une halte dans un bois voisin, me laisse ruminer, caser mes impressions et mes souvenirs. Le « dolce » et un bon somme me remettent en haleine pour la marche. Le chemin devient toujours plus irrégulier; il s'élève sur une côte rocheuse, aride; il traverse

une forêt où il se réduit à un sentier de mulets et quelques ornières. Il faut beaucoup monter, beaucoup descendre. Enfin
Manresa paraît à peu distance ; au flanc gauche de la vallée profonde et étroite du Gardener, puissant affluent du Llobrégat. Les
cultures changent, varient. Vu de près, l'aspect de Manresa est
très pittoresque : bâti en amphithéâtre sur un escarpement, entouré de fortifications antiques, la rivière qui coule au bas,
quelques usines qu'elle fait mouvoir, un pont de bois pour les
piétons, tout cela crée un bel ensemble. Au centre de la Catalogne, entouré de régions montagneuses, fort de son assiette élevée, Manresa, foyer de guerre contre l'étranger, puis, foyer d'insurrection et de guerre civile, a été plusieurs fois saccagé. Les
richesses qui l'entourent lui ont rendu la vie, ont effacé toute
trace de désastres ; il est occupé par une garnison nombreuse.
Une rue grimpante mène à l'intérieur qui est laid, sans intérêt.
Le tems, au contraire, est beau ; le vent qui descend des sommets
neigeux des Pyrénées, rafraîchit la température ; poussons
plus loin.

Au-delà de Manresa, ce n'est plus le pays accidenté, peuplé,
qui m'y a amené ; ce sont de vastes champs de blé sans population. Dès lors aussi, plus de route ; même, plus de chemin ; un
sentier creusé par les eaux pluviales, encombré des pierres
qu'elles y roulent, traverse seule cette plaine qui paraît sans fin.
Elle a en effet 3-4 lieues d'étendue ; et dans cet espace, pas un
village, pas une maison. J'arrive au bout. Vers le bas d'un côteau, un peu à l'écart, je vois une grande habitation. On m'a dit
qu'il y a une posada dans ces environs ; je ne puis douter que ce
soit elle. C'est trouver à souhait, car la nuit approche. Je quitte
le chemin ; je traverse plusieurs champs ; j'arrive, je demande à
souper, à coucher ; point ! Je n'y trouve pour lit et pour souper,
qu'un maudit « arriba ne hay, — plus haut il y en a. » Et plus
haut, c'est haut ; c'est loin ; c'est à Cellent ; pas moins d'une
lieue. Marchons.

A moitié chemin, je rejoins le Llobrégat, que j'ai quitté depuis
Martorell. Il est bien moins puissant, mais encor beau ; ses rives
surtout sont belles. Elles sont élevées, cultivées, peuplées ; la nuit
y répand déjà ses ombres ; elle a la coquetterie d'en soulever çà
et là, le voile demi-transparent. Cellent est de l'autre côté, à la
gauche du fleuve ; un faubourg, espèce de tête de pont, est à la
droite, par où j'arrive. Quand je suis à la porte, je me crois au
bord d'un précipice ; c'est..... la grande rue qui descend étroite,
sur le rocher nu, saccadé de ressauts, comme dans une forêt. Au
bas de cette rue, un pont de pierre, étroit aussi, mais carrossa-
ble, mène à la ville. Une population nombreuse circule sur ce
pont et dans les rues-ruelles où il aboutit ; ce sont les ouvriers

qui quittent les ateliers de plusieurs fabriques alimentées par les mines de cuivre et autres métaux, que l'on trouve dans le voisinage.

Où chercher gîte, dans ces ténèbres et ce mouvement ? Ce sera difficile ; non. Dès les premiers pas, un homme m'aborde et me dit avec l'accent auvergnat : « Bonjour, ami ! Vous êtes Français, hé ? » Et il me mène chez de braves gens de sa connaissance, qui compensent par leur cordialité, ce qu'ils ne peuvent donner en confortable. Je bois avec mon ami, un « cuartillo » qui n'est pas du « dolce. » Il me raconte qu'il est établi là, depuis plusieurs années ; qu'il y fait ses affaires à la douce ; qu'il a épousé une fille du pays ; que les affaires ne vont pas ; mais qu'il fait pour son petit vivre, et que sa femme est bonne pour... trois ou quatre mille francs. « Que voulez-vous ? chacun sa galère, dans la vie. A la vôtre ! » Je comprends qu'il entend, à ma santé, et je bois à la sienne. En me quittant, il me promet de me revoir le lendemain.

De bonne heure, je suis sur pieds ; je retraverse le pont. C'est le même mouvement que la veille. Les ouvriers alors retournent à leurs travaux ; il y a de plus, l'aspect animé de la ville ; et sur le fleuve, entre ses belles rives, de vastes usines qu'il fait mouvoir. Plomb, cuivre, fer, étaim, zinc, mercure, sel gemme, houille, voilà les trésors que l'Espagne peut trouver dans son sol, sous les produits les plus riches et les plus variés de l'agriculture ; voilà les trésors qu'elle avait à échanger contre ceux de ses colonies. Au dedans comme au dehors, tout appelait dans ses ports, le commerce, les richesses, les arts des deux mondes. Elle est éteinte ; elle est pauvre ; elle est attardée dans la marche des arts ; elle est ignorante ; et on dit : C'est la richesse qui l'a appauvrie ; c'est le torrent du commerce et de l'activité, qui a étouffé ses énergies ; c'est la découverte du Nouveau-Monde, c'est l'éclat du génie et le fanal de la science, qui l'ont jetée dans les ténèbres !

Les fabriques de Cellent, nouvelles pour la plupart, réclamaient d'autres débouchés que les sentiers par où nous y sommes venus. Une grande route va donner la vie à cette vallée intéressante du Haut-Llobrégat, et la relier, d'une part, avec Barcelonne ; de l'autre, avec la France, par Puycerda.

J'en trouve les travaux, dès la sortie du faubourg dont la descente était si scabreuse hier. Ils sont complets sur une longueur de 3-4,000 mètres ; au-delà, les ponts et autres travaux d'art sont terminés sur un espace de 5-6,000. Partout les constructions de ce genre sont d'un grand intérêt ; ici, elles attachent plus encor, par le contraste qu'elles offrent, avec tout ce qui les environne, tout ce qui les a précédées. Les routes, ce sont les jambes d'une nation ; les travaux qui les préparent, sont les premières pulsations d'une vie nouvelle qui la pénètre. Je m'arrête souvent pour contempler cette grande œuvre de l'art, qui se marie là, à une âpre nature, pour l'adoucir et la féconder.

Pendant une de mes haltes, on me frappe sur l'épaule, et un chaudron tombe à mes pieds. « De Diou,—me dit mon ami l'Auvergnat,—oh, que vous partez à bonne heure; pas cagneux, hé! A cinq heures, déjà filé! Mais, j'ai de la pratique ici, au village, à Barcerin; et je me suis dit, à moi, roule, je le rattraperai. Eh, c'est du mal, du mal, de porter comme çà son béthléem par la montagne. Et voyez-vous, le château, là, à droite? Cabrera y est venu lui, avec ses canons; et il a tiré sur Barcerin, des coups, des coups! Mais il n'a pas pu y mordre; parce que, voyez-vous, le Catalan, il est solide, pas moins comme l'Auvergnat en France. » Le château est en ruines; quelques fortifications de campagne éboulées, redisent les fureurs fratricides qui ont déchiré ce malheureux pays. Une fois encor nous fraternisons, nous, avec un cuartillo, et adieu.

A mesure que j'avance, le pays s'élève; les cimes des hautes chaînes y font ressentir leur fraîcheur; les pâturages succèdent aux cultures; la contrée prend un caractère alpestre; elle est peu peuplée. J'y rencontre un seul petit bourg, Caserra, qui n'a rien de remarquable. Ce sont continuellement des montées et descentes; la dernière montée me mène à Berga. Située au sommet d'une saillie haute et escarpée de sa Sierra, cette ville armée de vieux murs, et dominée par une citadelle moyen-âge, est d'un aspect remarquable. Les eaux vives des montagnes fournissent de tous côtés des irrigations. Quant à l'intérieur, les ruelles qui la découpent ont des pentes si rapides, que c'est avec peine qu'on y marche. J'en fais une double épreuve; car lorsque arrivé au milieu de la ville, je m'enquiers d'une posada, on me renvoie hors de la porte par où je suis entré. Une masure dont la vue m'a apitoyé quand j'ai passé devant, représente là, toute l'installation hospitalière de Berga. J'y aurai pour souper, quelques os enfumés de mouton. Quant au coucher, il est réduit à son expression la plus pastorale : L'écurie peut contenir sept mules; il n'y en a que six sur la litière; je tiens la place de la septième. La nuit est froide; il faut que je partage ma litière en deux; moitié dessous, moitié dessus. A quatre heures, les grelots remuent; on vient équiper les mulets; moi qui ai l'avantage d'être tout équipé, je pars.

Je remonte la rue escarpée, longue, étroite; je traverse la ville encor silencieuse; puis le petit isthme qui, comme le Bruchs du Mont-Serrat, la joint à la montagne. Au point de vue pittoresque, ce côté de la ville ne cède rien, peut-être même, il est supérieu. à l'autre.

Une vallée descend à gauche, grande comme une vallée des Alpes, avec rochers et forêts aux sommets, précipices, torrent, cascades, murmure dans le fond. Le chemin est assez uni; la pente est douce; c'est délice de marcher, de regarder, de grouper avec ces belles scènes, mes souvenirs d'Italie, de Suisse et d'Afrique. Je regarde si bien, que je ne vois pas un sentier qui m'apelle à gauche; et je descends, je descends. Au bout d'une heure, rencontrant un habitant, j'apprends de lui que je suis sur le chemin de Ripoll; qu'il faut retourner à une lieue, pour prendre le sentier en question. J'ai ainsi l'occasion de voir une seconde fois ma belle vallée; j'avoue que je n'y trouve plus autant de charme.

Je reviens, je remonte, je trouve mon sentier; il ne faut rien moins que passer la montagne de gauche. Heureusement, voilà une venta; déjeûnons. La montée est longue; les rampes les plus roides sont pavées, ou plutôt, hérissées de blocs bruts de granit, assemblés sans ordre. Les « espartènas, » espadrilles, ou sandales faites de cordes, que les Espagnols portent généralement pour toute chaussure, s'appliquent sans glisser, sur ces pavés irréguliers; mais il n'en est pas de même de mes brodequins. La marche y est très-difficile, surtout dans les descentes. Obligé que je suis de mesurer ces galets, j'ai moins de loisir que tout à l'heure, pour regarder les environs. Glissades et glissades m'amènent dans une charmante vallée toute montagnarde. Elle est étroite, profonde. tapissée de forêts et de pâturages; arrosée de sources, cascades et ruisseaux. Un torrent bondit au fond; un pont, « Puente de Rovanta, » le franchit, grêle et hardi comme un chamois; quelques maisons se groupent à l'entour; 2-300 mètres au-dessus, une posada montre son enseigne. J'y trouve un hôte et une hôtesse à rondes manières et à gros rires, comme leurs rondes et grosses bedaines; ils me donnent de bon vin, de bonne viande. Ils sont causeurs; leur vin aussi. Quand ils savent que je reviens d'Afrique, ils ont mille questions à me faire. Le gros homme me demande comment sont les femmes? La grosse femme me demande comment sont les hommes? Quand je dis que les hommes peuvent avoir chacun quatre femmes, et qu'ils sont maîtres de ces femmes, le gros homme prend un petit air de diable à quatre, ce qui m'explique l'étymologie de cette expression, jusqu'alors inintelligible pour moi; la grosse femme s'indigne à la pensée qu'on partagerait son tout en quatre, pour la rendre esclave d'un des quartiers, elle qui est la maîtresse de tous. La causerie, la gaîté, le cuartillo de bon vin et les côtelettes de « carnero, » ont rafraîchi, réparé les forces. J'en ai besoin, car il faut remonter tout ce que j'ai descendu, et puis redescendre, reglisser.

A cette seconde descente, je rencontre un homme jeune, à la taille élancée, robuste, à l'air fauve; il monte léger comme ses espartènas. Je veux lui demander renseignement sur mon chemin, sur la distance de Baga ; « Dios, » me répond-il, et il est déjà loin ; en un instant il disparaît dans la montagne. Dix minutes après, mon chemin si solitaire, se peuple d'une vingtaine d'hommes ; ces hommes sont des miquelets, ou gendarmes catalans. Ils sont conduits par un lieutenant qui, quand j'approche, me dit d'un ton de bienveillance : « Esta quieto Usted ? — Vous êtes tranquille, monsieur ? » Moi qui jusque-là, n'ai pas songé à inquiétude, je ne comprends pas d'abord sa question. Il ajoute : « No hà encontrado salteadores ? — Vous n'avez pas rencontré de brigands ? » L'idée me vient bien alors, que l'homme de « Dios » que j'ai rencontré tout à l'heure, « Salteaba, — sautait » assez bien, pour mériter ce nom ; mais je ne peux méconnaître l'obligeance qu'il a eue, de ne pas me répondre autrement. J'assure donc que j'ai été « quietisimo. » Et le lieutenant, d'un air satisfait, me raconte que, il y a quelque tems, il n'en aurait pas été ainsi. Il me montre, tout près de là, un rocher où, onze jours auparavant, le saint jour de Pâques, il a fait fusiller un chef de bande, qui depuis longtems infestait le pays. Il complète ma satisfaction et l'estime qu'il m'a inspirée, en refusant de voir mon passeport. On se sépare avec un cordial « A Dios. »

Baga est un misérable bourg ; il n'a rien de séduisant en fait de posada ; on me dit qu'il y en a une à deux lieues plus loin, au pied de la grande montagne. La journée de demain sera longue et difficile ; gagnons du tems et du chemin. Ce chemin, du reste, est facile et agréable, suivant le fond d'une vallée qui prend le caractère de la grande chaîne où elle s'appuie. La posada promise est une mâsure nichée entre des rochers, près d'un pont étroit comme une planche, qui se nomme « Puente del Fachs. » Nous avons vu au Mont-Serrat, un col dont le nom semblait emprunté de l'allemand ; celui-ci présente la même physionomie ; on y reconnaît aussi la même aptitude, le mot « *Fach*, » signifiant en allemand, « trou, crevasse. » En effet, on ne peut mieux désigner la nature de ce lieu. Ce ne sont pas les seuls exemples de racines allemandes que j'ai trouvées en Catalogne ; faudrait-il les attribuer aux vestiges nombreux de la race gothe dans les Pyrénées ? Ce site du Fachs est sauvage, solitaire. Une autre habitation plus misérable encor que la première, est à cent mètres au-dessus. A l'entour, tout est nû, rude, déchiré. Deux torrents bondissant, mugissant de chute en chute, se rencontrent, se heurtent au-dessous de la posada. C'est le vacarme au milieu du silence ; le brisement au milieu de l'immobilité. Mes hôtes participent de la rudesse de ce qui les entoure ; trois muletiers qui y font halte, sont plus rudes encor. La nuit tombe ; je suis aussi seul au milieu de ces gens, que si la maison était déserte ; pas un mot d'accueil ; pas même une question de curiosité. Pendant une heure, une heure et demie, on n'est éclairé que par les lueurs intermittentes de quelques branchages qui brulent au foyer. Vers huit heures, quand l'arroz est cuit, l'hôtesse trempe dans un baquet de résine, une poignée de mousse, qu'elle fourre dans un joint entrouvert de la cheminée ; elle en allume quelques brins ; ce sera le lustre de notre festin. Hôte, muletiers et moi, assis à la bédouine autour de la gamelle, nous y plongeons tour à tour, toujours sans mot dire, nos cuillères de bois. On peut se figurer l'air Salvator de l'intérieur enfumé de cette espèce de gourbi ; de notre cercle pas mal noir aussi ; le tout éclairé par la lumière crasseuse de la résine. La gamelle vidée, chaque muletier prend son « odrecilla, » petite outre, s'en arrose le gosier, et va se rouler dans son manteau, au haut bout de la chambre, où on a fait litière de quelques bottes de paille. Pour moi, j'en ai une derrière la porte. Je suis d'autant plus tôt prêt à partir, dès que la première aube vient timide et pâle, me dire : Voici le jour.

Puente del Fachs est au pied de la grande chaîne qui, sous le nom de Sierra-de-Cadis, se détache des Pyrénées à Puycerda, pour venir à travers la Catalogne, dérouler ses orbes puissants, jusqu'à l'embouchure de l'Ebre. Le torrent de droite descend d'une vallée de flanc, qu'on remonte dès qu'on a passé le pont. Une rampe d'une demi-heure mène à une sorte d'impasse, à un haut bassin, semblable à ceux que l'on voit d'ordinaire aux pentes de l'Est et du Sud. Des rochers infranchissables sont à l'entour ; le sentier s'approche des plus hauts, des plus droits ; où passer ? Une fente de 5-6 mètres de large, de 6-700 de haut, les entrouvre ; c'est là que le sentier scabreux se glisse, se tortille comme un serpent ; il s'y croise, il s'y mêle avec le torrent qui s'y brise ; c'est une scène à comparer aux scènes les plus sauvages de la Savoie ; elle y joint la solennité du désert. Au haut des rochers, on traverse une forêt où plusieurs rampes en lacet portent de pallier en pallier, jusqu'à une seconde barrière moins rocheuse, mais presque aussi escarpée que la première. Le soleil donne à plomb dans ce passage étroit ; réfléchi par les neiges qui couvrent les sommets d'enlentour, il est ardent ; il n'y a aucun souffle dans l'air ; la marche est pénible. On m'a promis que je trouverai un venterillo vers le haut de la montagne. Je vois un toit ; voilà le palais désiré ; reposons-nous ; déjeunons..... La masure est close ; inhabitée ! Un bucheron qui vient à passer, me reconforte en m'apprenant que le venterillo est à une demi-heure plus haut.

Au même instant, un vent violent du nord-ouest lance du sommet de la montagne, une masse de nuages qui se résolvent en pluie et en neige. Mes vêtements, tout à l'heure baignés de sueur, sont maintenant tout glacés ; le grésil me poigne la figure et les yeux ; il faut de la résolution pour ne pas tourner le dos à l'ennemi. Cependant si je m'arrête, je serai bientôt glacé moi-même ; bientôt aussi, la neige aura entièrement effacé toute trace du chemin ; je serai perdu ; montons.

Quatre murs noirs, délabrés ; deux fenêtres sans vitres, par où s'échappent des tourbillons de fumée ; un tas de pierres pour toiture ; c'est le venterillo. Par la porte et les fenêtres, le vent souffle dedans comme dehors. Dans un coin, autour d'un foyer fumeux, six muletiers se pressent ; pas un ne bouge pour me faire place. Je demande à déjeuner. J'attendrai un quart d'heure, avant qu'on me réponde ; un autre quart d'heure, avant qu'on m'apporte du vin et du pain. Pour éviter un refroidissement dangereux, je n'ai d'autre ressource, que de garder mon sac sur mon dos, et de marcher de long en large dans la chambre. C'est une manière de se reposer qui n'est pas comme beaucoup d'autres, sans doute ; mais l'idée de tomber malade dans un tel lieu, l'idée de mourir, moi, « excomulgado de Frances, » dans ce pays très-catholique, d'où on ne manquerait pas de m'envoyer en enfer, tout cela me donne force et patience. Il m'en faut.

Au bout de deux longues heures, la bourrasque est passée. Le tems s'éclaircit. Pour comble de joie, les grelots sonnent ; les muletiers partent ; ils vont à Puycerda. Je les suis. La neige où le pied plonge sans trouver d'appui, rend difficile la montée qui dure encor plus d'une heure. Mais au sommet, quel admirable tableau, que celui des chaînes nombreuses des Pyrénées, se surmontant les unes les autres ! Qu'il est beau de les voir dans leur sommeil silencieux, rigide, de l'hiver, sous leur pompeux manteau de glaces et de neiges ! Pendant près d'une heure, nous suivons une faitière qui, dans ses nombreuses inflexions, domine tour à tour le Nord et le Sud, l'Est et l'Ouest. On marche péniblement sur cette arête glissante ; deux mulets s'y abattent ; on les relève sans accidents, mais, à grandes peines.

La descente moins rapide, moins saccadée que la montée, n'en a pas non plus le hardi, l'étrange, le pittoresque. Les neiges ne cessent que vers le bas ; nous y avons marché pendant au moins trois heures. Les mulets s'arrêtent à un village nommé Tosar, où il y a douaniers et miquelets ; mais où il n'est question pour moi, ni de visite, ni de passeport. Je pousse à une lieue plus loin, montant et descendant sur des bourrelets hauts et escarpés, nervures de la grande chaîne. Arrivé à un village nommé, je crois, Canals, situé dans un vallon où tous les tons de la nature s'adoucissent, une posada à l'air propre, confortable, me promet, me donne la bien-venue. La petite Juanita, jolie enfant d'une dixaine d'années, m'apporte de bon vin, de bon pain, de bonne viande ; le tout est propre ; et puis enfin je retrouve, au lieu de la fourche de bois, une fourchette de fer, la première que j'aie vue depuis bientôt trois mois. Il est difficile de comprendre le plaisir que m'a fait la vue de ce petit meuble tout français. Juanita est causeuse, son frère, beau, grand, jeune, est sérieux, mais poli, curieux de bien des choses qu'il me demande sur les voyages que j'ai faits. Combien tout cela, aidé de la fourchette, me rapproche de la France !

De là à Puycerda, il y a 2-3 lieues, par la vallée justement renommée de la Cerdagne. Elle est large, bien cultivée, peuplée de nombreux et gros villages. Mais là encor, près de la frontière, pour aboutir aux belles routes de la France, point de route, on peut presque dire, point de chemin ; seulement une trace grossière, boueuse, pierreuse, à travers champs. Près de la ville, coule le Sègre, seule rivière qui traverse les Pyrénées, pour porter en Espagne, ses eaux françaises. Voitures, chevaux, mulets, passent dans l'eau ; un pont étroit en pierre, sert aux piétons ; deux de ses arches sont tombées ; quelques bouts de planches y suppléent.

Puycerda occupe une petit plateau entouré de talus rapides. Cette position est avantageuse sous le triple rapport de la défense, de la salubrité, et de l'aspect extérieur. Les fortifications auraient grand besoin d'être fortifiées ; quant à l'intérieur, il est de médiocre apparence, pour la population, comme pour les constructions. La plupart des gens que j'y rencontre, sont d'une badauderie sans exemple. Une gourde-calebasse que je rapporte d'Alcira, les émerveille ; ils s'appellent les uns les autres ; des femmes ouvrent les fenêtres pour voir « el Romero, — le Pélerin ! » Peu soucieux de jouer ce rôle jusqu'à l'écaille d'huître, le verre d'eau et la crèche, je m'informe de la meilleure auberge. Il faut le dire aussi, j'ai rarement rencontré autant d'obligeance qu'on en met à me l'indiquer ; on veut même m'y conduire. C'est, me dit-on en chemin, un excellent hôtel, tenu à la française. En effet, la maison est assez grande ; le maître est affable, poli ; j'ai un souper presque somptueux ; j'ai une fourchette, même une cuillère de fer ; ma chambre a une vitre ; il est vrai que les carreaux sont de papier huilé, et qu'il y en a trois de déchirés ; mais c'est la première que j'aie eue en Espagne ; enfin jai un lit, et dans ce lit, deux draps à la façon de la posada de Ferrer, c'est-à-dire, un drap plié en deux.

Avant de quitter l'Espagne, disons encor un mot à l'éloge de sa police : En tout autre lieu, arrivé vers la fin du jour, j'aurais été obligé d'attendre, le lendemain, tard dans la matinée, pour avoir mon visa. Ici, comme à Alicante, le bureau se rouvre de 9 à 10 heures du soir. J'y trouve politesse, obligeance, sans qu'on accepte en retour, aucune gratification.

Grâce à cette sage et juste disposition, de bonne heure j'ai passé la frontière qui n'est qu'à dix minutes de Puycerda. C'est pour la dixième fois, que je rentre dans mon pays. Je n'éprouve donc plus l'anxiété palpitante, avec laquelle j'y revenais, il y a 24 ans, de mon premier voyage en Suisse. Mais les grandes distances que je viens de parcourir, les difficultés, les risques que j'ai traversés, et les tems, les mœurs si éloignés des nôtres, que je viens de traverser aussi, tout cela rend plus vive l'émotion que j'éprouve en entrant dans le premier village français, la Tour-de-Carol. C'est comme un port après une longue navigation.

Tour-de-Carol, Tour-de-Charles? Beaucoup de lieux dans les Pyrénées, conservent ou revendiquent des monuments de l'histoire de Charlemagne; a-t-on tenu compte de cette trace offerte par l'étymologie? La vallée que je remonte est étroite; ses flancs sont nus et rocheux; au fond, roule et saute un torrent justement nommé la La Font-Vive. La route monte assez vivement elle-même. Elle franchit plusieurs bourrelets et palliers, cuves d'anciens lacs. L'un d'eux est occupé par un village que domine un petit bloc de rocher surmonté d'une ruine féodale; des eaux pures comme celles de nos Vosges, y coulent de tous côtés. J'y déjeune chez une brave et digne femme dont la petite fille est malade. Cette pauvre enfant a dans les traits, la douce beauté d'une tendre fleur, qu'un souffle malfaisant fane avant qu'elle soit éclose. Elle s'appuie à sa mère avec tant de confiance; sa mère l'embrasse avec tant d'anxiété! Heureux ceux que de telles caresses attendent encor au retour dans leur patrie!

De nouvelles scènes de roches et de ruines mènent à Porté, le dernier village de la vallée. Comme son nom l'indique, c'est là que commence ce que, dans ces contrées, on appelle un Port; c'est-à-dire, un passage où on traverse la chaîne. J'y fais un dîner montagnard d'œufs durs, de pain qui n'est pas tendre, et d'eau. Tout cela se prend à la hâte, car il est midi; la traverse de la montagne est difficile et longue; mes hôtes même doutent que je puisse passer. Mais le tems est beau; je crois devoir m'en méfier pour demain; je puis compter, au contraire, sur mes pieds qui me font belle promesse, et, à l'aventure, peut-être à l'étourdie, je monte. Je ne tarde pas à atteindre les neiges. Les premières sont fondantes; le sol est détrempé; les traces des mulets s'y croisent et se perdent. Je suis assez embarrassé, quand deux douaniers accourent tout essoufflés, évidemment pour me tirer d'embarras. En effet, quand ils reconnaissent mon équipage voyageur; quand ils savent que je reviens d'Afrique, ils ont le bon sens de comprendre qu'on ne fait pas un voyage comme celui-là, pour en rapporter un paquet de tabac; ils se contentent de quelques questions sur les Bédouins et Bédouines; ils me montrent mon chemin, et adieu. La neige devient plus dure; les traces s'effacent; je ne suis plus dirigé que par quelques pierres dressées de distance en distance sur des points élevés. Un coup de vent semblable à celui qui m'a accueilli hier sur le Cadis, apporte des nuages ; déjà le grésil et la neige commencent à tomber. Gare à moi, si la bourrasque continue ! Heureusement elle ne dure que quelques minutes. De nouveau le soleil brille. Au bout d'une demi-heure, je suis à la pente du Nord. Les neiges y descendent jusqu'au bord de l'Ariège qui légère et bruyante, s'élance à gauche, du haut des monts d'Andorre.

Le premier être vivant, le premier concitoyen que je rencontre en quittant ces lieux sauvages, c'est un douanier qui sort d'une espèce de taupinière, où il se tient à l'affut. Celui-ci n'est pas moins qu'un sergent ; par conséquent, il sera plus.... douanier que mes amis de la montagne. Aussi, après avoir longtems examiné mon passeport, quand il est bien convaincu que mes visas de Marseille, Alger, Oran, Tlemcen, peuvent indiquer le tour que j'aurai fait pour lui jouer un tour, il se met à fouiller, scruter pantalon, chemises, chaussons, brodequins. Puis il rentre gravement dans sa taupinière, sans doute pour y méditer sur le service qu'il vient de rendre à la France. Moi, tout en refaisant mes paquets et empaulant mon sac, je médite sur cette merveilleuse institution des douanes, qui réussit à protéger le commerce et à développer le bien-être des peuples, en faisant tout ce qui est nécessaire pour les entraver. Comme tant d'autres gens, j'admire d'autant plus que je ne comprends pas. On sait que c'est là la source de bien des adorations ; aussi, j'adore le douanier. Je l'adore surtout quand, arrivant à l'Hospitalet, je le retrouve en embuscade derrière un mur, sans galons, cette fois, mais digne d'en porter, puisque, de nouveau, il fouille et refouille.

Avoir des protecteurs du commerce et avoir du commerce, ce serait par trop d'avantages. Il ne se fait pas d'affaires à l'Hospitalet, il n'y a pas même d'auberges. Pour en trouver, il faut aller à Mérens, qui est deux lieues plus bas. Heureusement que la montagne est passée, car pendant ces deux lieues, je suis baigné d'eau, de neige fondante.

Me fourrant, tout trempé que je suis, dans la première maison qui porte enseigne, j'y trouve un accueil hospitalier, un bon feu, où on me fait place pour me réchauffer ; et puis, un bon souper ; et puis, dans une belle chambre, un haut, large, propre, excellent lit. Ma journée a été longue et fatiguante ; toutes mes journées l'ont été depuis Barcelonne ; le confortable n'y a pas paru ; le voilà ; j'en profite. Aussi, le lendemain, quand je me réveille, c'est presque avec joie que je vois qu'il a neigé toute la nuit et qu'il neige de plus belle. J'attendrai jusqu'après le déjeuner ; puis après le dîner ; enfin, je passerai une seconde nuit dans mon bon lit. Je mets au courant, mes notes, et ma correspondance qui, depuis quelques jours, sont restées un peu en arrière. Partie de mon tems aussi, surtout la soirée, se passe agréablement dans la société de mes excellents hôtes, le brave Canal, homme plein de probité, d'expérience et de sagacité; sa femme, type de bonne tête et de bon cœur, et leur gentille enfant avec qui, à la grande joie de ses parents, je fais un peu de grammaire et de géographie. On mange, on cause ensemble; je suis en famille. Tant de bien-être était inappréciable pour moi. Quand je pars, le matin du troisième jour, on hésite à me demander le prix le plus modéré!

C'est le dimanche, frère de celui où j'ai quitté Barcelonne, que je prends congé de mes hôtes de Mérens. Je suis le cours bondissant de l'Arriège, devenue une rivière. Aux grandes scènes de montagnes, rochers, cascades, défilés qui s'y succèdent sans fin, se joignent les travaux déjà avancés de la nouvelle route, ponts, terrasses, tranchées. Deux correspondances de gendarmes y ajoutent le romantique de leurs questions et visas.

Aux approches d'Ax, un pont nouveau franchit un ravin profond, dans le quel roule un torrent presque aussi puissant que l'Arriège. Les rochers du ravin, les arbres qui s'y suspendent, les brisements écumeux du torrent, l'arcade légère, hardie, du pont neuf bâti de marbre blanc; au-dessous, le vieux pont ébréché, décrépit, avec sa barbe, sa chevelure de mousses et de plantes rampantes, forment un tableau curieux.

A quelques pas plus bas, est le gracieux et riche vallon d'Ax, où tous les ans de nombreux baignants viennent chercher la santé. Il est beaucoup plus bas que celui de Mérens; aussi une température plus chaude y féconde le sol, et partout à l'entour, les scènes imposantes des montagnes s'y parent du luxe d'une végétation variée et nourricière. L'ancienne ville est petite, ses rues sont étroites; les maisons, antiques; mais, sur le Cours, de beaux hôtels promettent les jouissances du luxe, à côté de celles de la nature. La seule que j'y aie, moi, c'est de voir un agent de police accourir pour me demander mon passeport. Il l'examine longuement, ainsi que les visas dont il est bariolé. Et moi, en bon Français, je vois avec plaisir, que mon pays est si bien protégé; et le zèle de tels agents m'explique pourquoi Louis quatorze a pu dire un jour, qu'il n'y avait plus besoin de Pyrénées entre la France et l'Espagne.

Au-dessous d'Ax, la vallée est plus ouverte, moins alpestre, mais toujours aussi riche d'aspects que relèvent plusieurs ruines. L'une d'elles qui couronne une pointe haute et aiguë de rocher, commande la perspective, comme autrefois elle a dû commander le pays d'alentour, par sa position hardie, inattaquable. Presque à son pied, est le bourg de Cabannes, formé d'une longue rue, à laquelle s'ajoutent plusieurs usines mues par le torrent d'Aston,

qui descend de la gauche, à travers de beaux ombrages. Un gendarme y est de planton. Lui aussi, a la jouissance de me demander mon passeport; moi j'ai celle de le lui montrer; une vingtaine
de badauds qui nous entourent, ont celle d'espérer qu'ils vont me
voir empoigner; LIBERTÉ, FRATERNITÉ.

Au sortir de Cabannes, la vallée se resserre; des masses de
rochers se dressent de chaque côté; ils sont percés d'une multitude de grottes, dont on voit çà et là, les ouvertures. La vue
de ces rochers est souvent triste, aride. On est surpris d'autant
plus agréablement, quand on la quitte pour entrer dans le beau
bassin de Tarascon, dont l'aspect s'embellit, s'anime de constructions neuves, de promenades, de forges et autres usines.

Maintenant ce ne sont plus ni rochers, ni montagnes; ce sont
des côteaux qui se tapissent de vergers et de vignes; ce sont des
villages plus fréquents; c'est..... la pluie qui me chasse à deux
lieues de là, et m'arrête dans une grande auberge isolée, où je
suis loin de trouver l'hospitalité de Mérens. La pluie tombe toute
la nuit; le matin elle cesse, mais tout en menaçant de recommencer bientôt. Je me hâte de partir. J'ai ainsi le tems de voir dans
tout son pittoresque et celui de ses environs, la petite ville de Foix,
sa rivière, son pont, ses rues superposées, ses tours et châteaux,
les rochers qui se dressent au-dessus et à l'entour.

La pluie est revenue; je suis baigné quand j'arrive à Pamiers.
Là, au milieu de l'eau, encor un gendarme qui me demande mon
passeport! C'est à croire que dans ce pays, dans notre pays, la
pluie les fait sortir de terre, comme ailleurs les grenouilles. C'en
est assez pour aujourdui. Je me réfugie dans une petite auberge
qui est près de là; les gens y sont pauvres, mais honnêtes. La
pluie tombe sans relâche; impossible de sortir.

J'ai réglé à Mérens, mes dettes épistolaires; résumons ici mes
observations Pyrénéennes : Comme les Alpes suisses, tyroliennes;
comme les Apennins; comme l'Atlas; comme les sierras d'Espagne; comme les highlands d'Ecosse et de Galles, les Pyrénées
présentent jusque dans leurs moindres chaînons et bourrelets, le
phénomène remarquable de la rapidité des pentes au Sud et à
l'Est. C'est un fait qui doit avoir une signification. En insistant ici,
sur cette observation, et en exposant l'hypothèse par la quelle je
tâche de me l'expliquer, si je puis y appeler l'attention de qui
pourra la résoudre, je croirai avoir fait dans ma petite chambre de
Pamiers, une journée bien plus grande que aucune autre des mes
voyages.

Les montagnes ont été produites par des soulèvements et des
affaissements, causés eux-mêmes par le refroidissement de la surface de notre planète, jusqu'alors en fusion. Le refroidissement
condense, rétrécit; donc son effet immédiat et général, sur la sur-

face de la terre, a dû être l'affaissement, qui a eu pour conséquence naturelle, forcée, le relèvement de certaines parties. En effet, dès qu'une croûte a été formée, à mesure que le volume intérieur s'est refroidi, resserré, la croûte extérieure étant attirée dans ce mouvement de retrait, a dû se briser en nombreux segments. Les bords de ces segments se sont relevés pour compenser par les brisements de la courbe, la diminution de son rayon générateur. Si la croûte avait été homogène, et qu'elle n'eût eu à céder qu'à cette seule force de retrait, elle se serait brisée en compartiments ou segments égaux, bordés de relèvements égaux et simétriques. Mais les diverses agrégations composant la croûte solide, présentaient de grandes différences dans leurs dentités, leurs cohésions, leurs poids. Ces masses diverses soumises à l'action de la force centrifuge, y ont obéi suivant les lois de la balistique. Les parties les plus dures, soutenues déjà par leur rigidité, ont été, à raison de leur poids, lancées avec plus de force, tandis que les parties molles, moins lourdes, ont fléchi, se sont affaissées. Sous l'influence de l'affinité, de l'attraction, elles ont suivi le retrait du refroidissement. Mais cet affaissement d'un même segment, a dû être en raison inverse de la grandeur des rayons de la force centrifuge. Il y a donc eu maximum d'affaissement aux bords polaires des segments et de leurs fractions; comme il y a eu maximum de soulèvement, d'arrachement, d'escarpements, aux bords équatoriaux.

Quant aux escarpements ou brisements des pentes à l'Est, quoique moins généraux, moins abrupts, ils semblent aussi le résultat naturel, statique, du mouvement de rotation de la terre. Plus étaient denses et pesantes les masses qui ont été dès l'origine, livrées à ce mouvement, plus puissamment elles ont été lancées dans le sens de ce mouvement. C'est donc dans ce sens aussi, que les arrachements ont dû se produire.

Après avoir constaté ces faits dans toutes les montagnes que j'ai vues, je ne puis, relativement aux autres, que tirer des inductions par l'examen des cartes de géographie. La direction de presque tous les grands fleuves, dans le nouveau, comme dans l'ancien monde, est au Nord et à l'Est. Ceux qui coulent au Nord, indiquent la pente de l'Equateur au Pole, dont j'ai parlé tout à l'heure. Ceux qui coulent à l'Est, indiquent aussi, dans cette direction, des pentes générales, dont la création s'explique également par les simples lois de station et de motion des corps. Ces lois disent que, à mesure que certaines parties du globe se condensaient, la force centrifuge devenue plus grande, les portait à l'extrémité de plus grands rayons; mais que arrivant là, avec une vitesse de rotation insuffisante, elles ont dû y éprouver comme un mouvement de reflux en sens inverse. Dès que les premières masses soulevées ont atteint dans ce dernier mouvement, leur point statique, elles s'y sont fixées. Dès lors elles sont devenues des digues, à l'Est des quelles les masses subséquentes se sont entassées. Cet entassement a suivi dans sa formation, la décroissance des soulèvements. De là l'abaissement des chaines, de l'Ouest à l'Est.

Ajoutons que l'hypothèse d'affaissements concordant avec le refroidissement dont ils sont la conséquence, l'effet nécessaire, cette hypothèse semble expliquer aussi, les phénomènes des tremblements de terre et des volcans. Nous avons vu que tout affaissement doit provoquer une éruption par ses abords. Il doit aussi nécessairement causer des oscillations dans toute son étendue et son voisinage; il doit même les porter au loin, par les bords des autres compartiments, c'est-à-dire, par les chaînes de montagnes qui en sont les conducteurs naturels. Il produit en même tems une compression sur les masses ignées centrales; de là les feux qui accompagnent ces mouvements. Les volcans qui en sont les cheminées d'échappement, se trouvent dans des îles, ou sur des rivages, à portée des affaissements ou brisements sous-marins, qui doivent être les plus fréquents, vû le peu d'épaisseur des fonds de mers. Ils sont nuls dans toute la croûte de l'Asie méridionale, cette croûte la plus ancienne, la plus compacte, la plus massive du monde; mais en revanche, qu'on voie le chapelet volcanique qui la borde au Nord. — Tremblements, éruptions, engloutissements, vont décroissants? C'est l'effet qui suit sa cause : Le refroidissement se ralentit nécessairement à mesure que l'enveloppe qui l'entrave, s'épaissit. Le rétrécissement diminue dans le même rapport; de plus, les différences du volume, par conséquent, les affaissements et les éruptions, deviennent moindres, à mesure que le volume lui-même se réduit.

A partir de Verviers et de son délicieux vallon, la route plate, droite, monotone, traverse sur une longueur de 12-15 lieues, une plaine comparable en tout point, à sa sœur de Lombardie; richesse de produits, mais pauvreté d'aspects; gros villages, mais à grandes distances; ennui de la marche.

J'arrive à Toulouse sans pluie, sans gendarme, mais non sans fatigue; non sans rancune aussi, contre les gens de la plaine, pour le peu d'hospitalité que j'y ai rencontré. Et disons-le, n'en déplaise à tels et telles de ce beau pays, la population y est beaucoup moins belle que de l'autre côté des Pyrénées. Les femmes surtout, y sont généralement laides, petites, noires, au ton, aux manières rudes; elles portent un costume qui n'est pas plus gracieux qu'elles, témoin le bandeau plus ou moins propre, dont elles se brident et rétrécissent leurs petits fronts, comme pour y rétrécir en même temps leurs idées.

Nous entrons par le grand faubourg Saint-Cyprien. Nous y

suivons le cours Dillon et sa double avenue qui longe la Garonne, en face de la ville. A son extrémité, un arc-de-triomphe haut et massif, qui tient beaucoup d'une porte de forteresse, ouvre ou ferme l'entrée du pont, qui joint le faubourg à la ville. Ce pont, qui s'appelle le Pont-Neuf, quoique déjà ancien, est large de 20 mètres, long de 200. Il porte sur 7 arches, qui varient de 20 à 40 mètres d'ouverture. On a dit et on répète tous les jours, qu'il est magnifique; croyons-le. Ce qui l'est certes davantage, c'est la vue dont on y jouit sur la ville, son faubourg et la rivière.

Quant à la ville elle-même, son ensemble est irrégulier; les rues sont tortueuses, étroites; les maisons, sans élégance; les places, rares et petites. Il y a peu de monuments d'architecture; mais le fameux Capitoule en vaut seul plusieurs. De même il contient plusieurs institutions et administrations publiques, telles que Académie, Théâtre, Municipalité, Ecoles, Régie. C'est là que, parmi les bustes des illustrations Toulousaines, dans la salle des Jeux Floraux, on voit la statue de la célèbre Clémence Isaure, esprit d'autant plus vénéré, que, comme bien d'autres qui ont été divinisés, il n'a jamais eu, dit-on, de corps, que sa statue. La façade de l'édifice est presque digne du nom qu'elle porte; longue de plus de 200 mètres, un portique à colonnes de granit ajoute à sa majesté. La place qui s'ouvre sur le devant, était irrégulière; son plan incliné affaissait la perspective; de nombreux ouvriers sont occupés à la niveler et en rectifier le cadre.

Après le Capitoule et sa place, il reste peu à citer dans le vieux Toulouse. Une autre place, dite d'Orléans, longue à peine de 100 mètres, contient une terrasse plantée d'arbres, au milieu de laquelle, une gerbe d'eau jaillit d'une coquille, que trois statuettes supportent au-dessus d'un bassin; l'ensemble est gracieux. Près de là, dans la rue de la Fonderie de canons, un hôtel antique conserve un beau type de son époque. On le nomme l'Hôtel de Pierre, sans doute parce qu'il est entièrement construit de pierre de taille, chose assez rare à Toulouse, où presque toutes les maisons sont bâties de briques, bois et torchis. Le nouveau Palais de Justice fait contraste à tout ce qui l'entoure, non seulement par la fraîcheur de sa construction, mais par la régularité de ses lignes, la simétrie de ses divisions. Vis-à-vis l'entrée principale, une statue de Cujas, toute récente aussi, rappelle une des plus belles gloires de Toulouse. Puisse son souvenir inspirer souvent les arrêts qui se rendent dans le palais voisin!

La cathédrale peut être citée comme la merveille de son genre, qui consiste à n'en avoir pas. Sa construction, reprise à différentes époques, et encore inachevée, est aussi incohérente que disparate. Ainsi le chœur, beau en lui-même, n'est pas dans l'axe de la neffe; et cette neffe, qui n'a qu'une demi largeur, est couverte d'un toit à une seule pente, comme un hangard appuyé à un mur. Mais dans ce hangard, il y a des tableaux qui m'ont paru remarquables. Une autre église, celle de Sernin, outre la grandeur et l'harmonie qui règnent à l'intérieur, se distingue au dehors, par sa belle tour, sorte de campanile, à l'imitation de ceux d'Italie, et par une porte de style romain, que l'on prétend avoir appartenu à un temple de Saturne, dont on a fait l'église actuelle, comme, du nom Saturne, on a fait Saturnin, et, de Saturnin, le Languedocien Sernin. Origine et étimologie ne sont pas très apostoliques et Papales. Qu'en pense Saint-Sernin? Comme Clémence Isaure, n'est-il sanctifié, adoré, que pour n'avoir jamais été enclavé dans la réalité? En tout cas, ce temple de Saturne sur la route qui mène d'Italie en Espagne, vient à l'appui de ce que nous avons dit d'une autre origine, celle du Mont-Serrat.

Autour de ce vieux Toulouse, à la place de ses anciens remparts et glacis, s'élève une ville nouvelle, percée de rues larges et droites, traversée de boulevards plantés d'arbres, et ornée de places aux constructions simétriques et uniformes. Tout cela a la grandeur, mais la monotonie de la solennité. Que ces lignes de jalons, dont tout l'art consiste à tendre des cordeaux, sont loin des jardins délicieux dont l'Angleterre, et plus encore, l'Allemagne, possèdent si bien l'art mistérieux! Qu'est-ce donc que la marquetterie de ce qu'on appelle le Jardin-Royal? Qu'est-ce que les anneaux concentriques du Boulingrin, et les murs d'écorce et de feuilles, des allées St-Etienne, St-Aubin, Lafayette, si on les compare aux squares, aux parks anglais, aux jardins de Baden, Wisbaden, Mayence, Francfort?

Le Boulingrin et son avenue mènent au port du fameux Canal du midi, cette grande œuvre, qui longtems a eu tous les honneurs d'un fait accompli, quoiqu'elle ne le fût qu'à demi. Grâce aux travaux qui la continuent, et qui bientôt vont l'achever, déja elle semble réaliser tout ce qu'en disaient, il y a deux cents ans, les poètes et adulateurs du Grand-Roi. Le port s'est doublé, il est rempli de bateaux.

Le canal s'appuie ici aux côteaux qui couvrent Toulouse au nord-est. Ces côteaux sont tapissés de jardins, parsemés de bastides et de rendez-vous des fêtes. Tout y est fruits et fleurs, vie et gaîté. Cependant deux monuments y sont consacrés à la mort: l'un, c'est le Cimetière-Neuf, le Lachaise Toulousain, rivalisant avec son frère de Paris, par la beauté de sa situation, son étendue, ses décorations intérieures, le luxe de ses tombes, les douleurs, les vanités, les naïvetés de leurs inscriptions; l'autre, c'est l'obélisque qui rappelle le souvenir du dernier combat livré aux Anglais, par notre armée d'Espagne; de la dernière lueur de victoire accordée à nos armées qui, depuis vingt-trois ans, l'avaient vue briller en aigrettes électriques, à la pointe de leurs baïonnettes. Cet obélisque, haut d'une trentaine de mètres, est bâti de briques; et, comme si cette forme et ces matériaux ne suffisaient pas, pour compléter la ressemblance fatale de cette sorte de monuments, avec les cheminées à vapeur, on a eu la malheureuse idée d'en percer le sommet, d'une ouverture en croix; il n'y manque que la fumée.

Ce point dominant le pays à une grande distance, on y a établi l'Observatoire astronomique, construction massive, lourde, avec trois lourdes et massives colonnes pour portique. C'était le centre de la position occupée par l'armée française; aussi, de là, on découvre tout le champ du combat, et puis la ville, ses environs, et la plaine jusqu'aux sommets neigeux des Pyrénées.

Richesse, vie, mort, été, hiver, lutte, bruit, gloire, ruine et silence, ces idées me suivent le long du canal où l'industrie humble, active, nourricière, vient à tout instant, mettre les trophées de la paix en balance avec ceux de la guerre. Un palais y a été élevé à l'art frère de la médecine; c'est l'Ecole vétérinaire, l'une des plus célèbres et des mieux installées de France. A deux kilomètres au-delà, se trouvent les remarquables travaux d'art, ponts et écluses, qui relient le canal de Cette, d'une part avec le canal latéral menant à Bordeaux; de l'autre, avec le petit canal dit de Brienne, qui aboutit aux quais de la ville, et enfin, avec le bassin qui forme embouchure en aval dans la Garonne.

Revenons par les avenues qui bordent ce canal de Brienne; et, pour clore mon voyage assez long, mes racontages trop longs, courons à Nanci, par diligences et chemins de fer, en traversant Limoges, Chateauroux, Orléans, Paris.

FIN.

TABLE

DES MATIÈRES.

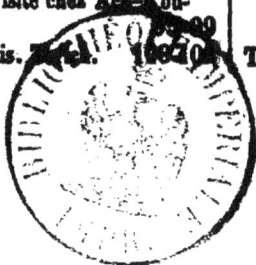

NANCY, IMP. HINZELIN ET Ce.

www.ingramcontent.com/pod-product-compliance
Lightning Source LLC
Chambersburg PA
CBHW070413090426
42733CB00009B/1645